职业教育新形态一体化活页式创新教材

智能仓储与配送

主　编　蔡丽君　王继荣

副主编　刘睿珊　樊津宏　关　洁

参　编　余增增　吴　浩　胡志伟

中国财富出版社有限公司

图书在版编目（CIP）数据

智能仓储与配送/蔡丽君，王继荣主编．-- 北京：中国财富出版社有限公司，2024.6.
ISBN 978-7-5047-8181-9

Ⅰ.F253；F252.2

中国国家版本馆 CIP 数据核字第 20247QF385 号

策划编辑	黄正丽	**责任编辑**	黄正丽	**版权编辑**	李　洋
责任印制	荀　宁	**责任校对**	杨小静	**责任发行**	敬　东

出版发行	中国财富出版社有限公司		
社　　址	北京市丰台区南四环西路 188 号 5 区 20 楼	**邮政编码**	100070
电　　话	010-52227588 转 2098（发行部）		010-52227588 转 321（总编室）
	010-52227566（24 小时读者服务）		010-52227588 转 305（质检部）
网　　址	http://www.cfpress.com.cn	**排　　版**	义春秋
经　　销	新华书店	**印　　刷**	北京九州迅驰传媒文化有限公司
书　　号	ISBN 978-7-5047-8181-9/F·3793		
开　　本	787mm×1092mm　1/16	**版　　次**	2024 年 12 月第 1 版
印　　张	18.25	**印　　次**	2024 年 12 月第 1 次印刷
字　　数	418 千字	**定　　价**	59.00 元

前言
PREFACE

当前，全球制造业正在加快迈向数字化、智能化时代，智能制造对制造业竞争力的影响越来越大。5G技术、信息系统的智能装备、智能工程等正在引领制造方式的变革，中国制造正在向智能化方向稳步转型。在这样的背景下，我国的企业也开始慢慢转型和提升管理水平，通过信息技术迭代升级、生存环境改善等措施，实现创新性发展，以便在工业信息化领域占据有利位置。

随着云计算、大数据、物联网、机器人和人工智能等新技术在交通、零售、制造等领域的应用，物流业发生了翻天覆地的变化，企业也迎来了以智能化、无人化、自动化和网络化为特征的智能物流时代。党的二十大报告指出，建设现代化产业体系，推进新型工业化，推动制造业高端化、智能化、绿色化发展。仓储与配送作为智能制造和物流的重要组成部分，同时也是商品流通及社会经济活动中不可缺少的环节，在现代科学技术的飞速发展和工业生产的发展带动下，必将迎来发展机遇。因此，未来的物流行业将需要更多的智能仓配一体化领域的复合型人才。

本书按照教育部《职业教育专业目录（2021年）》新要求，针对仓储与配送一线操作人员和管理人员所应具备的操作技能与管理能力进行教学设计，并充分考虑学习者可持续发展能力的培养，通过自动化物流设备和现代化物流技术在物流教学中的应用，使学生直接面向生产第一线，能直观、快速地掌握现代物流管理岗位所需要的基础知识和专业技能。同时，课程内容设计与人才培养目标动态化结合，体现了“以社会需求为基础、就业为导向、服务为宗旨、能力为本位”的高职教育思想。本书贯彻创新、协调、绿色、开放、共享的新发展理念，结合智能仓储与配送的内涵，深入探讨智能仓储与配送的理论知识和实践技能，让学生有自立自强、自主创新的意识，为学生的未来发展打下坚实的基础。

首先，本书特点是各项目前设学习目标与思维导图，后设综合实训、能力评价、知识归纳、实践反思与教师评语，各任务按照案例导入→知识链接→任务实施→知识检测的顺序进行架构，将理论知识与实际操作相对应，课程内容与职业岗位相对应，培养学生的职业能力与职业素养；其次，本书坚持立德树人根本任务，融入课程思政元素，增强学生的爱国主义情怀，培养学生精益求精的工匠精神；最后，本书作为活页教材，体现了开放性、灵活性、变通性，教材的互动性和指导性又能引导学生开展个性化的学习训练，是一本能够较好地满足线上线下混合式教学的新形态一体化教材。

本书由蔡丽君、王继荣任主编，刘睿珊、樊津宏、关洁任副主编，余增增、吴浩、胡志伟参与了本书的编写工作。此外，对编写过程中所参考的相关文献资料的作者表示由衷的感谢！

由于时间仓促，编者水平所限，书中难免存在疏漏与不足之处，敬请广大读者批评指正！

编　者

2024 年 8 月

目录
CONTENTS

01 PROJ 项目一 智能仓储与配送概述

学习目标

◎知识目标

- 了解智能仓储的概念和特点。
- 掌握智能仓储与传统仓储的区别。
- 了解智能仓储的优劣势。
- 了解智能仓储的发展趋势。
- 了解智能配送的概念与特点。
- 掌握智能配送的分类。
- 了解推进智能配送的必要性和智能配送的发展趋势。
- 掌握智能仓储系统的功能模块和系统架构。
- 掌握智能配送系统的功能和系统架构。

※能力目标

- 能够识别智能仓储与智能配送，并阐述智能仓配与传统仓配的区别。
- 能够根据企业的经营形式分析其配送模式。
- 能够对智能仓储与配送现状进行宏观层次的分析。
- 能够理解并掌握智能仓配系统的概念与功能。

❖思政目标

- 培养学生的全局意识和长远意识。
- 培养学生的市场意识和竞争意识。
- 培养学生精益求精的工匠精神与严谨求实的职业态度。
- 培养学生不负韶华、不负时代的爱国情怀，激发学生的奋斗精神，增强学生对民族发展进步的自豪感。

思维导图

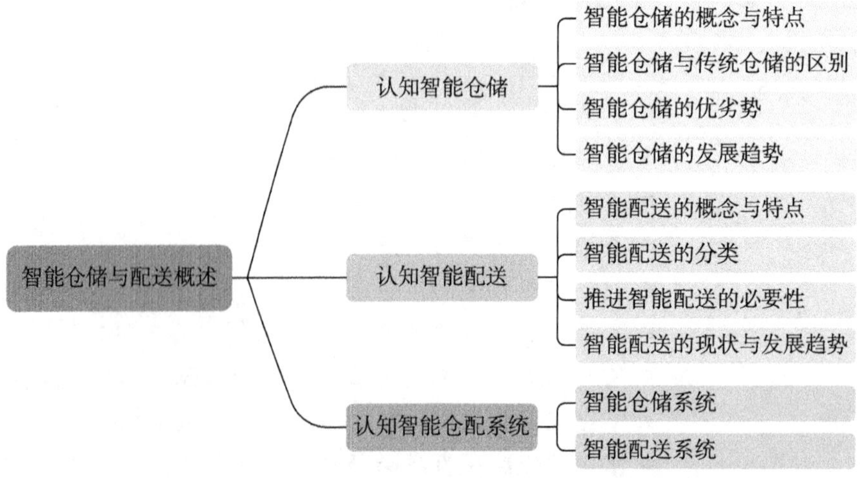
智能仓储与配送概述
认知智能仓储
智能仓储的概念与特点
智能仓储与传统仓储的区别
智能仓储的优劣势
智能仓储的发展趋势
认知智能配送
智能配送的概念与特点
智能配送的分类
推进智能配送的必要性
智能配送的现状与发展趋势
认知智能仓配系统
智能仓储系统
智能配送系统

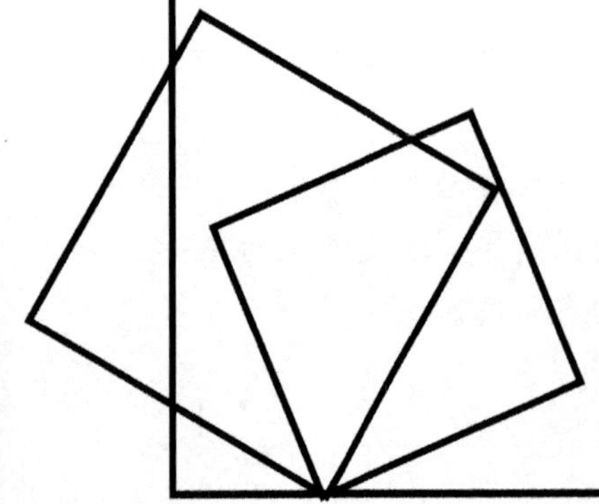

任务一　认知智能仓储

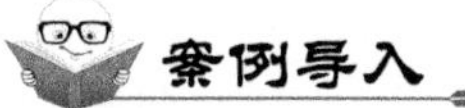

案例导入

与传统仓储相比，智能仓储重视核心数据的积累与应用，使用新技术促进仓储各个环节流畅运转，减少人力依赖，在节约资源、控制成本、提高空间利用率和作业效率等方面具备更大优势。当前，我国智能仓储的市场规模持续壮大，在商业配送与工业应用领域的渗透率不断提升，发展前景广阔。

近年来，国家发展改革委、工业和信息化部、交通运输部等多个部委陆续出台政策，鼓励仓储环节的智能化、自动化建设，促进物流行业降本增效。国家正加快脚步推动仓储环节的自动化建设，有效地为仓储物流提供了政策保障和依据，为我国仓储业的智能化和物流业发展的现代化指明了方向，同时推动运输、配送等全物流环节的高效发展。2013年工业和信息化部颁布的《关于推进物流信息化工作的指导意见》表示要提高物流行业自动化、智能化水平；2014 年国务院制定的《物流业发展中长期规划（2014—2020）》为物流行业树立了更加明确的发展目标，即“到 2020 年，基本建立布局合理、技术先进、便捷高效、绿色环保、安全有序的现代物流服务体系”；2021 年，“厂区智能物流”被列入十个典型应用场景，并说明智能仓储具备降低仓储成本、提升运营效率、提升仓储管理能力的优势；2022 年，交通运输部与科学技术部联合印发《交通领域科技创新中长期发展规划纲要（2021—2035 年）》，明确表明要推进仓储行业的智能化建设，进一步为智能仓储领域的发展提供了政策支持。总体而言，政策较少单一聚焦于智能仓储行业，一般依托智慧物流、现代物流进行宏观部署。政策颁布频次呈现增加趋势，对仓储行业的数字化水平要求也逐步提高。此外，政策不断推进智能仓储在制造业、农业、电子商务等领域中的应用，如利用智能仓储优化电子商务企业供应链管理模式，加强农产品仓储保鲜和冷链物流设施建设，推进农业与智能仓储行业深入融合等。

当前，我国智能仓储行业在“互联网＋”战略的带动下快速发展，与人工智能、大数据、云计算、物联网等新技术深度融合，整个行业向着运行高效、流通快速的方向迈进，自动化、信息化、智能化程度逐步提升。此外，3D（三维）、VR（虚拟现实）、环境感知、自主定位、路径规划算法等相关技术的突破也为智能仓储行业提供了进一步发展的空间。例如，基于机器视觉软件和硬件，可以赋予仓储机器人更好的环境感知、自主定位、路径规划能力，这让机器人在群体调度、仓储优化等方面具备先天优势，可覆盖企业仓库、物流园区、转运中心等场景，形成规模化应用。在硬件方面，机械手、传感器、RFID（射频识别）等构成了智能仓储坚实的技术底座，让智能仓储系统具备抓取物品、扫码识别、读取信息等功能。

一、智能仓储的概念与特点

1. 智能仓储的概念

根据我国国家标准《物流术语》（GB/T 18354—2021）中的定义，所谓仓储，是指利用仓库及相关设施设备进行物品的入库、储存、出库的活动。“仓”即仓库，“储”即储存，表示将储存对象储存以备用，具有存放、保护物品及交付使用的功能。简言之，“仓储”就是在特定的场所储存物品的行为。仓库如图 1-1-1 所示。

图 1-1-1　仓库

智能仓储指运用软件技术、互联网技术、自动分拣技术、光导技术、射频识别技术、声控技术等先进的科技手段和相关设备对物品的出入库、储存、分拣、包装及其相关信息进行有效的计划、执行和控制的系统。其目的在于提高仓储系统分析决策和智能执行的能力，提升整个仓储系统的智能化、自动化水平。智能仓储是现代物流管理的重要组成部分，它运用先进的技术手段和设备，实现了仓储管理的自动化、信息化和智能化。智能仓库如图 1-1-2 所示。

智能仓储的灵感来自智能工厂，两者采用类似的方式通过数据驱动环境。同时，结合各种自动化技术和互联技术，实现对货物和请求的自动接收、分类、识别和准备。在减少失误的同时最大限度地减少所需的人工数量。

有企业将智能仓储分为自动化仓库管理和数字化运营方式两个部分。自动化仓库管理是运用自动化搬运设备对高层货架进行处理的立体仓库，结合 WMS（仓库管理系统，也称仓储管理系统），借助 MES（制造执行系统）信息化管理平台，进行高效、灵活的搬运工作。数字化运营方式是指通过物联网及传感器对货物信息进行实时采集与分析，实现对货物的远程感知与操控，云端形成三维数字服务及仓库管理策略，同时支持多个系统协同运行，实现“仓储—分拣—配送”一站式服务。目前在智能仓储行业中，软件、硬件均有多种产品，各具特色。智能仓储行业仍处于发展的初级阶段，市面上的痛点仍未被完全解决，在未来，技术创新将是推动智能仓储行业发展的主要驱动力。

图 1－1－2　智能仓库

智能仓储是一种仓储管理理念，它通过信息化、机电一体化等手段实现智能化物流，从而降低仓储成本、提高运营效率、提升仓储管理能力。综上所述，智能仓储是使用物联网、AI（人工智能）、大数据等技术，以用户需求为中心重构仓储流程，重视仓储过程核心数据的积累和运用，降低仓储各环节人员的参与度，并借助新技术促进仓储各个环节及仓储和供应链其他环节之间产品流与信息流的顺畅运转，从而降低仓储成本、提高效率的一种管理理念。

2. 智能仓储的特点

（1）自动化。智能仓储的自动化主要体现在硬件部分，比如自动化立体仓库系统、自动分拣设备、分拣机器人等。智能仓储设备的使用能够提高作业的效率，提高仓储的自动化水平。智能控制是在无人干预的情况下能自主地驱动智能机器实现控制目标的自动控制技术。通过对仓储设备进行智能控制，使其具有像人一样的感知、决策和执行的能力，实现设备之间的沟通和协调，以及设备与人之间的良好交互，可以大大减轻人力劳动的强度，提高操作的效率。自动化与智能控制的研究应用是最终实现智能仓储系统运作的关键。

（2）互联网化。这部分偏重于软件，主要是互联网相关技术，如大数据、云计算、AI深度学习、物联网、机器视觉等的应用。企业可以利用这些技术进行商品的销售和预测、智能库存的调拨和对个人消费习惯的发掘。技术比较成熟的企业，如京东、菜鸟等，已运用大数据进行预分拣，在仓储管理过程中，可以快速生成各类仓储单据、报表，对问题货物实时预警，并在特定条件下自动提示货物信息。通过信息联网与智能管理，这些企业形成了统一的信息数据库，为供应链整体运作提供了可靠依据。

（3）共享化。共享化主要指托盘、叉车等仓储物流装备及仓库等共享共用。比如，菜鸟将部分仓库的运营权限、硬件设备等外包，自己仅负责仓库的建设；京东和达能饮料实施仓库共享，如协同仓、京仓等。

（4）海外化。随着“一带一路”倡议的提出，国内消费升级，跨境进出口领域迎来发展新机遇，企业加速全球化海外布局，跨境海外仓需求激增。

用AI智能识别来确保库房作业安全

库房是企业重地，要做到“安全无小事，防患于未然”。任何细微的疏漏都可能导致库房发生危险事故，造成人员和财产损失。很多安全事故都是人为因素导致的，因此企业应加强对库房工作人员的安全行为监管。如果只安排专门的监管人员去库房做检查，只能保证监管人员在场时库房工作人员的行为合规。如果只采用简单的摄像头监控，难以及时发现疏漏或不规范的人员行为。

基于自有的AI（人工智能）智能平台，平台采用AI神经网络、深度学习算法和专业的图像识别技术，可在各种库房场景下对人员着装、行为等进行精准识别。AI智能平台接入现场监控摄像头，并在企业本地部署边缘计算盒子，边缘计算盒子置入了AI智能平台中的智能算法。智能平台可对仓储区域内工作人员的着装、行为等进行实时检测和分析，平台通过大量的数据训练和算法优化，能够准确识别、分析出工作人员的着装、行为是否合规。当识别出有违规穿戴或操作时，系统会立刻发出报警，以语音或其他方式提醒相关人员进行干预，确保库房作业的安全有序。

（1）证件识别：对证件进行智能识别，只有佩戴有效证件（工作证）的工作人员才可进入库房，无证人员禁止入内。

（2）工服识别：对库房工作人员是否穿戴工作服（或反光服、其他防护用品等）进行智能识别，如果穿戴不合规，系统发出警报。

（3）吸烟识别：库房为安全重地，库房内禁止吸烟，一旦识别出吸烟行为，系统立刻发出警报，提示人员立刻灭烟，并发信息通知监控室值班人员进行处理。

（4）摔倒识别：基于AI智能识别技术，能自动识别出在库房区域内工作人员在作业中的摔倒行为，并立刻发出警报，通知相关人员进行救援。

（5）闯入识别：库房门口安装有报警灯，当有非工作人员进入库房，报警灯亮起，系统进行报警，避免发生不安全事件。

（6）睡觉识别：对库房内的工作人员进行监控，能自动识别在工作时间内作业人员的在岗睡觉行为，发现即发出警报，并将事件上报给监管中心，对工作人员进行相关处理。

二、智能仓储与传统仓储的区别

我国智能配送发展现状及趋势

与传统仓储相比，智能仓储由空间的管理转变为对空间、时间和数量的管理，由封闭式管理发展为密切供应链伙伴关系管理。在供应链一体化的管理进程中，智能仓储发挥着越来越重要的作用，它不仅是库存控制中心，还是调度中心、增值服务中心和技术应用中心。智能仓储与传统仓储的区别如表 1－1－1 所示。

表 1－1－1　智能仓储与传统仓储的区别

类别	传统仓储	智能仓储
管理对象	管理仓库，关注仓库安全和储存数量	管理物品，更重视作业时效，增强客户体验，赋能销售
管理手段	表单作业	信息系统，无纸化作业
管理方法	粗放式管理	精细化、规范化、个性化管理
管理水平	计算机应用程度低，与其他环节不相连，容易造成库存短缺或积压	计算机智能化管理，与其他生产环节紧密连接，有效降低库存积压
服务对象	单一企业	供应链
服务功能	单一储存保管	系列化增值服务
经营业态	简单、雷同	多元化、细分
储存形态	静态储存，仓库仅作为货物存取场所，无法有效管理	动态储存，货物按需自动存取

三、智能仓储的优劣势

1. 智能仓储的优势

（1）提高运营效率。与立体仓库配套的自动货架、自动分拣设备、AGV（自动导引车）、机器人堆垛机或传感器等，可在仓库管理系统的调配下快速、准确地运作，实现数字化管理，出错率较低，操作权责明确，机器可实现 24 小时无休运作，并做到实时查询与监控，减少对操作人员经验的依赖，降低作业人员工作强度，提高订单的履约率，极大提高工作效率。

（2）使仓储空间利用率最大化。智能仓储追求仓储空间的最大利用率，一般会采用立体仓库，通过接入各种智能设备和传感器，实现在高层货架上快速存取货，依靠合理的布置实现仓储空间的最大化利用，提升仓储货位的利用率。智能仓储装备系统利用高层货架储存货物，最大限度地利用空间，可大幅度降低土地成本。与普通仓库相比，智能立体仓库可以节省 60％以上的土地面积。

（3）实现自动控制。智能仓储装备系统中物品出入库都是由计算机自动控制的，可迅速、准确地将物品输送到指定位置，减少了车辆待装待卸时间，可大大提高仓库的储存周转效率，降低储存成本。智能仓储实际上是动态储存，智能设备配上全自动或半自动化的仓库管理系统，可以实现自动分拣和访问，支持“多人＋异地＋同时”盘点，盘点的同时可出库记账，很好地实现了库存的自动或半自动化控制，并可实现自动分拣和访问的全过程智能化操作。

（4）信息化程度高。智能仓库的信息化程度高，需要专用设备和仓库管理系统，实现全流程自动化。智能仓储由统一的网络控制，这样既保证了智能仓储信息的安全，又有利于仓库管理系统对仓库进行统一管理和控制。智能仓储采用智能软件进行人工控制和管理，大大提高了管理效率，同时由于软件的使用方法非常简单，客户可以亲自管理仓库。仓库管理系统可以做到账实同步，并可与企业内网融合。

（5）环境适应性强。智能仓储采用无线传感技术控制仓库的环境，保证了商品存放环境的安全，也大大提高了商品的存放时间。另外，智能仓库可完美适应各种特殊环境，如阴冷、黑暗、低温、有毒等特殊环境，不仅可以保管普通货物，还可以保管特殊货物。

2. 智能仓储的劣势

（1）仓储结构复杂，配套设备多，需要的基本建设和设备投资很大。货架安装精度要求高，设备间的连接和软件管理系统都非常复杂，安装调试难度大，施工比较困难，而且施工周期长。

（2）建设完成后，不易更改。智能仓储装备系统都是根据各企业的具体需求量身设计定制的，一旦建设完成，就限定了货架产品或其包装物的最大尺寸和重量，超过规定尺寸或重量的货物，不能存入货架；相应地，其他配套设备也不能轻易改动，否则很可能会出现牵一发而动全身的尴尬、被动局面。

（3）计算机系统是智能仓储的“神经中枢”，一旦出现故障，将会使整个仓库处于瘫痪状态，收发作业就会中断，很有可能导致整个仓库都无法正常工作。

（4）由于高层货架是利用标准货格进行单元储存的，所以，储存货物的种类有一定的局限性。

（5）仓储实行自动化控制和管理，技术性比较强，对工作人员的技术业务素质要求比较高，工作人员必须具有一定的文化水平和专业素养，而且需要经过专门的培训。这给企业的管理带来了一定的难度。

（6）必须注意仓储设备的保管和保养，定期维护，及时采购备品备件。同时也要根据需要对部分软件进行升级。特别是对于技术含量高的装备和软件，如码垛机器人、自动控制系统等，必须由系统供应商的专业人士进行维护和升级。这就需要客户与系统供应商保持长期联系，以便于在系统出现问题时，及时让系统供应商了解情况并解决问题。

四、智能仓储的发展趋势

1. 全面智能化

现代仓储正在加速走向智能化，随着各种智能技术的深入应用，现阶段的智能仓储在管理系统、设施设备等方面将会实现全面智能化。全面智能化的特点主要体现在以下两个方面。一是算法驱动。算法驱动是指在决策过程中，利用算法工具对大数据进行分析、处理，得出符合实际情况的结论。未来智能仓储管理不再依赖决策者的大脑，而是运用算法驱动业务，从而提升效率，获得更大的市场空间。二是自我进化。在人工智能、深入学习技术的支撑下，智能仓储系统可以自主学习，实现自我进化，而无须人工干预。

2. 全流程自动化

随着智能仓储技术的不断发展，全流程自动化已经成为一个重要的发展趋势。全流程自动化意味着从入库、储存、出库到配送等整个仓储作业流程都能够实现无人化操作，大大提高仓储作业的效率和准确性。当下，无人化和少人化操作仍然属于“黑科技”，仓储流程优化与整合、仓储管理与作业标准化是实现全流程自动化的基础。

3. 信息化

随着信息技术的飞速发展，智能仓储的信息化趋势日益明显。信息化不仅是智能仓储的重要特征，还是提升其效率和竞争力的关键手段。事实上，在全面智能化和全流程自动化的进程中，信息化是关键基础，如果企业信息化程度不足，智能化和自动化也无从谈起。在智能仓储中，信息化主要体现在对物联网技术、大数据和人工智能技术的应用等方面。通过实现信息的互联互通与共享，智能仓储将会更加高效、智能和可靠，为企业的发展提供有力的支持。

4. 绿色化

智能仓储的绿色化发展是当前仓储行业的重要趋势之一。随着人们环保意识的日益增强，越来越多的企业开始关注仓储作业对环境的影响，并积极采取措施实现绿色化发展。智能仓储的绿色化发展主要体现在节能减排、资源循环利用和环境保护等方面。此外，还注重环保材料的使用和废弃物的处理，确保仓储作业对环境的影响最小化。为了实现智能仓储的绿色化发展，企业需要加强技术创新和系统集成，积极引进环保技术和设备，建立完善的环保管理制度和监测体系。同时，企业还需要加强对员工环保意识的培养，提高整个企业的环保意识和责任感。智能仓储的绿色化发展不仅有助于企业实现可持续发展，还能为企业提升经济效益和社会声誉。

拓展阅读

京东无人仓：国内智能仓储行业的标杆

位于上海嘉定的京东“亚洲一号”上海物流中心，是亚洲范围内B2C（企业对顾客）领域建筑规模较大、自动化程度很高的现代化物流中心之一，调度了AS/RS（自动化立体仓库）、输送线、分拣机、提升机等自动化设备，在一定程度上支撑和推动了京东大平台的物流运营。京东无人仓如图1-1-3所示。

无人仓应用及系统管理

图1-1-3 京东无人仓

京东无人仓的建设是智能仓储发展的一个缩影，它体现了现代仓储技术的先进性和创新性。在建设过程中，京东无人仓注重技术创新和系统集成，充分利用了机器人技术、人工智能技术、物联网技术等先进技术，实现了仓储作业的自动化和智能化。

首先，京东无人仓采用了多种类型的机器人，如自动化叉车、无人机、AGV等，实现了入库、储存、出库等作业流程的无人化操作。这些机器人通过智能调度系统协同作业，大大提高了仓储作业的效率和准确性。其次，京东无人仓还配备了先进的货物识别系统，可以自动识别货物的种类、数量等信息，避免了传统仓储作业中人工操作可能出现的错误和疏漏。再次，京东无人仓系统还可以实现货物的实时追踪和监控，提高了仓储作业的可追溯性和安全性。最后，京东无人仓还注重数据分析和优化，通过收集和分析仓储作业数据，不断优化作业流程和机器人调度方案，提高了仓储作业的智能化水平。

为了履行社会责任，京东物流在无人仓的规划中融入了低碳节能的理念，其在系统中应用了包装材料的算法推荐，可以实现全自动体积适应性包装。简单来说，京东物流的仓内打包环节中，需要使用不同尺寸的纸箱，由于商品的尺寸规则不一，人工打包难免会出现“小商品大包装”或者“大商品小包装”，以至于造成包装过度或者纸箱破损的情况，而有了系统的推荐和全自动打包系统，这个问题就得到了缓解。数据显示，中国快递行业一年消耗纸箱超过100亿个。而智能耗材算法推荐可以保证纸箱、包装袋等包装物的精确使用，让每一个纸箱都能发挥它的价值。京东物流北斗新仓的软件细节也在不断完善。以智能仓内类目繁多的商品为例，进一步实现了商品精细化管理，北斗新仓一线员工平均每天能够减少54万次扭头动作，这大大减少了员工颈部的损伤。同时，仓内有800个智能分拣车实施并发式作业，定位速度达到毫秒级。全仓数万个自动化设备和硬件设施，能够从容应对20万个订单。

智能仓储不仅是物流技术的革新，还体现了社会担当和职业素养的深度融合。京东投入巨资研发智能仓储系统，不仅提升了物流效率，还创造了大量就业机会。这一过程中，企业的研发团队发挥了重要作用，他们不仅具备扎实的专业知识，还有着高度的社会责任感，始终以用户需求为导向，不断优化系统，提高服务质量。同时，智能仓储系统的运行也离不开每一位仓储工作人员的辛勤付出和精准操作。他们通过不断学习和实践，熟练掌握了各种智能设备的操作技能，确保了仓储作业的高效和安全。这种技术革新与人文关怀的结合，正是智能仓储背后所蕴含的思政价值所在，不仅推动了物流行业的快速发展，还为社会培养了更多具备专业素养和社会责任感的人才。

任务实施

阅读案例导入内容，结合所学知识，回答下列问题。

1. 国家对智能仓储行业有哪些政策支持？列举近年来国家出台的与智能仓储相关的政策，并简述其目的。

____

____

____

2. 我国智能仓储市场的发展现状如何？未来发展趋势如何？

____

____

____

3. 智能仓储与传统仓储相比有哪些优势？请至少列举四点。

____

____

____

知识检测

一、单选题

1. 智能仓储的核心特点是（　　）。

A. 依靠人工操作管理库存

B. 运用先进技术提高仓储系统的智能化和自动化水平

C. 仅关注物品的储存和保护

D. 只适用于传统仓库管理

2. 以下哪个选项不是智能仓储的特点？（　　）

A. 自动化　　B. 互联网化　　C. 人工干预　　D. 共享化

3. 智能仓储与传统仓储的一个主要区别是（　　）。

A. 传统仓储使用信息系统　　B. 智能仓储更注重作业时效和客户体验

C. 传统仓储采用自动化技术　　D. 智能仓储仅用于单一企业

4. 智能仓储的优势中，哪一项最能提高运营效率？（　　）

A. 复杂的设备维护　　B. 依赖人工经验

C. 自动化设备的使用　　D. 限制货物种类

5. 以下哪项是智能仓储的未来发展趋势？（　　）

A. 增加人工操作　　B. 逐步向全流程自动化方向发展

C. 降低信息化程度　　D. 仅关注本地市场

二、多选题

1. 智能仓储的发展趋势包括哪些方面？（　　）

A. 全面智能化　　B. 全流程自动化　　C. 信息化　　D. 绿色化

E. 人工化

2. 智能仓储的全面智能化包括哪些特点？（　　）

A. 算法驱动　　B. 自我进化　　C. 人工干预　　D. 依赖决策者的大脑

3. 智能仓储的优势包括哪些方面？（　　）

A. 提高运营效率　　B. 使仓储空间利用率最大化

C. 实现自动控制　　D. 信息化程度高

E. 环境适应性强

4. 智能仓储的劣势包括哪些方面？（　　）

A. 仓储结构复杂，配套设备多　　B. 建设完成后不易更改

C. 计算机系统故障导致仓库瘫痪　　D. 储存货物的种类有局限性

E. 运营成本低

5. 智能仓储的自动化特点主要体现在哪些方面？（　　）

A. 自动化立体仓库系统　　B. 自动分拣设备

C. 分拣机器人　　D. 人工搬运

E. 智能控制

任务二　认知智能配送

配送是“配”与“送”的有机结合。所谓“合理地配”是指在送货活动开始之前必须依据顾客需求对其进行合理的组织与计划。只有“有组织、有计划”地“配”才能实现现代物流管理中的“低成本、快速度”地“送”，进而有效满足顾客的需求。

从2019年开始，菜鸟就开始搭建基于人工智能的智慧城市物流大数据平台，推动建设城市智慧物流。菜鸟通过将“时空AI预测能力”应用到城市内物流预测问题中，基于自研的深度时空预测模型，大幅改善时效和路径预测准确度，提升配送服务质量，各场景下的预测准确度比业界同类方法提升15%。2023年，菜鸟智慧城市配送物流系统成功入选全国首批商业科技创新应用优秀案例。

在快递送货上门环节，菜鸟将“物流多模态AI的认知决策技术”全面应用到物流决策过程中，以此提升消费者的物流体验。菜鸟的“楼栋码”技术手段，可以帮助快递员提前根据消费者的楼栋进行包裹分拣，使送货上门人效提升10%。“真实上门履约识别模型”则通过AI技术手段保障快递上门的真实性、有效性。目前，该技术已经在“天猫超市送货上门”“菜鸟驿站送货上门”等场景中大规模应用。

另外，菜鸟智慧城市配送物流系统已应用于菜鸟直送、菜鸟裹裹退货和个人寄件、菜鸟驿站送货上门等多个物流场景，有效提升了车辆、快递员、驿站工作人员的运作效率，并通过订单分配、智能装箱等功能构建了自动化组织管理流程，为行业提供了一套降本增效的解决方案。

人工智能与新一代物流融合——仓配可视化

一、智能配送的概念与特点

1. 智能配送的概念

根据我国国家标准《物流术语》（GB/T 18354—2021）中的定义，配送是指根据客户要求，对物品进行分类、拣选、集货、包装、组配等作业，并按时送达指定地点的物流活动。

从经济学资源配置的角度来讲，配送是以现代送货形式实现资源最终配置的经济活动。从配送的实施形态来讲，配送是按客户订货需求进行货物配备，并以最合理的方式将货物送交客户的活动。从物流的角度来讲，配送几乎涵盖了所有的物流功能要素，是物流的一个缩影或者说是在特定范围内物流全部活动的集中体现。配送集装卸、包装、保管、运输等于一身，通过一系列活动完成将货物送达的目的。

由此可见，配送不只是送货，是送货、分货、配货等活动的有机结合体。配送的工作难度极大，只有依靠发达的商品经济和现代经营理念才能提升配送效率。在智能时代，信息技术的发展及设备的革新，为配送效率的提升提供了可能。智能配送实际就是依赖智能化技术和设备建立的现代化的作业系统。

智能配送是智能物流体系中的关键环节，它运用先进的信息技术和物流设备，实现配送过程的自动化、精准化和高效化。智能物流体系是一种以互联网、物联网、云计算、大数据等先进信息技术为支撑，在物流的仓储、配送、流通加工、信息服务等各个环节实现系统感知、全面分析、及时处理和自我调整等功能的现代综合性物流系统。

智能配送是智能物流体系中的核心功能。它借助集成的智能化技术，让配送系统模仿人的智能，具备学习、感知、推理判断、解决问题等能力，对配送过程中出现的各种难题进行分析判断进而自行解决。也就是说智能配送利用各种信息技术，从接收订单开始，自动化备货、储存、分拣、配货、配装、运输、送达及配送加工，让信息流快速流动，并在各操作环节及时获取信息，对信息进行分析并做出决策。简单而言，智能配送就是借助传感器、RFID、移动通信等技术实现物流配送的自动化、信息化、网络化。

2. 智能配送的特点

智能配送利用数字化基础设施和新分工体系，采用互联网思维、平台思维（开放、共享、共赢）和创新思维，实现了多方面连接（市场主体连接、信息连接、设施连接、供需连接等）、多方位集成，是一项以消费者为中心的大规模社会协同活动。智能配送具有自动化、智能化、可视化、网络化、柔性化等特点，主要体现为以下五个方面。

（1）自动感知。智能配送系统利用感知技术获取配送流程中产生的各种信息，包括消费者订单、库存信息、货物属性、分拣配货信息、运输车辆状态、物品载荷程度等，将信息数字化处理，以作为协调各项配送活动的决策依据。

（2）整体规划。信息产生于配送流程中较为分散的作业活动中，智能配送系统应具有信息整合功能，构建基于互联网平台的数据处理中心，分散的信息在此处进行集中、分类、规整，实现配送流程协同一体化运作。

（3）智能分析。物流企业可利用智能学习系统模拟实际配送活动中出现的难题，根据具体问题提出假设，并在模拟环境下分析问题及实施对策，从而为系统提供类似问题的解决范式，系统会自行调用已有的经验数据，实现智能化决策。

（4）决策优化。随着市场需求的变化及物流企业追求目标的改变，智能配送系统能根据配送成本、配送时间、配送距离及车辆数目等对特定需求进行评估，依据确定型、半确定型及风险型的决策条件比较决策方案，找出最合理、最有效的解决方案。

（5）修正与反馈。智能配送应体现在业务流程柔性化操作方面。智能配送系统不仅可以自动按照最佳解决方案、最快捷的路线运行，还能够依据条件和目标的改变随时修正决策方案；对于修正的内容自动备份并及时反馈给配送相关环节，使业务操作人员实时了解作业运行情况，使管理人员对各环节进行严格把控。

二、智能配送的分类

依据配送节点、配送商品的种类和数量、配送时间和数量、经营形式的不同，智能配送有不同的分类，具体如表 1-2-1 所示。

表 1-2-1　智能配送的分类

分类标准	主要类别
配送节点	配送中心配送
	仓库配送
	商店配送
配送商品的种类和数量	少品种、大批量配送
	多品种、小批量配送
	配套、成套配送
配送时间和数量	定时配送
	定量配送
	定时定量配送
	即时配送
经营形式	销售配送
	供应配送
	销售、供应一体化配送
	代存代供配送

三、推进智能配送的必要性

我国智能物流业正处于快速发展的起步阶段，仍有较大的提升空间。末端物流配送效率不高、基础设施设备有待完善、物流大数据整合水平有待提升等成为影响我国智能物流发展的突出问题。物流作为社会经济运行中极为重要的基础性产业，既连接着生产与消费，又是城市支柱产业与优势产业的保障。对于智能城市建设而言，智能配送的必要性主要体现在六个方面。

（1）智能配送使城市在满足人们需求方面的能力得到加强。

（2）智能配送能够让城市的交通负荷更加均匀。

（3）智能配送能够保证城市配送中的资源、土地得到更加合理的利用。

（4）智能配送使城市街区与社区在资源对接方面更加柔性、更具有“自洽能力”。

(5) 智能配送的信息化水平可与智能城市进行有效衔接，让数字化成本随着城市规模的加大而趋零，使投入产出的边际效益更高。

(6) 智能配送可以让城市资源“进和出”的需求得到保障，让城市生产需求物资与生产排放、生活垃圾处理得到更有效的调配，为城市疏压。

四、智能配送的现状与发展趋势

智能配送的发展趋势

近年来，智能配送技术取得了显著的进展。技术创新是推动配送行业发展的关键因素，无人机配送、自动化仓储、人工智能在路线规划和库存管理中的应用成为行业的热点。此外，区块链技术在提高供应链透明度和安全性方面展现出巨大潜力。企业通过采用先进技术，不仅提高了运营效率，还增强了市场竞争力。首先，物流系统的自动化程度不断提高。机器人、自动化仓储设备等的引入，使物流活动过程中的重复性、烦琐性工作实现自动操作，大大提高了物流效率。其次，人工智能的应用使物流无人化成为可能。企业可利用机器学习和深度学习算法，对大量的数据进行快速分析和处理，提高了物流系统的智能化水平。最后，基于大数据分析的智能配送算法的出现，有效提高了配送路线的优化效果，降低了成本，提升了配送速度。

目前，配送行业的市场规模继续扩大，尤其是在食品配送、即时配送和跨境物流等领域。消费者对配送速度和服务质量的期望不断提高，促使配送企业优化供应链管理，提升配送效率。随着 5G（第五代移动通信技术）、自动驾驶技术的进步，无人配送车、无人机和机器人成为智能配送的重要组成部分。其中，无人配送车以自动驾驶为核心技术，能够在城市商超、快递站、校园、社区等场景进行商品配送。国内已有企业开始商业化应用无人配送车，并且随着 L3（有条件自动化）及以上级别的自动驾驶技术不断落地，无人配送车的商业化落地也在加速。

环境问题已成为配送行业不可忽视的话题。企业正面临减少碳足迹和实现绿色物流的双重压力。为此，许多配送企业开始采用电动车辆、优化包装、减少浪费、实施循环经济策略等，以降低对环境的影响。尽管配送行业前景广阔，但也面临着一系列挑战。例如，物流成本的上升压缩了企业的利润空间；劳动力短缺和司机福利问题亟待解决；城市拥堵和“最后一公里”配送效率低下等问题依然存在。为应对这些挑战，企业需要采取多元化策略，包括投资研发新技术、优化人力资源管理模式、建立合作伙伴关系及探索新的商业模式。

智能配送正朝着更加高效、智能化和可持续的方向发展，与智能仓储紧密相连。随着物联网、大数据、人工智能等技术的不断发展，智能配送将越来越依赖于这些先进技术，实现更加精准、快速和个性化的服务。

(1) 更加注重数据驱动。通过收集和分析大量的物流数据，智能配送系统能够更准确地预测配送需求、优化配送路线和调度配送资源，从而提高配送效率、降低成本。

（2）更加注重智能化决策。通过应用人工智能算法，智能配送系统能够自主决策、优化配送策略，进一步提高配送的智能化水平。

（3）集成化与协同化。智能配送还将与智能交通系统、智能仓储系统等其他智能物流系统实现更加紧密的集成，实现库存、订单、配送等信息的实时共享，协同作业，进一步提高整体物流效率，实现全链条的智能化管理。物流企业通过搭建互联网物流平台、构建数字化物流网络等方式，将物流系统中的各个环节无缝衔接，提高物流的整体效率。同时，物联网技术的智能物流管理系统将发挥更重要的作用，实现对物流运营的实时监控和管理。

（4）更加注重可持续发展。随着全球环境问题日益突出，智能配送将更加注重绿色、低碳、环保的理念，智能配送技术将致力于减少能源消耗和环境污染，推动物流配送行业的可持续发展。环保和可持续性将成为智能配送技术未来关注的重点。

（5）无人配送将逐渐成为主流。目前，针对无人机、无人车等技术已经开始开展实际运营测试。随着技术的不断成熟，这些无人配送设备将会逐步投入商业运营，无人配送将成为物流配送的主要方式。

总而言之，自动化、无人化、智能化成为智能配送发展的总趋势。更高的储存效率、更快的作业效率、更准确的拣选作业及更优化的配送模式，是物流系统一直追求的目标，所有相关技术的进步都是为了提高物流服务水平。

除了以上的发展趋势，智能配送还面临着一些挑战。首先，法规与安全问题是智能配送发展的一大难题。对于无人配送技术，包括飞行安全、交通安全，以及与行人、车辆的相互协调等问题都需要制定法规，进行充分的安全研究。其次，技术成本也是一个制约因素。虽然智能配送的市场前景广阔，但是技术成本仍然较高，需要商家和物流企业进行一定的投入并承担风险。最后，消费者隐私保护问题也是值得关注的。智能配送需要获取大量的消费者数据，并对其进行处理和分析，这涉及个人隐私的保护和安全问题。

拓展阅读

无人配送

低空经济是指开发和利用低空空域的经济活动，通常涉及通用航空、无人机产业、物流配送、旅游观光等多个领域。随着技术的进步和政策的逐步开放，低空经济正在全球范围内快速发展。在许多国家和地区，政府正在逐步开放低空空域，推动相关法律法规的出台。例如，我国近年来逐步放开低空空域的管理，推出了低空空域管理改革的政策试点，这为通用航空和无人机产业的快速发展奠定了基础。低空经济为物流行业带来了新的增长点。无人机在末端配送、快速响应等场景中具有独特优势，尤其是在地形复杂、交通不便的地区，可以有效提升物流效率。此外，一些企业正在开发“空中巴士”或“空中货运”，以应对未来城市高密度人口的运输需求。

当你用手机App（应用程序）下单了一份外卖后，短短十几分钟，一架承载着外卖餐食的无人机就停在了小区里。一位外卖员将餐食取下，无人机重新起飞，又飞往了下一个取餐地点。这不是科幻大片里的场景，而是美团在尝试的无人机取送餐流程，也是美团首次对外披露自主研发的城市低空物流模式。随着近年来人工智能等技术的不断进步，城市低空飞行已经开始从民用拍摄转向大规模的工业用途。

不止美团，国内的阿里巴巴、京东、顺丰等互联网企业，国外的亚马逊、谷歌、沃尔玛等企业巨头，均在无人机配送领域有所布局，搭建城市低空物流网络似乎已经成为全行业共识，各类企业都跃跃欲试。

1. 美团无人机上岗

建成城市低空物流网络一般需要几大要素？美团的答案是三大要素，即自主飞行的无人机、云端智能调度系统、城市自动化机场。实际在订单配送过程中，依托城市低空物流网络，由人机协作完成。美团的这套人机协同配送方案具体步骤是，消费者下单后由骑手取餐送至“自动化机场”，即配送站，再由无人机取餐后转送至消费者附近的“自动化机场”，最后由骑手或智能楼宇配送系统完成配送，也可能是消费者到指定区域自行取餐。美团人机协同配送系统如图1-2-1所示。

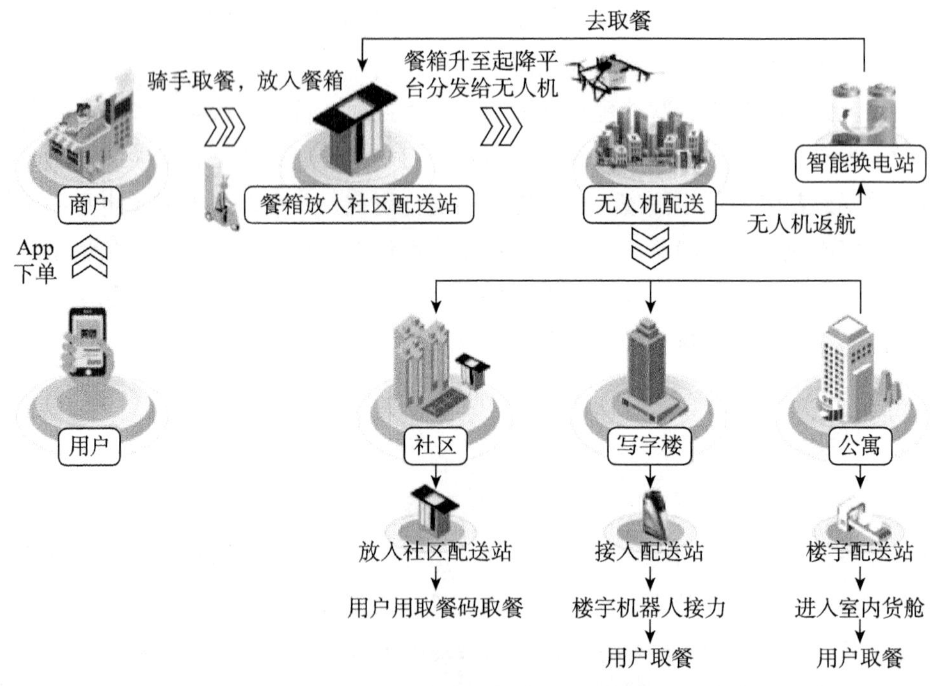

图1-2-1 美团人机协同配送系统

骑手主要扮演“取餐员”的角色，无人机依靠二维码辨识目的地起降点，实现精准降落。

在美团试飞阶段，从餐厅出餐到无人机送达，全程1.5千米的航线，总用时11分钟。

整个过程，需要依托飞控导航系统（包括卫星导航系统、惯性导航系统、视觉导航系统）、多模感知系统、定位系统、场景识别技术等。

据悉，美团无人机项目核心系统90%以上的部件是自主研发的，其中，仅核心导航模块就耗时18个月。美团的目标是打造3千米、15分钟送达的低空物流网络。而在现阶段完全人工配送的情况下，美团完成3千米配送的目标用时为三四十分钟。这就意味着，人机协同配送至少将会提效一倍。从无人车到无人机，从封闭场景到低空开放路段，美团的无人配送系统正在一点点建成。

2. 无人配送成新“武器”

虽然现阶段美团的无人配送系统仍处于早期阶段，距离大规模商用还有一段距离。但不可否认，这是一个极具潜力的领域，可能会改变人们未来的生活消费习惯。

2020年中国物流无人机市场规模接近16.8亿元，无接触物流配送成为物流业新风口，物流无人机市场需求大幅增加。

不少企业都察觉到了这个趋势，已经在相关领域布局。IDC（国际数据公司）数据显示，中国是全球消费级无人机市场份额最大的国家，在全球排名前十民用无人机企业中，中国占了7家。除了美团，一些电商巨头、快递巨头也加入其中。

菜鸟已于2020年量产了商用无人车，同时该无人车还可以根据需求打造为不同的智能设备，将车辆变成移动自提柜、移动咖啡售卖车等。

作为国内电商、物流行业的头部企业，京东自然也不会错过无人配送，京东无人配送车已经逐步完成封闭社区、开放道路的规模化运营，能够在无人工干预的情况下，完成自主行驶、智能避障、识别红绿灯、智能取货等，且在长沙、贵阳等20多个城市落地。其拥有完全自主知识产权的“京蜓”无人机，也于2020年10月开始总装地面测试，这也是国内首款载重数百公斤级具有舱内空投功能的无人机。

2020年8月，顺丰大型无人机首次完成了基于业务场景的载货飞行，这也是国内首次将大型无人机用于物流场景。当时，负责顺丰大型无人机的子公司丰鸟航空已成功获批9条航线用于科研试飞、业务测试。

智能配送提升了物流效率，从而为消费者提供了更好的购物体验。这背后体现了企业对消费者权益的尊重和保护。智能配送的自动化和智能化减少了人力成本，但并未忽视人的作用。相反，它通过优化人力资源配置，提高了员工的工作效率和生活质量。这体现了对劳动者的尊重和关怀，这是对劳动价值的深刻认识。智能配送不仅是技术的革新，还是对社会责任和道德价值的深刻践行。

任务实施

阅读案例导入内容，结合所学知识，回答下列问题。

1. 简述菜鸟推进智能配送的必要性，并回答菜鸟是如何推动智慧城市配送物流系统建设的。

____

____

____

2. 菜鸟智慧城市配送物流系统在哪些物流场景中得到了应用？

____

____

____

3. 总结智能配送的发展趋势和前景。

____

____

____

知识检测

一、单选题

1. 根据国家标准，智能配送的核心活动是（　　）。

A. 运输　　　　B. 分类、拣选、包装等物流活动的有机结合

C. 只关注货物的储存　　　　D. 完全依赖人工操作

2. 以下哪项不属于推进智能配送的必要性？（　　）

A. 提高城市资源利用效率　　　　B. 增强交通负荷的均匀性

C. 增加城市管理的复杂性　　　　D. 加强城市需求保障能力

二、多选题

1. 智能配送技术取得的进展体现在哪些方面？（　　）

A. 无人机配送

B. 自动化仓储

C. 人工智能在路线规划和库存管理中的应用

D. 区块链技术提高供应链透明度和安全性

E. 人工搬运

2. 智能配送行业目前面临的挑战包括哪些？（　　）

A. 物流成本上升

B. 劳动力短缺和司机福利问题

C. 城市拥堵和“最后一公里”配送效率低下

D. 法规与安全问题

E. 技术成本和消费者隐私保护问题

3. 智能配送的发展趋势包括哪些？（　　）

A. 更加注重数据驱动　　B. 更加注重智能化决策

C. 集成化与协同化　　D. 更加注重可持续发展

E. 无人配送将逐渐成为主流

三、判断题

1. 智能配送具备自动化、智能化、可视化、网络化和柔性化等特点。（　　）

2. 无人配送技术的成熟将使其逐渐成为智能配送的主流方式。（　　）

四、填空题

根据配送时间和数量，智能配送包括________、定量配送、定时定量配送和即时配送等类型。

任务三　认知智能仓配系统

案例导入

走进A市烟草公司物流中心立体智能库，发现偌大的仓库但闻机械响，却不见人影。

“管理可以存放2.2万箱卷烟的立体智能库，一个人、两台电脑就足够了，以前根本想不到。”干了18年仓储管理的杨师傅说，“我现在每天只需打开电脑，点击确定接收任务数据，设备便按照指令自动出入库。”杨师傅还说，过去是平库，要靠人工搬运，需要大量人力，还容易出错。

从平库到立体智能库，杨师傅经历了从人工出入库到智能出入库的转变。“节省人力物力不说，还精准高效。”杨师傅感叹。

“我们从仓储到分拣、配送，基本实现了数字化、智能化。”物流中心信息技术部负责人介绍。

在仓配管理部办公室，数据调度员小王熟练地打开智能物流一体化管控系统，查看今天的订单有没有结转。“如果订单已结转，就立即对订单数据进行解析，然后将解析后的数据分发到相关分拣线管理平台，工作人员只需打开分拣线管理平台，点击确认接收数据，各生产设备便按照指令自动运行。”小王介绍道，“以前要一条一条地拖动数据并计算，耗时费力，现在我们的分拣线实现了智能调度，只需轻轻一点，数据便自动分配到各分拣线。”

“看到没，分拣线边上的这个钢架货位就是我们引进的多穿系统，有效弥补了立体智能库的不足。”老张说，“立体智能库出库以盘为单位，一盘30件，在分拣的过程中，卷烟需求量小，不能智能出库补货，需要人工搬运并投放到分拣线补货柜，很是不便。有了这个多穿系统，卷烟就通过立体智能库出库到多穿系统进行暂存，分拣时，多穿系统根据订单需求，自动将卷烟输送到分拣线补货柜，节省人力的同时，提高了分拣效率。”

“此外，我们通过智能物流一体化管控系统，实现了来烟预约，避免了排队等候现象。还实现了设备备品备件共享，如果设备损坏需要大修或新购时，我们可以优先使用同行闲置的相同设备或备品备件，这样不耽误工作。”老张说。

“在配送的过程中，我们实现了分段式智能导航，让配送更精准、更快捷。”在直送一部办公室里，直送一部吴主任一边点开智能物流一体化管控系统一边介绍，“我们将卷烟送到零售客户店铺后，零售客户就可以用手机对我们的配送员在送货及时性、服务态度、商品完好性，以及是否存在截留卷烟、是否存在吃拿卡要等方面进行评价，客户的评价倒逼我们不断提升服务质量。”吴主任说。

“运行一体化、业务数字化、管理智能化、决策智能化，是公司正在构建的物流运行管理新格局，这在我们物流中心正一步步变成现实。”物流中心副经理说。

知识链接

一、智能仓储系统

（一）智能仓储系统的功能模块

智能仓储系统是根据仓储管理经验推出的专业化仓库管理系统。不仅具备正常的功能，如出入库管理、盘点等，还可以实现对仓库作业过程的管理，通过 RFID 技术、条码技术及无线传输技术等，指导仓储作业的同时，规范作业流程。其功能模块如下。

1. 仓库管理模块

仓库管理模块可以实时监控仓库内库存情况，具备入库管理、出库管理和移库管理等功能。

（1）入库管理：智能仓储系统的收货、质检、上架流程完善，支持先质检后收货，动态设置多场景收货策略，支持 PDA（个人数字助理）设备执行入库操作，支持扫码入库和手动入库两种方式，自动记录入库情况，并更新库存情况。根据货物上架策略获取目标库位，由人工或 AGV 将货物运送至指定位置，扫描库位标签完成入库操作。

（2）出库管理：智能仓储系统的拣货、打包、装箱流程完善，系统下发出库任务，无人车间管理服务人员根据出库任务下发 AGV 调度指令，AGV 根据指定线路前往指定库位，获取货物并送往指定出库区。配合 PDA 设备扫描审核，出现错误时，会发出警报，提醒库管人员及时处理，最后把数据发送到系统中，更新数据库，完成出库操作。

（3）移库管理：智能仓储系统支持货物的仓位调整和库存转移，保证仓库内货物的合理摆放和流动性。

（4）库位管理：智能仓储系统管理仓库内的货架、仓位布局，优化存储空间利用率。

（5）智能巡检：智能仓储系统具有智能巡检功能，可以通过传感器和监控设备对仓储环境和设备进行实时监测和巡检。一旦发现异常情况，系统可以自动发出警报，并及时通知相关人员进行处理，确保仓储环境的安全和稳定。通过智能巡检，企业可以及时发现设备故障和安全隐患，该功能提高了仓储设备的可靠性和安全性。

2. 库存管理模块

库存管理模块可以自动化管理货物库存，实时更新库存情况，具备库存查询、盘点管理等功能。

（1）库存查询：智能仓储系统提供货物库存的实时查询功能，支持按照货物类型、数量、货位等条件进行查询。

（2）盘点管理：智能仓储系统创建并审核盘点任务，库管人员通过移动终端查看盘点任务，前往指定盘点地点，利用 PDA 进行货物盘点扫描，并与数据库中的信息进行比对，在移动终端显示实时的差异信息，以供盘点人员核查，最后将盘点完成的信息与后台的数据库信息进行核对，生成盘点表。

（3）可视化库位管理：智能仓储系统将仓库库位信息通过可视化的方式进行展示，以实际平面图的方式展示各库位库存情况。利用车间看板、工作站、作业平板甚至手持移动终端进行查看，帮助各类人群实时了解各库位库存信息。

（4）智能安全：智能仓储系统具有智能安全功能，可以通过智能监控和安全设备对仓储环境和货物进行全方位的监测和保护，可以及时发现和防范潜在的安全风险和威胁，保障货物和仓储环境的安全和稳定，还可以通过智能识别和验证技术，实现对货物的精准追踪和监管，防止货物的丢失和损坏。

3. 订单管理模块

订单管理模块可以接收并处理来自上游客户的订单，具备订单接收、订单分配和拣货等功能。

（1）订单接收：智能仓储系统接收上游客户的订单信息，并进行订单校验和预处理。

（2）订单分配：智能仓储系统根据仓库库存情况和订单要求，自动分配货物，并生成拣货任务。

（3）拣货：智能仓储系统根据拣货任务，将货物从仓库中取出，并按照订单要求进行打包和标记。

（4）配送：智能仓储系统将打包完成的货物安排上车并分配相应的送货员，实时监控配送车辆和货物的位置。

（5）数据统计分析：智能仓储系统定期自动保存库存快照及实时变化情况，以备核查。详细、精确地统计人员的作业情况，为绩效考核和任务量调整提供依据。

4. 运输管理模块

运输管理模块可以规划、优化货物的运输路径，实时监控货物的运输状态，具备运输路径规划、运输跟踪和异常处理等功能。

（1）运输路径规划：智能仓储系统根据货物的起始地和目的地，优化运输路径，降低运输成本和时间。

（2）运输跟踪：智能仓储系统实时监控货物的运输状态，提供货物的位置，实现运输进度查询。

（3）异常处理：智能仓储系统能处理运输途中可能出现的异常情况，如交通堵塞、天气恶劣等，及时调整运输计划。

5. 数据分析模块

数据分析模块是基于仓储业务数据进行分析，具备提供仓储统计报表、提供决策支持等功能。

（1）提供仓储统计报表：智能仓储系统根据仓储业务数据，提供各种统计报表，如订单处理时效报表等。

（2）提供决策支持：智能仓储系统根据仓储业务数据的分析结果，提供决策支持，帮助企业优化运营策略。

（3）预警管理：智能仓储系统提供近效期预警、低周转预警、单据超时预警、紧急任务卡顿预警、库存上下限阈值预警等。

（4）智能节能：智能仓储系统具有智能节能功能，可以通过智能设备和技术对能源的利用进行优化，可以通过智能控制和调度技术，最大限度地减少设备运行的能耗，实现对能源的高效利用，还可以通过智能监测和管理技术，实现对能源的实时监测和调整，为企业节省能耗成本。

（二）智能仓储系统架构

（1）应用环境层。应用环境层是指智能仓储系统实际运行的现场，涵盖包装下线、入库、理库、出库装车等作业流程。应用环境层既是智能仓储系统的起点，也是智能仓储系统的作用终端。仓储作业流程中产生大量的现场数据，这些数据通过多种方式（如二维码、RFID 标签、传感器等）加以采集，上传至上一层进行后续处理，由上一层下传的决策指令在应用环境层接收并执行。

（2）状态感控层。状态感控层与应用环境层直接作用，在状态感控层完成对应用环境层的状态感控和数据采集工作，采集的数据类型主要有物流状态数据、设备状态数据、人员状态数据等，这些数据被上传至数据存储层存档。该层还通过自主控制、人机交互等方式将决策指令传输至应用环境层，通过应用环境层的执行实现对各类状态的控制。

（3）数据存储层。数据存储层接收状态感控层从应用环境层采集到的各类状态数据，并将这些状态数据按照一定的逻辑关系和处理过程进行有效的存储，并根据各类数据信息的数据格式和类型建立标准化的概念模型与逻辑模型，实现数据库的标准化统一管理。通过存储数据，再根据数据分析层对数据的需求，进行数据的提取和分析，为后续的管理决策支持奠定基础。

（4）数据分析层。数据分析层对系统所存储的过程数据进行各类相关的统计分析工作。数据分析层能够针对应用环境层的管理和决策支持的需求，在数据存储层对所需要的数据进行挖掘和关联分析，建立相关独立关联模型和非独立关联模型，为上层决策提供相应理论方法和数据支持。

（5）决策支持层。决策支持层是体系中的最上层，该层主要基于以上数据分析结果进一步分析应用环境层的相关数据，从精益生产的角度分析相应仓储管理的决策支持信息，通常表现为对部分关键业务进行管理决策时，能够得到有效的数据支持。再由系统用户根据决策支持层提供的信息制定相应管理决策，并转化为可供下达的优化调整指令。决策支持层是根据数据分析层的结果，结合应用环境层的当前状态，从而产生针对状态控制的决策支持内容。系统用户根据决策支持层信息的内容做出的管理决策可转化为逐层向下传递的管理指令，最终作用于应用环境层，形成闭环。

（三）智能仓储系统的信号联动

智能仓储系统的功能模块及信号联动

智能仓储系统可以实现智能联动功能，即智能仓储系统可以与其他系统和设备进行联动，实现信息的共享和资源的互通。智能仓储系统利用物联网技术，通过传感器、RFID 标签和无线通信等技术手段，使仓库内的设备、货物和人员实现互联互通，实现信息的实时监控和自动化处理，从而优化仓库信息流程。可以实现货物的跨区域运输和处理，提高货物的灵活性和适应性。此外，智能联动还可以实现仓储设备的智能控制和调度，对仓库内的各类设备（包括自动化搬运设备、分拣系统、传送带等）进行智能化管理，实现设备之间的协调和互补，提高设备的整体效率和稳定性，对设备的运行状态进行实时监控和维护预测，减少设备故障率，提高设备利用率。

二、智能配送系统

智能配送系统

（一）智能配送系统的功能

（1）RFID 分拣。应用 RFID 技术对货物入库与出库信息进行自动化识别、记录、存储、传输，实时检验出库货物与订单是否完全匹配，使分拣操作更加快速、准确，提升分拣效率。目前，RFID 分拣分为 DPS（摘取式 RFID）和 DAS（播种式 RFID）两种类型，前者面向货物分散储存的中小客户，提供在库位、货架和货物上贴放 RFID 标签的服务；后者面向货物集中储存的大客户，提供贴放储存区域标签与货物标签的服务。

（2）感知记忆。智能配送能够自动识别需要分拣的货物，并进行多维度检验，比如库位、货架、货物信息是否准确，所拣货物与订单产品清单是否一致。在拣选和配货环节需要对订单匹配与否进行二次检验。如果遇到货物分拣错误、货物数量与订单要求不符的情况，感知记忆系统能够自动预警。该系统可以对配送路线进行智能管理，如送货地点发生变化，要根据配送站点、配送成本等实时调整配送路线。

（3）配送信息管理。配送相关活动的调度与管理需要依靠配送信息管理，配送信息管理在整个配送体系中起到信息集中与转化的作用。配送信息管理主要包括货物信息管理、订单管理、配送路线规划与信息管理、应急管理、车辆与司机管理、物流跟踪管理、货物交接管理、配送业务结算管理、客户评价反馈管理等。智能配送系统承担业务调度任务，按照关键信息对订单进行汇总、分类、排序，向用户提供运输状态查询等服务，帮助配送企业整理订单、制作调度单。

（4）大数据分析。智能配送系统在日常配送过程中借助传感器、智能设备及 RFID 技术对货物信息进行自动收集与处理，以此为基础对数据进行分析，再结合商业智能筛选出来的信息，充分挖掘有价值的信息，从中发现机遇与风险，如对配送过程中的各项数据进行统计分析，包括车辆使用率、货物损耗率、配送时间等；提供数据可视化的报表和图表，帮助管理人员快速了解配送情况。借助智能模拟模型，以概率风险为基础对某项配送策略涉及的时间、成本、质量与服务等进行评估，预测业务运作的关键流程与高风险活动，进而调整资源分配，进行差异化管控。最终将新知识与模式存储于商业智能模块，实现智能创新。

（二）智能配送系统架构

（1）数据通信层。数据通信层主要是借助自动识别、监控与定位技术实现对信息的采集、存储、跟踪、传输，从而为其他相关活动提供实时信息与数据。因此，数据通信层是智能配送系统的基础。该层主要服务于以下业务流程。第一，订单处理流程。这是配送活动的第一个环节，对整个配送业务至关重要。主要流程包括订单受理、订单数据处理和订单状态管理，完成对订单的分类整理、确认审核等操作，并通过 EDI 系统将订单确认信息传递至关联部门。订单信息被确认之后，要根据订单查询货物的库存情况，然后根据查询结果进行库存分配。物流企业可应用新传感技术、RFID 技术、视频监控技术等使库存状态可视化，并实现对目标货物的快速锁定，借助移动计算技术开具拣货单和出货单。依据这些单据进行出库物流作业。订单处理流程可以应用无线网络传输技术、GPS 技术等进行实时监控与跟踪，及时反馈订单处理过程中的问题，提供给大数据分析系统加以解决。第二，拣货作业流程。配送中心对客户订单进行确认、审核后，会对订单信息进行分类，同时开具相应的货物配送清单，安排拣货。拣货作业流程借助 RFID 技术、条码技术及传感技术等，实现货柜货物自动提醒、拣选路线智能优化，能够明显提高拣货的效率，减少人工操作的出错率。第三，分拣作业流程。在拣货作业完成后，需要检查完成分类的货物，确保发货数量、质量和规格的正确性。此外，还必须检查分拣的货物与订单的相符程度。自动感知识别技术能够自动识别货物数量、完整程度、质量状态等信息，减少人工操作的环节。在检查分拣的货物与订单相符程度的过程中，通过 RFID 技术读取货物的电子标签，检验标签信息与订单货物条码信息的一致性就可以完成此项工作。第四，送货流程。在货物送往消费者的过程中，通过视频监控、GPS、GIS 等技术实时跟踪运输工具的行驶状态、行驶路径等信息，并向用户提供实时的信息查询功能。

（2）业务管理层。业务管理层主要依靠配送管理信息系统调度日常的配送业务，包括订单管理、库存管理、分拣配货管理、配送调度管理和信息反馈管理。配送管理信息系统作为与外界客户联系的窗口，接收电子商务系统传递来的顾客订单及连锁零售门店的补货订单。配送中心接收到顾客订单后，先对订单进行审核，审核时借助库存管理系统查询库存情况，从而决定是否需要向外部供应商采购以满足订单需求；在分布式仓库管理系统中，依据订单的可执行情况进行仓库的订单分配，如需异地调拨则涉及货物调拨管理。制订好货物出库计划之后，对拣货、配货及配装活动进行管理。其中涉及的自动拣货操作及拣货路径设定，可以借助数据通信层相关技术实现；另外，配货及配装活动需要依据顾客的分布地点、送货时间的要求、交通状况、物品冷藏/冷冻温度控制的要求、货物体积与重量、车辆体积额载等情况，借助大数据分析系统获得最优化的决策支持。制订好相关计划以后，系统输出出库信息，通过配送管理信息系统平台为顾客提供订单处理进度查询等服务。

(3) 智能创新层。智能创新层通过应用大数据分析系统对配送过程中各个功能及业务流程进行优化分析，最终形成智能化解决方案。大数据分析系统通过收集配送业务运行数据，实现数据挖掘与知识发现。另外，记录配送管理信息系统日常事务的处理模式与方法，作为事务管理决策实施的依据与优化的基础，对多种目标与约束条件下可能存在的效率提升、成本降低、时间缩短的机会进行捕捉，借助智能模拟模型探索最优化方案。智能创新层要实现的功能包括订单分离、配送需求匹配、智能分解、最优运输路线规划、智能配装、预警与监督及问题反馈等。大数据分析系统把相关的业务操作的数据进行规整，按照设定的优化目标，通过数据挖掘形成某些规律，并将可能的解决方案模型存储于数据仓库中，将半结构化或非结构化的问题逐渐转化成结构化问题。基于不同的业务目标，大数据分析系统将通过智能调度模块与配送管理信息系统的相关功能进行连接，将优化的结果传递给各流程的操作人员，为各项活动具体实施方案的制定提供智能化参考。

拓展阅读

京东物流智能仓储软件解决方案

2023 年 6 月 30 日，2023 高工移动机器人产业峰会暨 2023 移动机器人产业 TOP30 颁奖典礼在杭州举行。京东物流受邀参会，自主研发的智能仓储软件解决方案入选 2023 移动机器人产业 TOP30。

作为支撑自动化物流场景的智能仓储软件领域的先驱者，京东物流一直在不断深耕并积累经验，以服务工业电子、医药、汽车等多个行业的海内外企业为基础，通过自研软件产品与解决方案的创新，为客户开辟了全新的道路。

随着企业仓储转型需求逐渐从信息化、数字化到智能化的发展，京东物流也时刻洞察市场需求变化，并基于此推出了由京东物流自研的 WMS（仓库管理系统）、WCS（仓库控制系统）、3D SCADA（三维可视化监控系统）三大核心软件产品驱动的智能仓储软件解决方案，如图 1-3-1 所示。该方案旨在推动企业仓储运营与管理由单一执行向智能化决策方向“进化”，企业仓库管理系统从传统单一向设备集成方向“进化”。

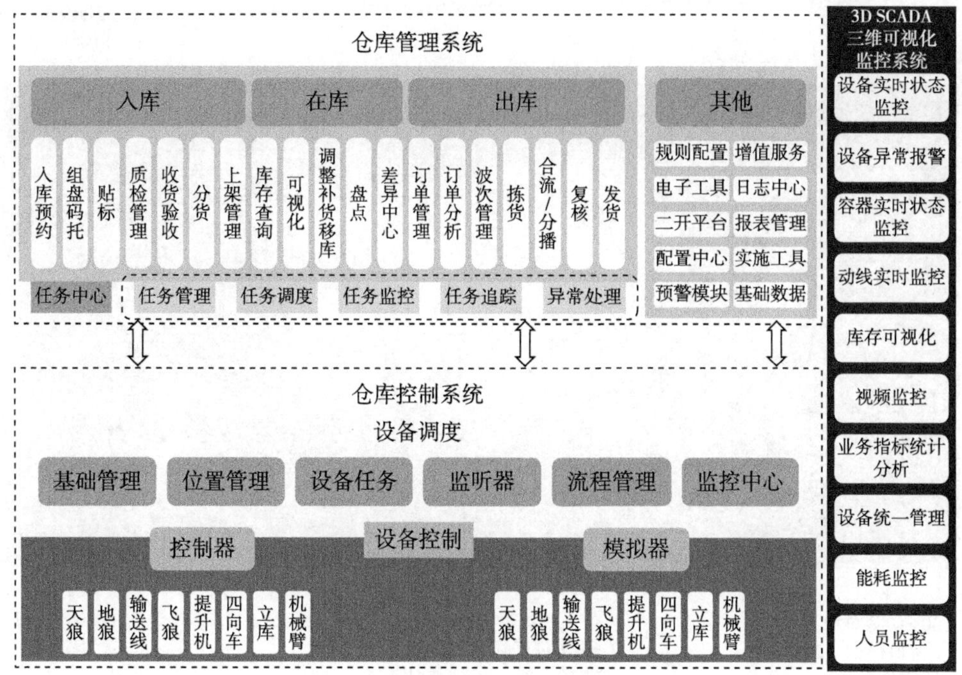

图 1-3-1　京东物流智能仓储软件解决方案

作为京东物流自研的仓储执行系统，WMS 覆盖仓储作业多个环节的智能任务，站在全仓的角度解决多种任务之间的调度需求，实现全仓的运行与工作效率最优化。

同时，WMS 可将过往业务共性部分组件化，打造更便捷、更智能的数据交换平台，实现与各种主流上游系统的对接，保障数据交换的高效性。

此外，WMS 聚焦业务场景共性，兼容立库、天狼、地狼、机械臂等多种主流自动化设备，并支持二次开发，使常规交付更加敏捷，使定制化开发更加高效、成本更低。

京东物流的仓库控制系统，打破了传统的烦琐交付流程，仅需五步，就可轻松配置，一键发布运行，实现自动化项目的轻松交付。

同时，WCS“简便”却不“简单”，其内置丰富的策略算法包，可支持不同场景下各类不同的调度管理需求，可针对实际业务需求灵活应用。

此外，WCS 支持按任务链随意组合设备以打造复杂物流场景的解决方案，且现场业务发生升级变更时，可以通过配置化的方式快速满足业务调整。

京东物流的三维可视化监控系统包含了可快速入门并搭建 3D 场景的智能仓储类 3D SCADA 编辑器（见图 1-3-2），支持以拖拽、复制等方式进行作业，大幅降低了数字孪生项目的门槛与交付成本，在简易操作的同时也保留了桌面级应用的使用体验与交互场景。同时根据客户的多样化、定制化的需求，支持在设备不同、场景不同、时间不同、服务器压力不同等情况下即时调整数字孪生场景的数据驱动延迟和孪生体动作还原度等，满足不同场景灵活交付。

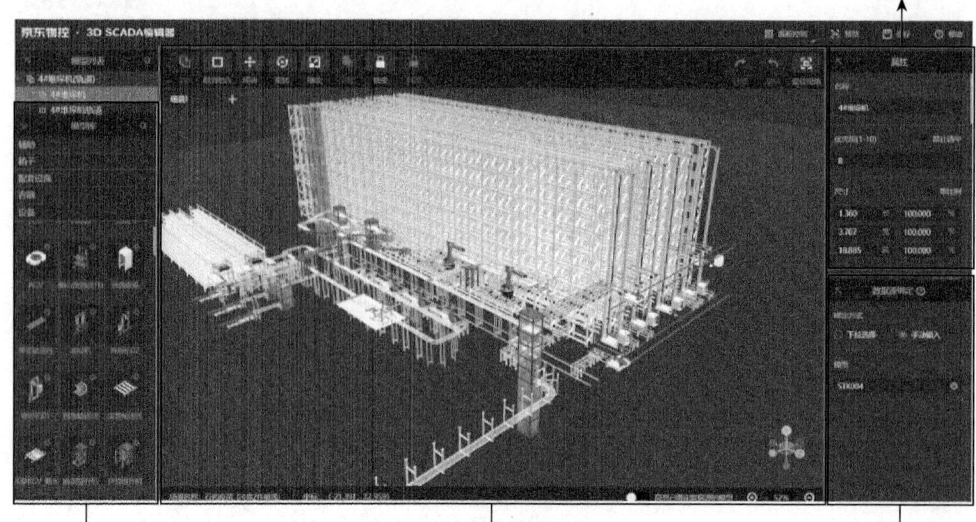

图 1－3－2　3D SCADA 编辑器

任务实施

阅读案例导入内容，结合所学知识，回答下列问题。

1. A 市烟草公司物流中心的智能化转变体现在哪些方面？

____

____

____

2. 杨师傅在立体智能库管理中的日常任务有哪些变化？

____

____

____

3. “物流运行管理新格局”包含哪些要素？

____

____

____

知识检测

一、单选题

1. 智能仓储系统不包括以下哪一项功能？（　　）

A. 仓库管理　　B. 人力资源管理　　C. 库存管理　　D. 运输管理

2. 以下哪项是智能仓储系统的数据分析模块的功能？（　　）

A. 订单处理　　B. 提供仓储统计报表

C. 入库管理　　D. 货物追踪

3. 在智能仓储系统中，智能巡检功能主要通过什么技术手段实现？（　　）

A. RFID 技术和条码技术　　B. 无线传输技术和传感器

C. 无线传输技术和 PDA 设备　　D. RFID 技术和无线传输技术

4. 智能仓储系统中的数据分析模块，以下哪项不是其功能？（　　）

A. 提供仓储统计报表　　B. 决策支持

C. 预警管理　　D. 货物交接管理

5. 智能配送系统中，RFID 分拣技术主要用于哪两个方面？（　　）

A. 货物入库和出库　　B. 订单管理和配送信息管理

C. 配送线路规划和应急管理　　D. 车辆与司机管理和物流跟踪

二、判断题

1. 智能仓储系统的库存管理模块仅能进行库存查询，无法进行盘点管理。（　　）

2. 智能仓储系统的决策支持层主要基于数据分析结果进行决策，支持下达管理指令。（　　）

综合实训

实训目标：

1. 培养学生的团队合作能力和领导力。

2. 提高学生的市场调研和数据分析能力。

3. 加深学生对智能仓储和智能配送的理解。

4. 帮助学生学习撰写专业的调研报告和进行成果展示。

实训流程：

第一阶段：团队组建与分工

—学生自由分组，每组 5～6 人。

—指定一名组长，组长负责协调小组内部工作和组织调查实施。

—明确小组成员分工，确保每个成员都了解自己的职责。

第二阶段：选择调研对象

—根据调查目的和内容，根据实际情况选择从事仓配业务的公司作为调研对象。

—确定调查内容，包括企业概况、企业结构、仓储与配送业务、仓储与配送设施设备等。

第三阶段：调研实施

—通过网络调研和实际企业线上或现场调研相结合的方式，展开调查。

—设计问卷并进行网络调研。

—拟订访谈提纲，对企业人员进行面对面访谈。

第四阶段：资料整理与报告撰写

—整理调查问卷和其他访谈材料。

—归纳总结并撰写调研报告，内容至少包括以下几个方面。

①企业概况、经营范围、组织结构。

②仓储与配送业务范围、流程、岗位设置及职责。

③设施设备配置、业务运营状况。

④智能仓储技术的应用、智能仓储的发展趋势和前景。

⑤智能配送环节的实际运作过程。

第五阶段：制作 PPT（演示文稿）与分享

—每组提交一份企业调研报告并制作 PPT。

—每组派一名代表上台进行分享。

实训材料：

—问卷设计工具（如问卷星）。

—访谈提纲模板。

—调研报告撰写指南。

—PPT 制作软件。

实训时间安排：

—第一阶段：0.5 天。

—第二阶段：0.5 天。

—第三阶段：1 天。

—第四阶段：2 天。

—第五阶段：1 天。

能力评价

<table>
<tr><th colspan="3">评价指标</th><th>满分</th><th>得分</th></tr>
<tr><td rowspan="6">技能评价</td><td rowspan="4">知识点掌握</td><td>认知智能仓储</td><td>10</td><td></td></tr>
<tr><td>认知智能配送</td><td>10</td><td></td></tr>
<tr><td>认知智能仓储系统</td><td>10</td><td></td></tr>
<tr><td>认知智能配送系统</td><td>10</td><td></td></tr>
<tr><td rowspan="2">汇报陈述</td><td>展示及讲解的专业程度与完整性</td><td>5</td><td></td></tr>
<tr><td>时间分配的合理性</td><td>5</td><td></td></tr>
<tr><td rowspan="7">素质评价</td><td rowspan="3">学生自评</td><td>团队合作能力与配合程度</td><td>5</td><td></td></tr>
<tr><td>自主学习与创新能力</td><td>5</td><td></td></tr>
<tr><td>敬业、勤业、创业、立业的职业精神</td><td>5</td><td></td></tr>
<tr><td rowspan="3">组员互评</td><td>团队合作能力与配合程度</td><td>5</td><td></td></tr>
<tr><td>自主学习与创新能力</td><td>5</td><td></td></tr>
<tr><td>敬业、勤业、创业、立业的职业精神</td><td>5</td><td></td></tr>
<tr><td>教师评价</td><td>对学生的综合素质进行评价</td><td>20</td><td></td></tr>
<tr><td colspan="3">合计</td><td>100</td><td></td></tr>
</table>

知识归纳

总结本项目的重点知识、难点知识及课堂要点等，并画出思维导图。

实践反思

在学习与实践的过程中，你学会了哪些分析与解决问题的方法？你认为自己在思想、行动及创新方面，还有哪些地方需要完善？

教师评语

02 项目二 智能仓配设备

PROJ

学习目标

◎知识目标

- 了解自动化立体仓库的概念与功能。
- 掌握自动化立体仓库的类型和适用条件。
- 了解穿梭车的概念、特点及分类。
- 掌握穿梭车式密集型仓储系统的概念与主要类型。
- 掌握智能叉车的概念与分类。
- 了解巷道式堆垛机的概念与操作方式。
- 了解 AGV 的概念、特点与分类。
- 掌握 AGV 的行走原理。
- 了解搬运机械臂的概念与应用场景。
- 掌握智能分拣设备和智能配送设备的相关知识。

※能力目标

- 能够辨析智能仓配设备。
- 能够运用智能仓配设备进行相关作业。
- 能够了解智能仓配设备的控制原理。
- 能够做到智能仓配设备的正确管理与维护。

❈思政目标

- 培养学生树立“科技兴国”的意识，具备自主创新能力。
- 培养学生树立环保意识及可持续发展观念。
- 培养学生自觉遵守操作规范，独立思考，具备团队合作的精神。
- 培养学生精益求精的工匠精神与严谨求实的职业态度。
- 培养学生不负韶华、不负时代的爱国情怀，激发学生的奋斗精神，增强学生对“制造强国”的民族自豪感。

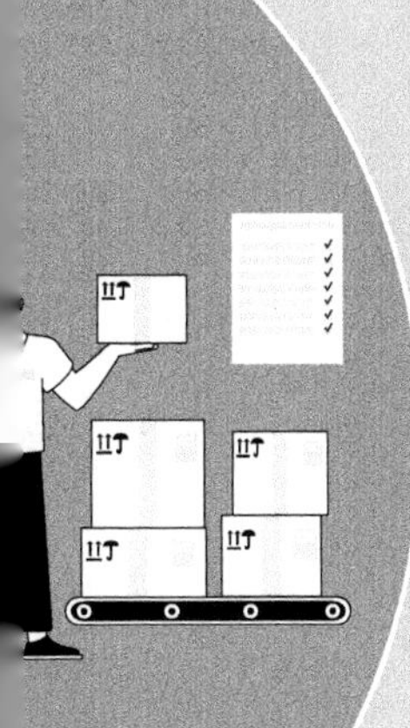

思维导图

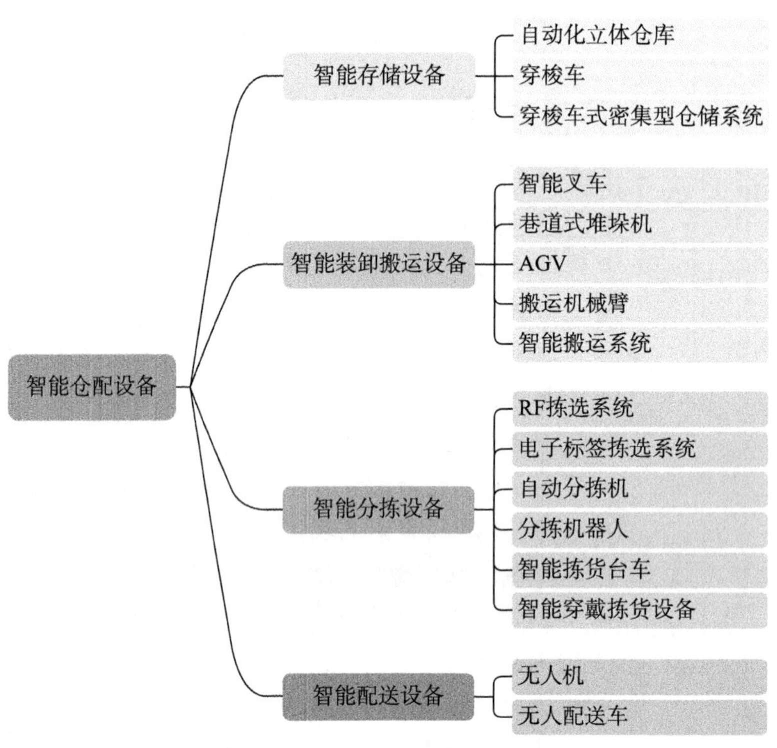

智能仓配设备
智能存储设备
自动化立体仓库
穿梭车
穿梭车式密集型仓储系统
智能装卸搬运设备
智能叉车
巷道式堆垛机
AGV
搬运机械臂
智能搬运系统
智能分拣设备
RF拣选系统
电子标签拣选系统
自动分拣机
分拣机器人
智能拣货台车
智能穿戴拣货设备
智能配送设备
无人机
无人配送车

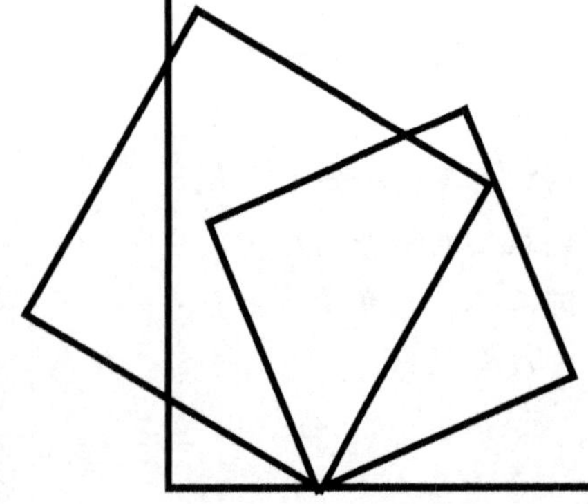

任务一　智能存储设备

案例一

2016年11月，苏宁云仓作为第五代智慧物流基地正式运营，标志着苏宁物流进入智慧物流时期。2017年6月，南京苏宁云仓等三个中心因节能节水措施明显，获得“中国绿色仓库”称号。苏宁云仓在技术上持续优化升级，探索仓储端的各类存拣机器人应用、包装技术的智能化、全流程的自动化。2018年，苏宁物流发布了“团聚计划”，并战略升级为苏宁控股八大产业集团之一，致力于成为中国最大的消费品仓储服务商、最大的供应链设施服务商。苏宁聚力于“基础设施航母编队建设”，包括新建40座中大型仓库、100个城市分拨中心等，以实现物流从自动化向数据化、智能化、无人化快速演进。

2016年，苏宁云仓在仓储规模、日出货量、自动化水平等整体科技能力和智能化水平方面，都打破了亚洲物流行业的纪录。苏宁云仓日处理包裹可达181万件，是行业同类仓库处理能力的4.5倍以上；拣选效率每人每小时可达1200件，是同类仓库的10倍以上；单个订单最快可以实现30分钟内出库，是行业同类仓库处理速度的5倍以上；仓库作业人员工作效率得到大幅提高，相比行业同类仓库，需要的人员可减少千人以上。在苏宁云仓，只需一两个管理人员，就可以控制大小件商品的全自动存储与补货操作。其中，自动化仓储系统每小时可实现自动存取双循环30个托盘（单循环50个托盘），Miniload高密度存储系统每小时可实现小件料箱和硬纸箱自动存取双循环1400箱（单循环1800箱）。苏宁引进胜斐迩旋转系统（SCS），可以实现按订单全自动拣货，除最后从料箱取货外无须人工操作，这使苏宁物流的拣货速度提高了7倍。苏宁快递将从拣配任务下发到装车发货的平均时间缩短到40分钟。

案例二

音飞穿梭车系统是南京音飞储存设备（集团）股份有限公司（以下简称音飞储存）的核心产品之一，具有高效、灵活、自动化和智能化等特点。音飞储存早在2015年就推出了自主研发的穿梭车产品，目前音飞储存的穿梭车产品已涵盖托盘式穿梭母车、箱式二向穿梭车、箱式四向穿梭车、托盘式二向穿梭车、托盘式四向穿梭车、阁楼式穿梭车等不同系列。

音飞储存的第三代托盘式四向穿梭车产品，搭配自主研发的第三代控制系统，进行模块化设计，实现数智交互，使性能全面提升10%。音飞储存的穿梭车系统在国内外产品中构建起独特的优势，拥有子母车、堆垛机+穿梭车、四向穿梭车等托盘类穿梭车系统，以及多层穿梭车等料箱类穿梭车系统。托盘四向穿梭车系统具有高效密集存储的优势及柔性化拓展的特征，适用于品规较多、批量较少的作业模式。四向穿梭车系统可以完全按照作业流量配置设备，不会浪费设备能力，穿梭车与提升机的配合也更加灵活、柔性。子母穿梭车系统由穿梭母车、重型二向穿梭车（穿梭子车）、货架存储系统、托盘、母车垂直输送机、托盘输送系统、WCS系统、WMS系统等组成，具有密集存储与自动化系统的完美结合、批量托盘全自动化存储等特点。

音飞储存通过其穿梭车系统，为客户提供了高效、灵活、自动化和智能化的智能仓储解决方案，满足了不同行业的需求，并在市场中展现出强大的竞争力。其中，托盘四向穿梭车产品及解决方案已成功应用于医疗、冷链、服装、新能源、化工、3C产品（计算机类、通信类和消费类电子产品的统称）电商、食品、核电、汽车制造等众多行业。音飞储存为五粮液包装材料库提供的子母穿梭车系统，满足了极高的仓储量需求，采用了10套子母穿梭车、两套母车垂直输送机、四套货物提升机，满足用户全天入库、定时间段出库的作业需求。

知识链接

一、自动化立体仓库

（一）自动化立体仓库的概念及功能

自动化立体仓库简称“立库”，也称为高架库或高架仓库，一般是指采用几层、十几层乃至几十层高的货架储存单元货物，用相应的物料搬运设备进行货物入库和出库作业的仓库。自动化立体仓库的发展有助于实现高效率物流和大容量储藏，适应现代化生产和商品流通的需要，可实现仓库高层合理化、存取自动化、操作简便化。

自动化立体仓库又称自动仓储系统（Automated Storage and Retrieval System，AS/RS），是采用高层货架存放货物，以巷道式堆垛机为主，结合入库与出库周边设备来进行自动化仓储作业的一种仓库。自动化立体仓库的主体由货架、巷道式堆垛机、入（出）库工作台和操作控制系统组成。货架是钢结构或钢筋混凝土结构的建筑物或结构体，货架内是标准尺寸的货位空间，巷道式堆垛机穿行于货架之间的巷道中，完成存货、取货的工作。

自动化立体仓库具有以下功能。

（1）大量储存。一个自动化立体仓库拥有的货位数可以达到30万个，可储存30万个托盘，以平均每托盘储存货物1吨计算，则一个自动化立体仓库可同时储存30万吨货物。

（2）自动存取。自动化立体仓库的出入库及库内搬运全部实现由计算机控制的机电一体化作业。

（3）功能齐全。自动化立体仓库的功能可以扩展到分类、计量、包装、分拣、配送等范畴。

（二）自动化立体仓库的类型

1. 按照高层货架与建筑物之间的关系分类

（1）整体式自动化立体仓库［见图 2－1－1（a）］。货架除了储存货物，还作为库房建筑物的支撑结构，是库房建筑的一个组成部分，即货架与建筑物形成一个整体。这种形式的仓库建筑费用低，抗震，尤其适用于 15 米以上的大型自动化立体仓库。

（2）分离式自动化立体仓库［见图 2－1－1（b）］。货架与建筑物相互独立。这种形式适用于车间仓库、中小型自动化立体仓库和旧库技术改造。

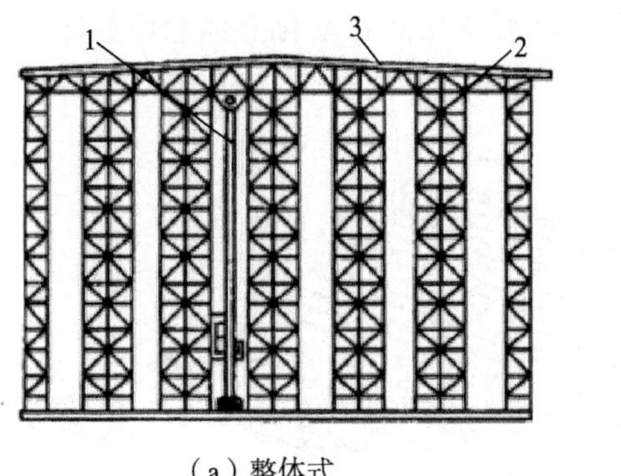

（a）整体式

（b）分离式

1—堆垛机；2—货架；3—仓库建筑物结构

图 2－1－1　整体式自动化立体仓库与分离式自动化立体仓库

2. 按照货物存取形式分类

（1）单元货架式自动化立体仓库。单元货架式自动化立体仓库是常见的仓库形式。在这种形式的仓库中，货物先放在托盘或集装箱内，再装入单元货架的货位上。

（2）移动货架式自动化立体仓库。移动货架由电动货架组成，可以在轨道上行走，由控制装置控制货架合拢和分离。作业时货架分开，在巷道中可进行作业；不作业时可将货架合拢，只留一条作业巷道，从而提高空间的利用率。移动货架的作业方式如图 2－1－2 所示。

（3）拣选货架式自动化立体仓库。分拣机构是其核心部分，其分拣方式分为巷道内分拣和巷道外分拣两种。“人到货前拣选”是拣选人员乘拣选式堆垛机到货格前，从货格中拣选所需数量的货物出库。“货到人处拣选”是将存有所需货物的托盘或货箱由堆垛机输送至拣选区，拣选人员按提货单的要求拣出所需货物，再将剩余的货物送回原地。

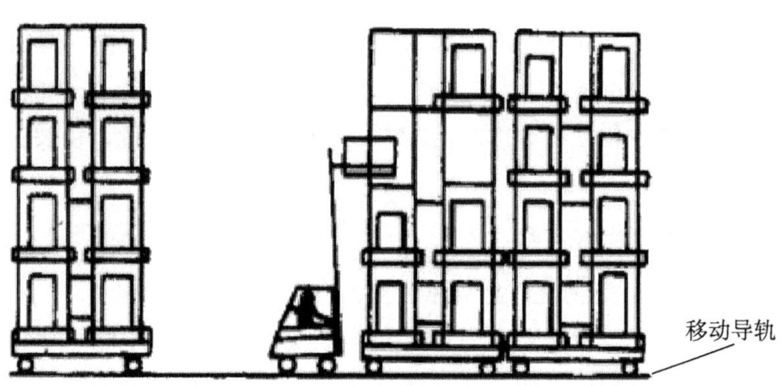

图 2-1-2　移动货架的作业方式

3. 按照货架构造形式分类

（1）单元货格式自动化立体仓库。单元货格式自动化立体仓库与单元货架式自动化立体仓库类似，巷道占仓库三分之一左右的面积。单元货格式自动化立体仓库如图 2-1-3 所示。

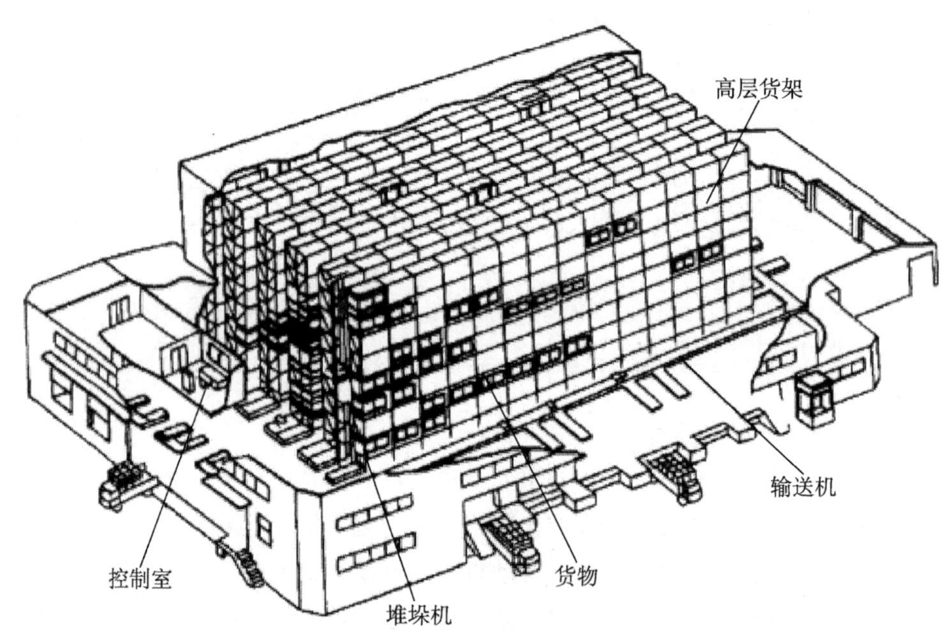

图 2-1-3　单元货格式自动化立体仓库

（2）贯通式自动化立体仓库。为了提高仓库利用率，可以取消位于各排货架之间的巷道，将个体货架合并在一起，使每一层、同一列的货物互相贯通，形成能一次存放多货物单元的通道，而在另一端由起重机取货。根据货物单元在通道内的移动方式，贯通式自动化立体仓库又可分为重力式货架仓库和穿梭小车式货架仓库。重力式货架仓库每个存货通道只能存放同一种货物，所以它适用于货物品种不太多而数量又相对较大的情形。穿梭小车可以由起重机从一个通道搬运到另一个通道。贯通式自动化立体仓库如图 2-1-4 所示。

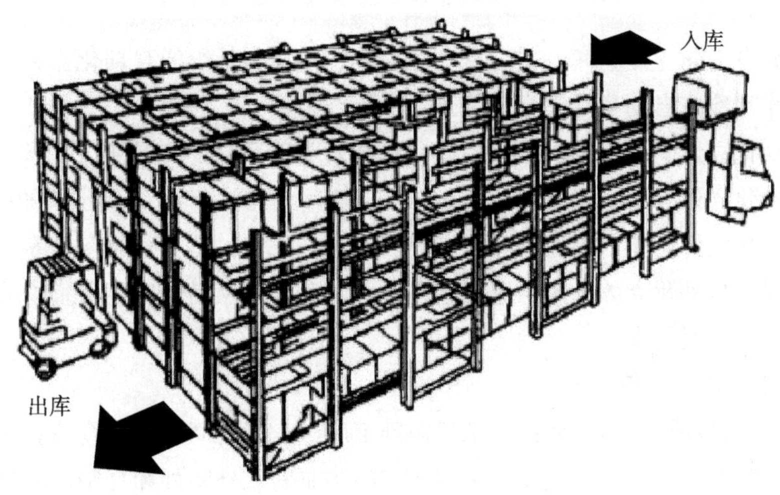

图 2-1-4　贯通式自动化立体仓库

（3）水平旋转式货架自动化立体仓库。货架可以在水平面内沿环形路线来回运行。每组货架由若干个独立的货柜组成，用一台链式传送机将这些货柜连起来。每个货柜下方有支撑滚轮，上部有导向滚轮。传送机运转时，货柜便相应运动。需要提取某种货物时，只需在操作台上给予出库指令。当装有所需货物的货柜转到出货口时，货架停止运转。这种货架非常适合小件物品的拣选作业，它简便实用，充分利用空间，适用于作业频率要求不太高的场合。水平旋转式货架自动化立体仓库如图 2-1-5 所示。

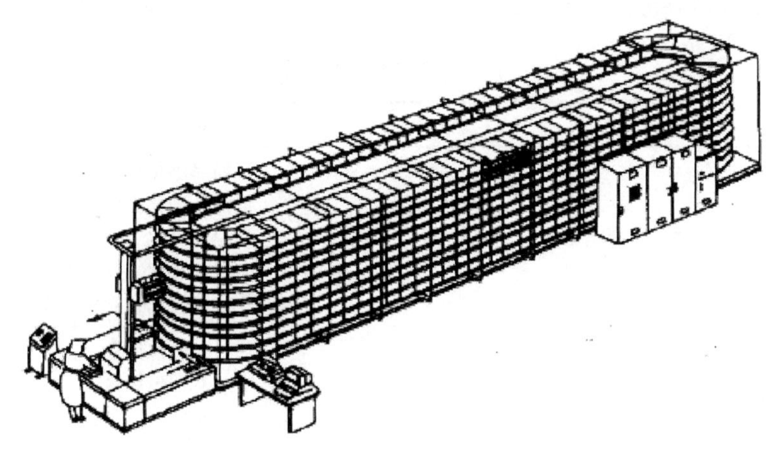

图 2-1-5　水平旋转式货架自动化立体仓库

（4）垂直旋转式货架自动化立体仓库。与水平旋转式货架自动化立体仓库相似，只是把水平面内的旋转改为垂直平面内的旋转。这种仓库特别适合存放长卷状货物，如地毯、地板革、胶片卷、电缆卷等。

4. 按照仓库所提供的储存条件分类

（1）常温自动化立体仓库。这类仓库的温度一般控制在 5～40℃，相对湿度控制在

90%以下。

（2）低温自动化立体仓库。低温自动化立体仓库又包括恒温自动化立体仓库、冷藏自动化立体仓库和冷冻自动化立体仓库等。

恒温自动化立体仓库：根据物品特性，自动调节储存温度和湿度。

冷藏自动化立体仓库：温度一般控制在0～5℃，主要用于蔬菜和水果的储存。

冷冻自动化立体仓库：温度一般控制在－25～－18℃，适合存放肉类等。

（3）防爆型自动化立体仓库。这类仓库主要以存放易燃易爆等危险货物为主，系统设计时应严格遵守防爆标准。

5. 按照仓库作用进行分类

（1）生产性自动化立体仓库：在工厂内部工序、车间之间设立的仓库。生产性自动化立体仓库是工厂内部为了协调工序和工序、车间和车间、外购件和自制件间的不平衡而建立的仓库。这类仓库与生产紧密衔接，距离企业生产线较近，是一种在线仓库。如华为公司、东风汽车公司为满足生产线供应而建立的自动化立体仓库。

（2）流通性自动化立体仓库：在生产工厂和顾客之间设立的仓库。流通性自动化立体仓库是一种服务性仓库，是为了协调生产工厂和顾客间的供需平衡而建立的仓库。这种仓库进出货物比较频繁，吞吐量较大。京东、苏宁等大型配送中心建立的自动化立体仓库属于这种类型。

根据中华人民共和国机械行业标准《自动化立体仓库 设计通则》（JB/T 10822—2008），自动化立体仓库的分类如表2-1-1所示。

表2-1-1 自动化立体仓库的分类

分类标准	自动化立体仓库类型
根据仓库内部环境条件要求分类	普通自动化立体仓库 低温自动化立体仓库 高温自动化立体仓库 防爆自动化立体仓库 其他类型自动化立体仓库
根据货位的存储方式分类	单深位储存 双深位储存 多深位储存
根据堆垛机的导轨配置分类	直线导轨式 曲线导轨式 转轨车方式
根据入库货台和出库货台平面位置配置分类	一端入出库方式 两端入出库方式 中间入出库方式
根据入库货台和出库货台的层数分类	单层入出库方式 多层入出库方式

续表

分类标准	自动化立体仓库类型
根据自动化立体仓库货架与建筑物的关系分类	库架合一式 库架分离式
根据仓库系统运行分类	运行状态分类：系统的运行状态分为在线运行、离线运行 运行情况分类：系统的运行情况分为正常运行和非正常运行
根据堆垛机运行模式分类	载人方式分类：堆垛机运行方式分为载人运行和不载人运行 堆垛机运行模式分类：堆垛机的运行模式分为自动运行、远程控制运行、半自动运行和手动运行

（三）自动化立体仓库的适用条件

自动化立体仓库的适用条件如图 2－1－6 所示。

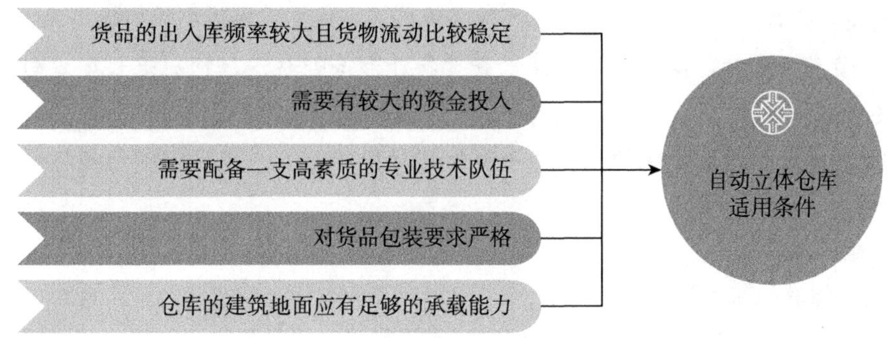

图 2－1－6　自动化立体仓库的适用条件

小贴士

自动化立体仓库的管理与维护

一、安全管理

自动化立体仓库涉及许多大型化、自动化机电设备，必须加强仓库安全管理，明确安全管理操作规程和有关要求。主要包括以下内容。

（1）各岗位的操作人员必须经过岗前培训，并对其考核，以确认其能够胜任岗位工作。

（2）严禁人员攀爬货架。

（3）地面系统控制柜合闸通电前，操作人员必须先检查各巷道有无异物，确认没有后，方可合闸通电。

（4）设备运转中，货架区严禁人员进入。

（5）除检修时（此时应采取相应措施将载货台固定在导轨上）需要外，其他任何情况下，载货台下严禁站人。

(6) 自动化立体仓库设备正常工作环境温度为－5～45℃，当环境温度超过此温度范围时，必须采取适当的措施，以满足设备正常启动条件；否则，将会给设备造成不可逆转的损害。

(7) 禁止挤压、踩踏滑触线、认址片、各类开关及固定支架、各类传感器及固定支架等易变形易损坏的部件。

(8) 严禁遮挡红外通信器和激光测距仪。

(9) 根据环境条件，定期检查，并使用软布擦拭各种光电开关及光通信、反射镜表面的灰尘，防止影响传感器正常工作；应及时更换已损坏元器件，以免对设备造成更大的、不必要的损失。

(10) 立体仓库区内，不得有易燃易爆的气体或粉尘存在，以免发生危险。

(11) 对具有腐蚀性、挥发性的液体或固体，应妥善包装，以免对设备造成损害，缩短设备的使用寿命。

(12) 货物入库时，操作人员应该检查货物外形是否超差，特别是长度方向，同时检查货物是否放平稳。

(13) 对因托盘卡阻造成的故障，不得使用野蛮作业方式排除，以免损坏设备，导致更大的损失。

二、维护保养

1. 维护保养的基本要求

(1) 清洁：设备内外整洁，作业场地清扫干净。

(2) 整齐：工具、附件等要放置整齐。

(3) 润滑良好：按时加油或换油。

(4) 安全：遵守安全操作规程，设备的安全防护装置齐全可靠，及时消除不安全因素。

2. 堆垛机与输送设备维护

(1) 注意巷道内有无障碍物。

(2) 注意设备运行区域有无漏油、漏雨现象。

(3) 注意机体螺栓、螺母有无松动。

(4) 注意机体有无破损及附着异物。

(5) 注意限速器是否完好。

(6) 注意限速防坠装置是否运行可靠。

(7) 注意行走轮及导向轮的磨损情况。

(8) 注意钢丝绳磨损情况：按相关技术规范检查钢丝绳是否需要更换，检查钢丝绳是否润滑良好，检查钢丝绳有无异常声音。

(9) 注意链条磨损情况：检查链条延伸量是否达到更换条件，链条是否润滑良好，链条有无异常声音、振动，链条销轴有无损伤。

(10) 结构部分：注意框架是否变形、有无材料裂纹及破损，材料焊接处有无异常，轴有无损坏，连接处的螺栓、螺母有无松动。

（11）轨道部分：注意有无障碍物，导轨两端限位装置有无异常，清轨器及安全夹钩是否完好，导轨有无磨损、裂纹及因挤压凸起等现象，导轨的固定螺母有无松动，底板垫板有无异常。

（12）电动机、减速机部分：注意工作时有无异常声音、振动，注意其温升情况、注油情况。

（13）链轮及齿轮部分：注意安装部分有无松动，齿面磨损状态，检查是否有龟裂，回转时有无异常声音、振动，注意其注油情况。

（14）轮、轴与轴承部分：注意外观有无弯曲和扭曲，轴承环有无破损、龟裂，键或键槽有无变形，回转时有无异常声音、振动，注意其注油情况、温升情况。

（15）注意拉力弹簧外观是否断裂、扭曲。

（16）注意扭力限制器是否可靠。

（17）注意安全爬梯及安全绳是否有异常。

3. 电气系统维护

（1）清洁配电箱、控制箱。

（2）定期检查接地装置。

（3）注意电气元件的完好情况。

（4）注意电气装置接触部位有无过热现象及放电痕迹。

（5）注意电线、电缆的损伤及更换情况。

（6）注意滑触线、集电器触头的磨损情况，检查其接触是否可靠。

（7）注意电动机接线及过热现象。

（8）注意传感器接收及发射端的清洁。

（9）注意各安全保护及联锁装置的工作情况，包括：各机构终端限位保护，堆垛机行走终端限速保护，堆垛机升降超速保护，堆垛机载货台松绳保护，堆垛机货物虚实探测，堆垛机货物位置和外形检测，堆垛机紧急停车装置，堆垛机声光报警装置检测，堆垛机微升降的行程保护检测，堆垛机货叉与行走机构、升降机构的联锁等。

4. 信息化系统维护

（1）信息化系统硬件维护包括网络与服务器正常运作的维护、网络与服务器内部资料的维护、数据库的数据备份和冗余数据的定期清理等。

（2）WMS、WCS 软件维护包括完善 WMS、WCS 软件，为适应软件运行环境的变化修改 WMS、WCS 软件（必要时），为扩充功能和改善性能修改和扩充 WMS、WCS 软件。

二、穿梭车

（一）穿梭车的概念及特点

穿梭车又称轨道式导引车（Rail Guided Vehicle，RGV），具有速度快、可靠性高、成本低等特点，在物流系统中有着广泛的应用，主要用于物料输送、车间装配等场景，可与WMS系统通信，结合RFID技术、条码识别技术，实现自动化识别、输送和存取等功能。

穿梭车是物流系统中一种执行往复输送任务的小车，其基本功能是在物流系统中（平面内）通过轨道上的往复运动完成货物单元（主要是托盘和料箱）的输送，如图2-1-7所示。穿梭车以往复或者回环方式，在固定轨道上运行，将货物运送到指定地点或接驳设备，并配有智能感应系统，能自动记忆原点位置，使系统自动减速。

图2-1-7 穿梭车

穿梭车是伴随着自动化物流系统和自动化仓库的出现而产生的设备，它既可作为立体仓库的周边设备，也可作为独立系统。穿梭车可以十分方便地与其他物流设施或设备实现自动连接，如出入库站台、各种缓冲站、输送机、升降机和机器人等，按照计划输送物料。穿梭车无须人员操作，运行速度快，大大减少了仓库管理人员的工作量，提高了劳动生产率，同时它的应用可使物流系统变得更加简洁高效。穿梭车具有以下特点。

（1）车身体积小、行驶速度快、调度灵活、定位精准。

（2）安全性高：主动行走轮上安装条码阅读器，环行轨道上安装条码标识，穿梭车在弯轨处不会丢步，穿梭车行走安全可靠。

（3）效率高：穿梭车多站台作业，提高了出入库设备的利用率，效率较高。一台穿梭车出现故障时，其他穿梭车还可以完成任务，不影响正常作业。

（4）扩展性好：穿梭车集成了计算机调度管理系统、可编程控制器（PLC）技术、变频伺服驱动技术、滑触线供电技术等，可高效率完成作业任务，适应性强。

（二）穿梭车的分类

穿梭车按照输送货物单元类型可以分为托盘式穿梭车和箱式穿梭车，前者应用于密集存储，后者则应用于拆零拣选；按照其作业场地不同，可分为输送型穿梭车和存取型穿梭车，输送型穿梭车根据其运行轨迹，又可分为往复式穿梭车和环形穿梭车等，存取型穿梭车又有穿梭板、子母车、多层车和四向车等类型；等等。穿梭车的分类如图2-1-8所示。

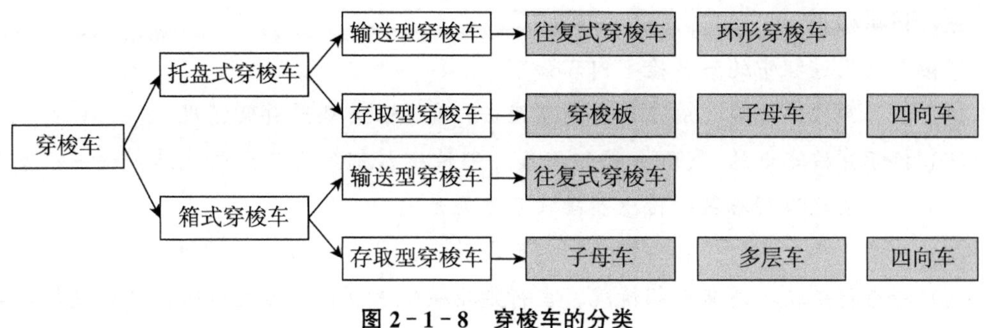

图 2-1-8　穿梭车的分类

穿梭车解决了两大问题：其一是密集储存问题，采用穿梭车系统，可以大幅提升储存密度；其二是快速存取问题。

穿梭车台面根据用途可搭载多种移载装置，如固定载货台、链式输送机、辊道输送机、顶升式和滑动货叉型移载装置等。

穿梭车的日常操作与维护

一、使用前准备

在使用穿梭车前，需要完成以下检查工作。

(1) 检查外壳等是否有明显异常情况。

(2) 打开电池盖板，检查内部电池是否摆放整齐，电池盖板关闭后是否齐平，有无变形、翘曲等现象。

(3) 将穿梭车从入库端放入巷道时，请先确认叉车司机看到的是穿梭车的 A 面（正面），以保证穿梭车在被放进巷道后，A 面朝着巷道 A 端（入库端）。

(4) 按下穿梭车开机按钮“ON”后，观察指示灯是否亮起。

(5) 检查各指示灯、电池电量灯等显示是否正常。

(6) 打开遥控器电源按钮，按照上述操作方式配好车后，切换到手动模式，检验穿梭车行走与举升是否正常。

二、使用后操作

在使用完毕后，建议按照以下方式操作。

(1) 建议将穿梭车放置在专用的搁置架上，搁置架最好与充电柜等在一个专用区域。

(2) 尽量不要把穿梭车放置在货架内，特别是货架中间位置。

(3) 若不能给穿梭车一个专用的位置，建议将穿梭车放置在入库或出库端头的底层位置。

(4) 每日下班后，按下 A 面或 B 面（背面）上的“OFF”按钮，切断电池电源。

(5) 每日下班后，尽量取出电池，并将其放置在充电柜上充电。

三、日常检查

穿梭车使用过程中的日常检查内容如下。

(1) 检查穿梭车外观，看是否有明显撞击、变形、开裂等异常情况。

(2) 按下穿梭车电源“ON”按钮，各外部传感器都会有指示灯亮起，逐一检查各传感器（其中，前后检测端板的传感器接收不可见光）。

(3) 检查各部分螺钉、各防撞块等是否松动。

(4) 检查行走轮，看其磨损情况，当行走轮被轨道刮出较多坑口时，需要进行更换。

四、故障处理

穿梭车货架系统主要包含穿梭车本体、遥控器、电池、充电柜、货架、托盘等。当发生故障时，应按由易到难的原则进行判定。

(1) 判定托盘。确认是否存有不合规定的托盘，如严重变形、有异物、缺料等情况，导致穿梭车无法正常操作。

(2) 检查轨道。检查轨道是否有变形、夹杂异物或缠绕物，以及轨道表面是否有油、脂、水等，这些情况可能会导致穿梭车无法行走或打滑。若轨道严重弯曲，还会导致穿梭车在斜坡上无法停位、爬坡等。

(3) 检查电池。检查电池是否有电，若电池没有电，则穿梭车、遥控器等都无法使用；若电池有电，仍无法启动，如果条件允许，则更换一块已充电电池。

(4) 检查遥控器。当穿梭车发生预定的故障时，其故障代码会通过 PLC 发送到车载显示屏、遥控器显示屏上，通过比对故障代码可以判定穿梭车的故障原因。当遥控器手持端、车载接收端或其相互之间通信产生故障时，无法通过故障代码显示其故障，这时可通过切换遥控器的选车功能键，与其他车或遥控器进行比较，判定是否是遥控器手持端或车载接收端发生故障。

(5) 检查穿梭车本体。穿梭车本体故障基本可以分为电气故障、软件故障、其他硬件故障。电气故障是指电气硬件出现故障，包括各传感器、编码器、PLC、接触器、继电器等出现故障，当某个电气硬件出现故障时，会导致穿梭车无法使用。软件故障是指 PLC 程序软件或判定逻辑部分产生故障，当穿梭车使用过程中出现了原先没有判定的逻辑或其程序本身产生逻辑错误时，会导致其无法判定而出现故障。其他硬件故障是指机械传动部分产生故障，如穿梭车无法行走、无法举升等。

在经过简单的故障归属判定后，可尝试自行排除故障或以短信、邮件（并配合照片）等形式发送故障信息给经销商或产品制造商，由经销商或产品制造商派人员到现场进行故障排除和检修。

三、穿梭车式密集型仓储系统

自动存取系统一般是指密集型智能仓储系统，简称智仓，是综合利用计算机、云计算、互联网和物联网等先进技术，将高位立体货架、巷道式堆垛机、自动出入库输送装备、自动分拣系统装备、室内搬运车、机器人等设备进行系统集成，形成具有一定感知能力、自行推理判断能力、自动操作能力的智能系统。穿梭车式密集型仓储系统是一种典型的自动存取系统。

穿梭车式密集型仓储系统是基于高密度货架、穿梭车、升降机及输送机等设备，配合仓库管理系统完成货物出入库作业，具有较高空间利用率和存取效率的仓储系统。穿梭车式密集型仓储系统的发明是物流装备技术的一次重大创新。穿梭车式密集型仓储系统采用自动化程度较高的密集仓储形式，作为一种独特的自动化物流系统，主要解决了货物密集存储与快速存取的难题，空间利用率可达 80%～85%，成为应用广泛的新型物流仓储系统。特别是随着穿梭车电池、通信和网络等关键技术的进步，穿梭车式密集型仓储系统将得到进一步广泛应用。

1. 穿梭车式密集型仓储系统的特点

（1）密集存储。穿梭车式密集型仓储系统采用高密度货架存储货物，取消了叉车或堆垛机作业通道，大大提高了空间利用率。

（2）快速存取。穿梭车式密集型仓储系统可实现多维度、多层、多小车同步运作，大大缩短了作业时间。同时，穿梭车具有高度的灵活性，可实现“货到人”拣货，提高工作效率。对比发现，基于堆垛机的 Miniload 自动化系统，每个巷道配置 1 台堆垛机，作业效率一般为 80～150 箱/小时（进+出）；而穿梭车货架系统，每个巷道每层配置 1 台穿梭车，单车效率为 60～120 箱/小时。

（3）系统柔性高。可根据订单任务量的大小，灵活增减小车数量，适应性强，特别适用于订单波动性较大的仓储环境；同时，当穿梭车发生故障时，可快速更换故障小车，保证仓库运行不受影响。

2. 穿梭车式密集型仓储系统的主要类型

根据所处理货物单元的不同，穿梭车式密集型仓储系统可以分为托盘式穿梭车系统和料箱式穿梭车系统两大类，其中，前者是密集存储的有效解决方案，后者则为拆零拣选而生，主要用于“货到人”拣选系统。

按照存取方式的不同，穿梭车式密集型仓储系统可分为穿梭板式密集型仓储系统、子母穿梭车式密集型仓储系统和四向穿梭车式密集型仓储系统三种类型。

拓展阅读

世界上最大的木制自动化立体库

德国的 Alnatura 公司是一家知名的有机零售商，为适应业务增长，Alnatura 不仅建有“世界上最大的木制自动化立体库”，还引进了一套具备先进的管理和控制性能的箱式穿梭车系统。瑞仕格负责该项目的整体规划和实施，为 Alnatura 制定了一套将未来技术与生态要求相结合的方案。

总部位于德国的Alnatura成立于20世纪80年代，作为一个重视可持续发展的品牌，Alnatura的主要经营品类包括有机食品、化妆品和纺织品等。

在Alnatura的网上商店，以及位于德国和欧洲其他地区的120多家自营超市中，顾客可以选购来自其零售合作伙伴的6000多种精选有机产品。由几千名员工与众多经过认证的有机农场主和生产商紧密结盟组成的合作伙伴网络，构成了公司的业务支柱。

“利润不是目的，而是有意义的行为带来的结果。”Alnatura创始人兼首席执行官表示。他强调了这家与众不同的公司的道德准则：“其运营方式有益于地球，而不是伤害地球，并专注于关爱人类。”消费者对这一理念表示赞赏，并帮助Alnatura实现多年来的稳定增长——净销售额总计7.62亿欧元（2015—2016财年），同时赢得众多商业奖项。

Alnatura曾获得德国可持续发展奖、B. A. U. M环境奖和金糖帽子奖，并被评选为“德国最受欢迎的食品品牌”和“德国最佳雇主”称号。

一、背景

这家全品类有机零售商提供的部分产品由区域批发商、有机农场主和面包师配送，但大多数产品都是从洛尔施配送中心集中发货的。洛尔施配送中心与公司总部同位于德国黑森州，洛尔施配送中心多年来一直是Alnatura的重要物流基地。为了配合业务的稳定增长，Alnatura决定扩大其运营。

2012年，Alnatura决定建设一座托盘自动化立体库来存放干货。该项目于2014年完工，并从一开始就备受关注。整个仓库为全木结构，被誉为“世界上最大的木制自动化立体库”。两年后，公司负责人认为有必要扩大其小件产品的物流业务，随后引进了一套具备先进的管理和控制性能的箱式穿梭车系统，并于2017年投入使用。

瑞仕格负责该项目的整体规划和实施。遵循Alnatura的道德准则，瑞仕格制定了一套将未来技术与生态要求相结合的方案。瑞仕格德国公司首席执行官Heinz Ennen表示：“Alnatura物流项目不仅包括仓库和输送机技术，还包括其软件架构。建筑本身和精密的能源方案都可谓是一座里程碑。”由此可见，这家有机零售商对成为可持续发展典范的野心。

二、解决方案

位于洛尔施的Alnatura物流项目，包括一套托盘自动化立体库和一套箱式穿梭车仓库。这两套仓库都是全自动化的，由独立的仓库管理系统控制。托盘自动化立体库的木制结构和箱式穿梭车仓库使用的先进技术，令该项目突破传统、别具一格。

托盘自动化立体库由瑞仕格的仓库管理系统控制。如果需要，还可以添加数字化功能（升级到SynQ软件平台）以满足工业4.0的需求。

1. 托盘自动化立体库

托盘自动化立体库保管着Alnatura的2900多种不同的有机产品，包括谷物、意大利面、方便食品、香料和食用油等。

占地 9700 平方米的仓库拥有 31392 个托盘位。9 个巷道配备了 9 台低能耗、节能环保的瑞仕格 Vectura 堆垛机。托盘存放采用双深位，Vectura 堆垛机与 420 米长的瑞仕格 ProMove 托盘输送机和其他外围设备相连接。

2. 独特的全木结构

立体库不是典型的钢结构建筑，而是用来自可持续管理的森林中的木材建造。采用了大约 5000 立方米来自德国、奥地利、捷克经 PEFC 认证（森林认证计划批准许可证）的云杉和落叶松。立体库为 8 层结构，由直线长度达 65570 米的货架支撑，高度为 19 米，长度为 118 米。立体库外表面也用经认证的落叶松制成。全木结构如图 2－1－9 所示。

图 2－1－9　全木结构

3. 生态环保的特性

尽管货架高度为 19 米，但令人印象深刻的是地上建筑仅有 17 米，原因是底部入土 2 米。入土部分对整体具有辐射效应，土壤温度通常保持在 10℃，有助于抵消冬季和夏季的地上温度波动。由于良好的隔温性，仓库不需要额外供暖或制冷。只有一座附属建筑内有一个空气与水热交换器用于制冷，而相邻的办公楼使用地热供暖。屋顶的太阳能电池板完善了环保设计，周围还有 3800 平方米的绿地和雨水渗透区。

4. 高动态的箱式穿梭车仓库

小体积的耐用品，特别是健康和美容类产品，以箱为单位存放在穿梭车系统中。Alnatura 选择了瑞仕格于 2016 年推出的 Cyclone Carrier 箱式穿梭车系统。

该仓库拥有 14248 个存储位，包含 2 个巷道和 19 层货架。在周围设计了 3 个拣选站台、2 个重新包装站台及 1 个发货料箱码垛站台。32 台高速穿梭车，速度高达 4 米/秒，每小时可处理 800 箱货物。“我们很高兴终于拥有了一个高动态的穿梭车解决方案，”Alnatura 物流服务部门负责人说，“Cyclone Carrier 是我们物流服务的核心和业务增长引擎。”

5. 仓库管理采用 SynQ 软件平台

就像在托盘自动化立体库中一样，瑞仕格的 Cyclone Carrier 系统也采用自动控制的方案，这一次用的采是 SynQ 软件平台。

SynQ 软件平台由瑞仕格在 2017 年推出，可提供全面的仓库管理和控制功能。SynQ 软件平台采用模块化设计，提供预测性智能仓库管理。如果需要，可以将智能服务添加到标准仓库管理功能中。这些结合工业 4.0 需求的智能服务，可以提高自动化仓库的运营效率。

6. 3D 可视化智能服务

在 Alnatura 物流项目中，瑞仕格实施了 3D 可视化智能服务——基于专门开发的 Web（万维网）应用程序，三维屏幕显示 Cyclone Carrier 系统的一种服务。

三维屏幕支持实时查看和监控仓库及其物料流。负责 Alnatura 物流项目实施的 IT（信息技术）项目经理、瑞仕格的软件工程师解释道，“不同于 2D 软件分别显示仓库各个楼层，3D 软件可以在一个屏幕上显示整个系统。缩放功能可用于放大各个部分。”据介绍，这样更容易查找故障，更利于用户识别空闲的货位。

三、总结与展望

“瑞仕格为我们的物流系统提供了坚实的规划，并快速可靠地实施建造。”Alnatura 的专家总结道，“这套系统可以实现从收货、存储、拣选、发货到交付至店铺的高效率物流。”据介绍，Alnatura 配备了最先进的软件，随时准备迎接未来的挑战。仓库能力可以随时轻松扩展——无论是硬件方面还是软件方面，包括其他工业 4.0 相关的应用程序。

整体来看，全面的数据收集让有针对性的预防性维护变为可能，既节约资源又保护环境。这家有机零售商的座右铭不仅适用于其产品，还适用于其物流运营：“Alnatura——关爱人类，关爱地球”。

任务实施

阅读案例导入内容，结合所学知识，回答下列问题。

1. 苏宁云仓如何通过技术优化提升物流效率？

____

____

____

2. 简述自动化立体仓库的类型与适用条件，谈一谈自动化立体仓库的主要优势。

3. 音飞储存的穿梭车产品系列包括哪些？简述不同类型穿梭车的特点。

4. 简述穿梭车式密集型仓储系统特点和主要类型。

知识检测

一、单选题

1. 自动化立体仓库的核心组件是（ ）。

A. 叉车 B. 自动存取系统 C. 托盘 D. 手动存储

2. 穿梭车的主要功能是（ ）。

A. 运输货物 B. 存取货物 C. 装卸货物 D. 监控仓库

3. 自动存取系统（智仓）未采用以下哪项技术？（ ）

A. 计算机技术 B. 云计算技术 C. 互联网技术 D. 传统仓储技术

4. 穿梭车式密集型仓储系统是由哪家公司发明的？（ ）

A. 瑞典 EAB 公司 B. 德国西门子公司 C. 美国亚马逊公司 D. 日本丰田公司

5. 穿梭车式密集型仓储系统的空间利用率可以达到多少？（ ）

A. 50%～60% B. 70%～75% C. 80%～85% D. 90%～95%

6. 穿梭车式密集型仓储系统的主要特点不包括以下哪项？（ ）

A. 密集存储 B. 快速存取 C. 系统柔性低 D. 高度灵活性

7. 穿梭车式密集型仓储系统根据货物单元的不同，可以分为哪两大类？（ ）

A. 托盘式穿梭车系统和料箱式穿梭车系统

B. 手动式穿梭车系统和自动式穿梭车系统

C. 地面式穿梭车系统和高架式穿梭车系统

D. 单层式穿梭车系统和多层式穿梭车系统

8. 穿梭车式密集型仓储系统按照存取方式不同，可以分成几种类型？（　　）

A. 1种　　B. 2种　　C. 3种　　D. 4种

9. 以下哪项不是穿梭车式密集型仓储系统的优势？（　　）

A. 提高空间利用率　　B. 加快货物存取速度

C. 降低系统柔性　　D. 提高工作效率

二、判断题

1. 自动化立体仓库只能为大型企业提供服务。（　　）

2. 穿梭车式密集型仓储系统能够有效提高仓库的空间利用率。（　　）

任务二 智能装卸搬运设备

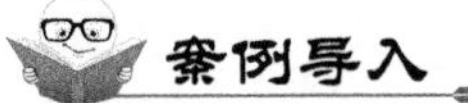

地狼搬运系统是一种智能物流搬运解决方案，是京东自研自产的产品，起源于京东仓储智能物流搬运场景应用实践，并已开放应用于各行业搬运场景，提升了行业智能化水平。地狼 AGV 是京东物流自主研发的搬运型 AGV 机器人，最高承重可达 500 千克。它通过二维码导航，将货架搬运至工作站供作业人员拣选，地狼 AGV 已广泛应用于电商“货到人”拆零拣选、物料线边搬运、托盘立库的上存下拣运、托盘柔性输送等多种场景。地狼搬运系统可以有效提升物料搬运效率和降低自动化转运成本，根据不同物流场景提供定制化解决方案，解决物流行业搬运成本高及人员效率低的问题。

2022 年 6 月，在京东物流长沙“亚洲一号”智能物流园区内，百余台应用 5G 技术的地狼 AGV 正式投用，标志着行业首次实现上百台 5G 地狼 AGV 的大规模并发作业。5G 技术的应用极大地提高了地狼 AGV 的运营效率，解决了网络延迟导致的问题，提升了连接的稳定性和抗干扰能力。

1. 产品特点

(1) 无线开关技术：利用 Wifi＋LoRa（无线＋远距离）双通信技术，实现所有设备的“一键关机、开机”，便于集体操作设备。

(2) 快速充电技术：采用进口电芯，LTO（钛酸锂）电池支持最大 50A 的快充，30 分钟内可完成充电，并实现满载续航能力（6～9 小时）。

(3) 多重安全防护：前置避障传感器、安全触边及人端＋车端的安全感知通信模块，多重保障人员安全。

(4) 人机交互操作：具有多色指示灯、本体操作按键灯，实现车体状态提示、托盘升降及车体复位等功能。

(5) 电池安全技术：可配钛酸锂电芯技术、1 万次（10 年）循环寿命，具有过流、过压、过温等实时监控；电池具有欧盟认证、危险品运输认证、化学品安全技术说明书等。

(6) 自动跟车技术：可提供稳定的自动跟车技术，提高单工作站车辆通行效率。

2. 应用价值

(1) 提升作业效率：减少人员投入，降低搬运成本，搬运人效提升 50%，实现工装器具全自动搬运。

(2) 提升柔性搬运：利用地狼搬运特点，实现所有工位的自动衔接，一台设备完成所有环节的搬运任务。

(3) 实现精益管理：对物料进行精准追踪、精准搬运，实现数据化管理。

(4) 降低投资运营成本：通过地狼搬运系统，投资可减少20%，能耗可降低30%。

3. 应用场景

(1) 电商“货到人”拆零拣选：利用地狼AGV自动搬运货架实现商品到工作站的拆零拣选业务，提高仓储作业环节的拣选效率（2～3倍）。

(2) 物料线边搬运：适用于中小微企业的制造业搬运场景，配合调度算法，精准实现物料在不同工位的转运。

(3) 托盘立库的上存下拣运：利用上层托盘四向车密集存储和底层地狼“货到人”拣选相结合的布局，实现空间存储体积的最大化利用，以及“货到人”拣选的自动化方式。

地狼搬运系统通过集成先进的技术，为物流行业提供了一种高效、安全、灵活的智能搬运解决方案。

知识链接

一、智能叉车

叉车是指对成件托盘货物进行装卸、堆垛和短距离运输、重物搬运作业的各种轮式搬运车辆，属于物料搬运机械，广泛应用于车站、港口、机场、工厂、仓库等，是机械化装卸、堆垛和短距离运输的高效设备。因其车体紧凑、移动灵活、自重轻和环保性能好，在仓储业得到了普遍应用。叉车按照动力类型，可分为人力叉车、电动叉车和内燃叉车。

当前，智能叉车越来越广泛地应用于自动化立体仓库作业中。智能叉车技术也向着安全性、环保性和故障诊断智能化的方向发展。智能叉车如图2-2-1所示。

图2-2-1 智能叉车

1. AGV 叉车

AGV 叉车由液压升降系统、差速驱动系统、PLC 系统、导引系统、通信系统、警示系统、操作系统和动力电源构成，功能强大，可以实现点对点物料搬运，实现多个生产环节对接的物流运输，在高位仓库、库外收货区、生产线转运，以及重载、特殊搬运等场景实现广泛应用。AGV 叉车领域的新产品层出不穷，而且应用范围不断拓展。目前，已有许多制造商从激光引导原理、轨迹跟踪算法、控制电路改造、软件设计等方面入手，增强 AGV 叉车在行走、转向、升降等方面的性能。我国已经研制出窄巷道三向叉车和适用于狭窄空间作业的 AGV 叉车，这两款叉车能够在狭窄的空间中搬运重型货物，有效解决了在狭窄空间中搬运货物的难题。现阶段，我国叉车研发制造企业正不断加强对叉车的创新研究。

2. 无人叉车

无人叉车是一种具有重复搬运、高强度搬运、强大的环境适应能力等特点的自动化物流设备，能够在工业领域中发挥重要作用。与传统叉车相比，无人叉车融合了导航技术，能够实现无人驾驶，同时还能全天候自动作业，高效运输各类货物。无人叉车的主要优点包括安全系数高、成本低、抗干扰能力强、环境适应能力强等。

无人叉车装配了紧急接触保险、自动保险、急停按钮、物体探测器等多种安全保护装置，能够在发生危险时保护工人、货物、设备和周围的建筑物，大幅降低工作风险。不仅如此，无人叉车可以按照规划好的路线和既定的工作内容自动搬运货物，同时还能够实现全天候、不间断工作，在运输货物时还能有效确保货物摆放位置的精准性、摆放方式的规范性，充分满足企业在自动化、柔性化和连续性生产方面的要求。

智能化的无人叉车还具备全面感知、硬件单元互操作等功能。多台智能化无人叉车可以共同组成叉车车队，并在此基础上构建叉车车队智慧系统。同时，相关工作人员可以借助监控系统实时获取各台叉车的位置和运行情况，并同时向多台叉车发布指令，实时监控和指挥多台叉车，智能化的无人叉车还能够与其他智能化物流设备互联互动。由此可见，技术的发展和应用将推动无人叉车的快速发展，未来，无人叉车将呈现高速化、实用化、轻型化、专用化、标准化、成套化和系统化的发展趋势。

在搬运过程中，智能叉车主要采用以下措施确保货物安全。

(1) 环境感知与避障技术。智能叉车通过传感器实时获取周围环境信息，包括障碍物的尺寸、形状和位置等，以实现避障与导航。例如，采用激光 SLAM（时间定位与地图构建）定位导航技术，结合算法提高智能叉车在复杂环境中的自主避障及定位导航精确度。

(2) 安全防护设备。智能叉车配备多重安全防护设备，如 3D 深度视觉传感器、红外传感器及安全触边、防撞激光等，这些设备可以精准识别货物偏差、货架偏差、货物超高、货物掉落等异常情况，并及时调节车身，控制叉车完成安全取放货作业。

(3) 调度系统安全保障。智能叉车的调度系统具备预检测和预规划功能，可以提前监测道路的占用和障碍物，并根据任务提前规划通道，从而在调度层面保障任务实施过程的安全。

（4）车载软安全保障。车载系统具备货物超重监测、倾斜监测、车体姿态监测、速度自适应检测等功能，通过自适应算法实时避免因货物超重、倾斜、车体姿态不当或速度过快等造成的安全隐患。

（5）车载硬安全保障。智能叉车具备上百种错误自诊断及监测功能，避免因错误导致的安全问题，并通过独立的安全系统和三级安全保障体系确保叉车在工业场景人机混场的环境中安全、稳定、高效地运行。

（6）操作规程和安全检查。在操作前，操作员必须进行详细的检查，包括智能叉车的轮胎磨损情况、液压系统压力、刹车系统响应情况等，以确保设备的安全性。同时，操作中的注意事项包括保持警惕、控制车速、避免急转弯或突然制动等，以防叉车失控或货物滑落。

二、巷道式堆垛机

（一）巷道式堆垛机的概念

堆垛机是自动化立体仓库中重要的运输设备之一，是随着自动化立体仓库的出现而发展起来的专用堆垛机，自动化立体仓库主要使用堆垛机在库内的巷道中来回穿梭运行，实现货物存入货架和从货架取出。巷道式堆垛机的主要用途是在高层货架的巷道内来回穿梭运行，将位于巷道口的货物存入货格或者取出货格内的货物运送到巷道口，如图 2-2-2 所示。

图 2-2-2　巷道式堆垛机

巷道式堆垛机是整个自动化立体仓库的核心设备，可大大提高仓库的空间利用率，是自动化立体仓库的标志。

巷道式堆垛机通过电气控制系统与仓库管理系统联机组态，接收到作业指令后，堆垛机可在巷道内进行水平行走、垂直升降、货叉左右伸缩和升降等，完成指定货位的货物单元的存取作业，并与分设在巷道端部的输送设备或固定交接货台进行货物单元的交接，组成完整的自动化仓储物流系统，从而实现货物的存取、传输和分拣等。因此，只要按下启动电钮，就能遥控巷道式堆垛机自动进行出入库动作。

（二）巷道式堆垛机的操作方式

1. 手动控制方式

这种控制方式用于出入库频率不高、规模不大的仓库。

2. 半自动控制方式

这种控制方式的控制设备除手动操纵器，一般还设有简单的继电器逻辑控制装置。除自动停准功能外，还能实现自动换速、自动认址、自动完成货叉伸缩及货物存取的功能，适用于出入库比较频繁、规模不大的仓库。

3. 全自动控制方式

在巷道式堆垛机上装有便于地面操作的设定器，操作人员站在巷道口的地面上，通过机上设定器，设定出入库作业方式和地址等数据。适用于出入库频率高、巷道式堆垛机台数不多且未配置输送机的中小规模（货位一般不超过 2000 个）仓库。

4. 远距离集中控制方式

这种控制方式下，设定器安装在地面集中控制室内。操作者通过设定器设定出入库地址和作业方式，并输入地面或堆垛机上的控制装置中，经过计算和判断，发出巷道式堆垛机运行的控制命令，实现巷道式堆垛机的远距离集中控制。这种方式适用于出入库频繁、规模比较大、有多台巷道式堆垛机和输送机、仓库容量（货格数在 2000 个以上）较大的仓库，特别是低温、黑暗、有害等特殊环境的仓库。这种方式可以节省人力，改善劳动条件，提高仓库作业效率，但初始投资和维护费用较高。

三、AGV

（一）AGV 的概念与特点

自动导引车（Automated Guided Vehicle，AGV），也称为自动导向搬运车、自动引导搬运车，是指在车体上装备有电磁学或光学等导引装置、计算机装置、安全保护装置，能够沿设定的路径自动行驶，具有物品移载功能的搬运车辆。通常多台 AGV 与控制计算机（控制台）、导航设备、充电设备及周边附属设备组成 AGV 系统，其主要工作原理表现为在控制计算机的监控及任务调度下，AGV 可以准确按照规定的路径行走，到达任务指定位置后，完成一系列的作业任务，控制计算机可根据 AGV 自身电量决定是否到充电区进行自动充电。

AGV已经形成系列化产品，该系列化产品的主要特点为：自动化程度高；系统运行稳定可靠；运行灵活，可更改路径；配有高速无线通信及高精度导航系统、完善的自诊断系统、快速自动充电系统；与上级信息管理系统有效衔接，行动快捷，工作效率高，结构简单，安全性好，能充分体现自动化和柔性，可实现高效、经济、灵活的无人化物流作业。

AGV是轮式移动机器人（Wheeled Mobile Robot，WMR）的一种类型。轮式移动机器人一般有三种形式：RGV、AGV和IGV。

RGV，即有轨制导车辆（Rail Guided Vehicle），又叫有轨穿梭小车，RGV可用于各类高密度储存方式的仓库，小车通道可设计成任意曲度，可提高整个仓库储存量，并且在操作时无须叉车驶入巷道，其安全性更高。利用RGV在巷道中快速运行的优势，可有效提高仓库的运行效率。

IGV，即智能型引导运输车（Intelligent Guided Vehicle），和AGV相比，IGV柔性化程度更高，无须借助任何标记物即可行驶；并且路径灵活多变，可根据实际生产需求灵活调度，规划简单，满足绝大多数工厂的使用需求。

从自动化及智能化角度而言，RGV低于AGV，AGV低于IGV。RGV是有轨运动，只能沿着轨道穿梭；AGV需要借助标识（如磁条、二维码等）运动；IGV则能够完全自主运行。

（二）AGV的分类

AGV一般可按以下三种方式分类。

1. 按导引方式分类

按导引方式的不同，AGV主要划分为电磁导引AGV、磁带导引AGV、激光导引AGV、二维码导引AGV、视觉导引AGV、光学导引AGV、惯性导引AGV等类型。

2. 按驱动方式分类

（1）单驱动AGV。该类AGV是三轮车型，主要是依靠AGV前部的一个铰轴转向车轮作为驱动轮，搭配两个后从动轮，由前轮控制转向。优点是结构简单、成本低，由于是单轮驱动，无须考虑电机配合问题，因三轮结构的抓地性好，对地表面要求一般，适用于广泛的环境和场合。缺点是灵活性较差，转向存在转弯半径，能实现的动作相对简单。

（2）差速驱动AGV。该类AGV有三轮和四轮两种车型，有两个固定驱动轮（分布在车体轴线的两边），一个（三轮车型）或两个（四轮车型）从动自由轮，转弯靠两个驱动轮之间的速度差实现。这种车型可以前进、后退、左右转弯（转角大于90°）、原地自旋，转弯的适应性比单驱动AGV强。若是三轮车型，对地表面的适用性和单驱动AGV类似。若是四轮车型，因容易出现其中某一个轮悬空而影响导航的情况，故对地表面平整度要求苛刻，适用范围受到一定限制。

(3) 双驱动 AGV。该类 AGV 是四轮车型，有两个驱动兼转向轮，两个从动自由轮。这种车型可以全方位行驶。突出的特点是可以在行驶过程中控制车身姿态的任意变化，适用于狭窄通道或对作业方向有特别要求的环境和场合。缺点和差速驱动 AGV 的四轮车型类似，对地表面平整度要求苛刻，适用范围受到一定限制；此外，结构复杂，成本较高。

(4) 多轮驱动 AGV。该类 AGV 多为八轮车型，有四个驱动兼转向轮、四个从动自由轮。这种车型可以全方位行驶。该类 AGV 应用于重载行业输送场合，结构复杂，成本较高。

不同的转向驱动方式对应着不同场景下的应用需求，需要根据环境、负载等因素进行综合评估选定。根据应用场景的环境需要，选用最合适的转向驱动方式，只有这样才能保证不同作业场景下 AGV 运行的可靠性、稳定性和精确性。

3. 按移载方式分类

(1) 叉车式 AGV。叉车式 AGV 有落地叉式 AGV、平衡叉式 AGV 等类型，可以完成托盘及类似物料的平面搬运和堆垛，适用于仓储和生产线上物料的自动搬运和堆垛。

(2) 潜伏顶升式 AGV。潜伏顶升式 AGV 通过潜入分拣设备或者在输送设备下进行顶升取货，特点是车身薄，可以双向行驶，适用于托盘或货架货物搬运。

(3) 翻盘式 AGV。翻盘式 AGV 上装有可以翻转的货盘，货物放置在托盘上搬运至指定位置，通过翻盘作业投放到指定地点。京东“小黄人”系统的搬运机器人就属于这种类型，可广泛应用于大型配送中心的货物分拣。

(4) 牵引式 AGV。牵引式 AGV 是指不承载或不完全承载搬运对象重量的 AGV，其尾部安装自动或手动脱钩机构，可在 AGV 尾部拖挂物料车进行物料配送，比较灵活，适用于较大批量的货物搬运。

(5) 料箱式 AGV。料箱式 AGV 可以实现“料箱到人”的货物搬运，其搬运主体是料箱，AGV 可以直接从货架中取出料箱并搬运至指定位置。料箱式 AGV 适用于拆零拣选与整箱拣选等多种业务场景，满足各式仓储需求。

(6) 背负式 AGV。背负式 AGV 背负一个或多个辊筒或链条输送设备，可实现货物在输送线上的衔接，适用于在无人工干预的情况下实现全自动上下物料及托盘货物等。

(7) 龙门式 AGV。龙门式 AGV 有龙门式框架结构，可在高低站台装卸货物，转向灵活，适用于有不同高度要求的货位之间的货物装卸。

(三) AGV 的组成

AGV 由以下部分组成。

(1) 车体。由车架和相应的机械电气结构（如减速箱、电机、车轮等）组成。车架常采用焊接钢结构，要求有足够的刚性。

(2) 蓄电池与充电装置。常采用 24V 或 48V 直流工业蓄电池为动力。

（3）驱动装置。驱动装置是一个伺服驱动的变速控制系统，可驱动 AGV 运行并具有速度控制和制动能力。它由车轮、减速器、制动器、电机及速度控制器等组成，并由计算机或人工进行控制。速度调节可采用脉宽调速或变频调速等方法。直线行走速度可达 1m/s，转弯时行走速度为 0.2～0.5m/s，接近停位点时行走速度为 0.1m/s。

（4）转向装置。AGV 常设计成三种运动方式：只能向前；能向前与向后；能纵向、横向、斜向及回转，即全方位运动。转向装置的结构有以下三种。

①铰轴转向式三轮车型。车体的前部为一个铰轴转向车轮，同时也是驱动轮。转向和驱动分别由两个不同的电机带动，车体后部为两个自由轮，由前轮控制转向，实现单方向向前行驶。其结构简单、成本低，但定位精度较低（见图 2-2-3）。

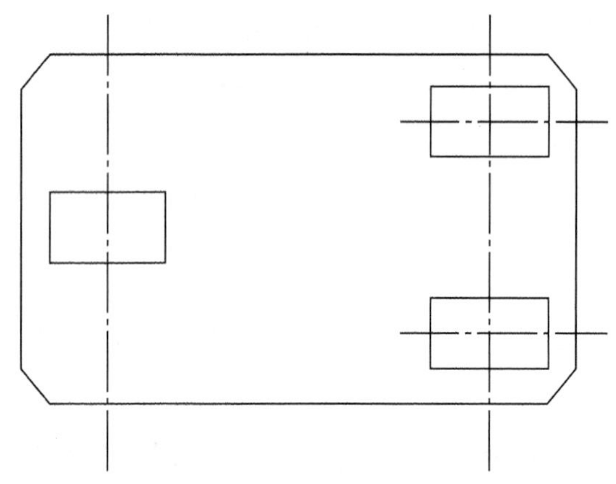

图 2-2-3　铰轴转向式三轮车型

②差速转向式四轮车型。车体的中部有两个驱动轮，由两个电机分别驱动。前后部各有一个转向轮（自由轮）。通过控制中部两个轮的速度比可实现车体的转向，并实现前后双向行驶和转向。这种方式结构简单，定位精度较高（见图 2-2-4）。

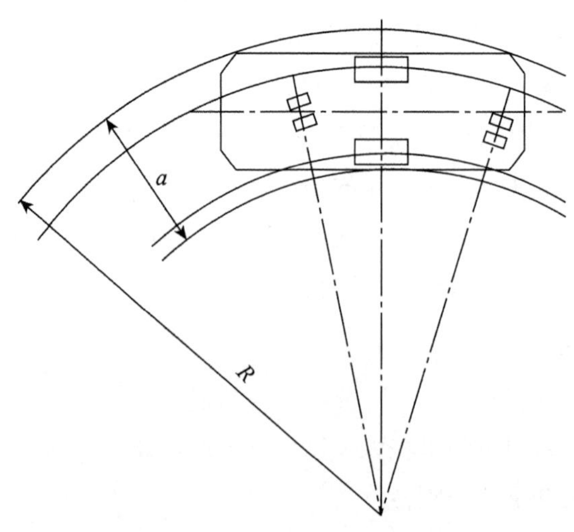

图 2-2-4　差速转向式四轮车型

③全轮转向式四轮车型。车体的前后部各有两个驱动和转向一体化车轮，每个车轮分别由各自的电机驱动，可实现沿纵向、横向、斜向和回转方向任意路线行走，控制较复杂（见图 2-2-5）。

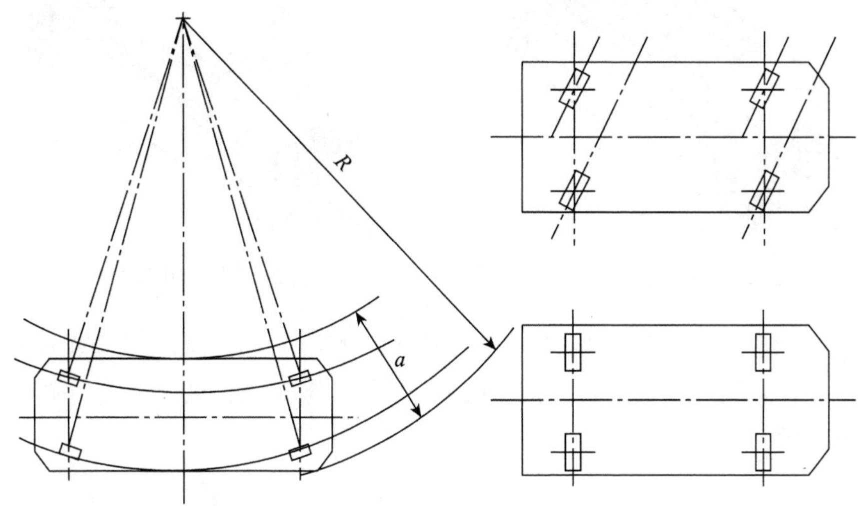

图 2-2-5　全轮转向式四轮车型

（5）控制系统。AGV 控制系统包括车上控制器（计算机）和地面（车外）控制器，均采用微型计算机，通过通信进行联系。

①输入 AGV 的控制指令由地面控制器发出，存入车上控制器。AGV 运行时，车上控制器通过通信系统从地面控制器接收指令并报告自己的状态。车上控制器可完成以下操作：手动控制、安全装置启动、监控蓄电池状态、监控转向极限、制动器解脱、监控行走灯光、驱动转向电机、控制与监控充电接触器等。

②控制台与 AGV 间可采用定点光导通信和无线局域网通信两种方式。采用无线局域网通信方式时，控制台和 AGV 构成无线局域通信网，控制台和 AGV 在网络协议支持下交换信息。无线局域网通信要完成 AGV 的调度和交通管理。

③在出库站和拆箱机器人处的移载站都设有红外光通信系统，其主要功能是完成移载任务的通信。

④AGV 充电可以采用在线自动快速充电方式。

（6）移载装置。AGV 用移载装置装卸货物，即接收和卸下载荷。常见的 AGV 装卸方式可分为被动装卸和主动装卸两种。

①被动装卸方式的小车自己不具有完整的装卸功能，而是采用助卸方式，即通过助卸装置配合装卸站或接收物料方的装卸装置实现装卸。常见的助卸装置有滚柱式台面（见图 2-2-6）和升降式台面（见图 2-2-7）两种。采用滚柱式台面的环境要求是站台必须带有动力传动辊道，AGV 停靠在站台边，AGV 上的辊道和站台上的辊道对接之后同步动作，实现货物移送。升降式台面的升降台下设有液压升降机构，高度可以自由调节。为了

顺利移载，AGV 必须精确停车才能与站台自动交换。

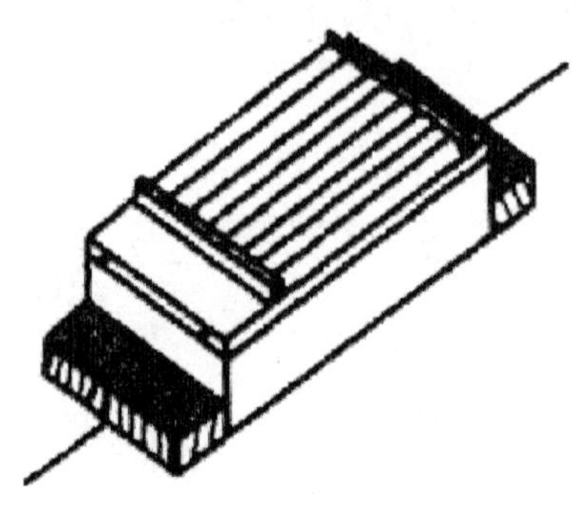
图 2-2-6　滚柱式台面

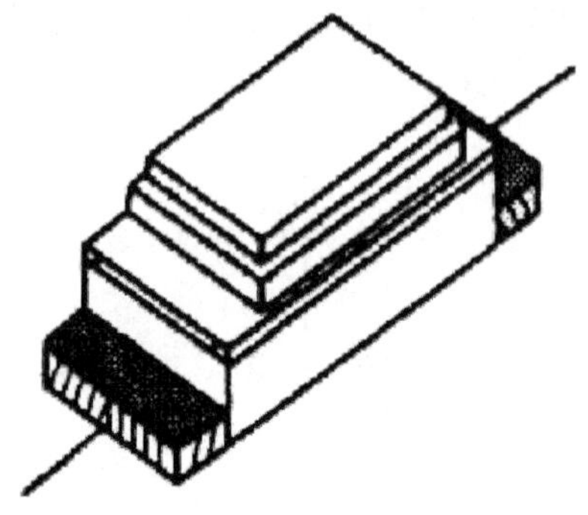
图 2-2-7　升降式台面

②主动装卸方式是指小车自己具有装卸功能。常见的主动装卸方式有单面推拉式、双面推拉式、叉车式和机器人式四种。主动装卸装置（叉车式、机器人式）如图 2-2-8、图 2-2-9 所示。

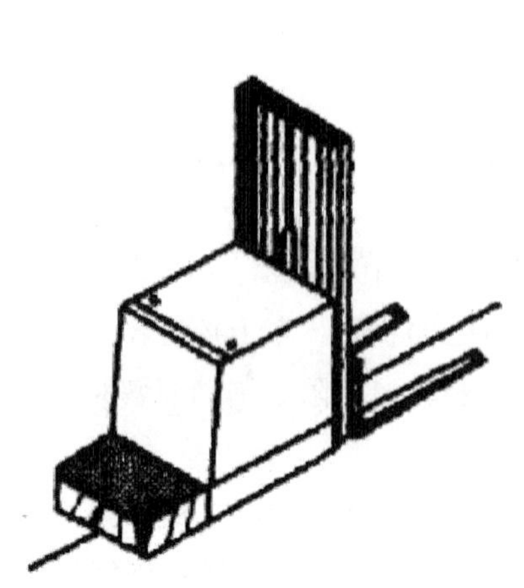
图 2-2-8　主动装卸装置（叉车式）

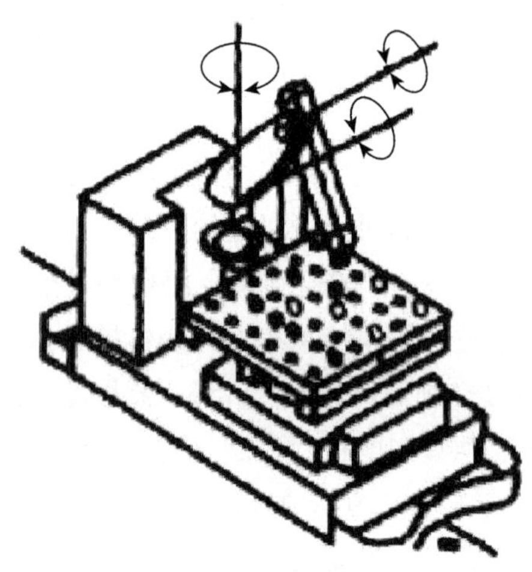
图 2-2-9　主动装卸装置（机器人式）

（7）安全装置。为确保在运行过程中 AGV 自身、现场人员及其他各类设备的安全，AGV 设有多级硬件与软件的安全措施。在 AGV 的前面设有红外光非接触式防碰传感器和接触式防碰传感器——保险杠。AGV 安装醒目的信号灯和声音报警装置，以提醒周围的操作人员。一旦发生故障，AGV 自动进行声光报警，同时采用无线局域网通信方式通知 AGV 监控系统。

①障碍物接触式缓冲器。障碍物接触式缓冲器是一种强制停车安全装置，它产生作用的前提是 AGV 与其他物体相接触，使 AGV 出现一定的变形，从而触动有关限位装置，强行使其断电停车。

②障碍物接近传感器。非接触式检测装置是障碍物接触式缓冲器的辅助装置，是先于

障碍物接触式缓冲器发生作用的安全装置。为了安全，障碍物接近传感器是一个多级的非接触式检测装置，在预定距离内检测障碍物。在一定距离范围内，会使 AGV 降速行驶，在更近的距离范围内，它会使 AGV 停车，移除障碍物后，AGV 将自动恢复正常行驶状态。障碍物接近传感器包括激光式、超声波式、红外线式等多种类型。如日本产的红外线传感器能检测搬运车的前后方向、左右方向的障碍物，也能在二段内设定慢行和停止（2m 内减速、1m 内停车），发射的光频率数有 4 种或 8 种，能防止各搬运车间相互干扰。

③装卸移载货物执行机构的自动安全保护装置。AGV 的主要功能是解决物料的全自动搬运，故除了其全自动运行装置，还有移载货物的装置。移载装置的安全保护装置包括机械和电气两大类，如定位装置、限位装置、货物位置检测装置、货物形态检测装置、货物位置对中装置、机构自锁装置等。

（四）AGV 的行走原理

AGV 的行走主要依赖于其先进的控制系统、驱动系统、引导系统、通信系统及传感器和其他硬件。

AGV 工作及行走原理

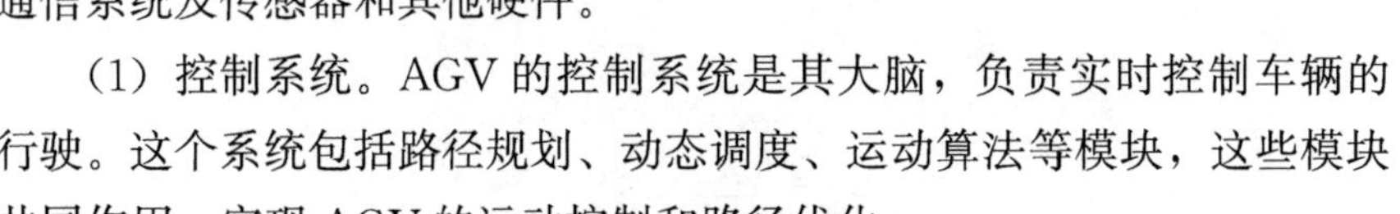

（1）控制系统。AGV 的控制系统是其大脑，负责实时控制车辆的行驶。这个系统包括路径规划、动态调度、运动算法等模块，这些模块共同作用，实现 AGV 的运动控制和路径优化。

（2）驱动系统。AGV 的驱动系统通常由多个电机驱动，每个电机都由一个驱动器控制，使其能够按照一定的路径行走。这些电机可以是直流电机、感应电机或永磁同步电机，具体类型取决于 AGV 的设计和应用场景。

（3）引导系统。引导系统通过不同的方式提供行驶指令和导航信息，这包括磁钉导航、磁条导航、激光导航、电磁导航、测距导航、轮廓导航、混合导航、光学导航、二维码导航、惯性导航及 SLAM 激光导航。每种导航方式都有其优点和缺点，适用于不同的环境和应用需求。

（4）通信系统。AGV 的通信系统允许车辆与其他设备进行交互，实现远程控制和任务调度。这确保 AGV 能够在复杂的物流环境中高效地完成任务。

（5）传感器和其他硬件。AGV 上还装有各种传感器和其他硬件，如陀螺仪、距离传感器等，用于感知周围环境的变化，实现自动避障和路径调整。

综上所述，AGV 是一个高度集成化的系统，涉及多个子系统的协同工作，以确保在各种环境中实现自主、高效和安全的移动和作业。

四、搬运机械臂

搬运机械臂，也称为搬运机械手、搬运机器人，是用于物流搬运领域的工业机器人。它具有和人类手臂相似的构造，与人类手臂有许多相似的能力，可以由人类给定一些指令，按给定程序、轨迹和要求实现自动抓取、搬运等操作。根据动作形态的不同，搬运机械臂可分为直角坐标型、圆柱坐标型、极坐标型、关节型、并联型等。

搬运机械臂广泛适用于电子、食品、饮料、烟酒等行业的纸箱包装产品和热收缩膜产品的码垛、堆垛作业，特别是在高温、高压、多粉尘、易燃、易爆、放射性等恶劣环境中，以及在笨重、单调、频繁的操作中代替人工作业，能够使人从繁重的工作中解放出来，提升工作效率。搬运机械臂如图 2－2－10 所示。

图 2－2－10　搬运机械臂

五、智能搬运系统

智慧装卸搬运设备的信号联动

智能搬运系统是在机械化装卸搬运装备的基础上，引入传感定位、人工智能、自动控制等技术手段，自动化、智能化地完成货物搬移、升降、装卸、短距离输送等作业的物流搬运系统。智能搬运系统由巷道式堆垛机、AGV、出入库输送系统、信息识别系统、自动控制系统、计算机监控系统、计算机管理系统及其他辅助设备组成。智能搬运系统的特点如下。

1. 无人化

智能搬运系统的显著特点是无人操作。智能搬运设备上装有自动导向系统，依靠无线传感、定位导航、视觉识别、力觉感知、自动控制技术等，可以保障设备在不需要人工引航、人工作业的情况下能够沿预定的路线自动行驶，自动将货物从起始点送到目的地，完成搬运作业。这种无人化的操作过程，一方面节约了人力，提高了效率；另一方面也能满足高危、狭小空间内的智能无人搬运需求。

2. 柔性化

智能搬运系统的另一个突出特点就是柔性化。由于人工智能设备的加入，智能搬运系统的作业路径、作业样式、力度功率可以根据仓储货位要求、生产工艺流程、物流作业环境等的改变而灵活变换，可以模拟人的思维进行智能判断，不断动态调整，选择优化运行方案。与传统的、刚性的搬运作业系统相比，智能搬运系统减少了重新购置作业设备、作业线的时间和成本，体现出较好的经济性。

3. 高效化

智能搬运系统能够整体调度和监控整个搬运作业流程；可支持多台机器人同时联动作业，保证相互避让及最优路径的规划，防止拥堵；可通过作业流程节拍的控制，实现状态监控、增减机器人数量和地图布局修改、交通管制等功能，最大限度地实现物流仓库的搬运作业优化，大幅提高作业效率；可广泛运用于各生产节点、物流节点之间的物品搬运和工艺设备之间的水平运转等环节，能与各种自动化设备进行对接，大幅提高物流整体作业效率。

拓展阅读

“智能大脑”精密安排下，380 台工业机器人“群舞”

7.2 万平方米的巨大厂房里，一排排机器人和数控机床在忙碌工作，很少看到操作工人的身影，却偶尔会看到 AGV“拥堵”……这里是安波福全球最大的连接器生产基地及研发基地，也是全球第二大车用连接器供应商。在这里，所有的生产都由“智能大脑”安排，这里也因此获评 2023 年度国家级智能制造示范工厂。

值得一提的是，在安波福上海连接器工厂创新化升级项目中，很多强大的系统及解决方案均由本土团队牵头自主研发，不仅提升了安波福的团队研发能力，还极大地促进了安波福全球智能制造水平的升级。在“智能大脑”的操控下，客户订单被科学地分解成不同零部件的生产计划，并按最优效率“派单”到每一台机器生产；产品参数和工艺图纸直接由电脑发送到负责质检的机器，零部件像流水一样经过，无感完成“智检”；生产物料或零部件被 AGV 送上电梯，汇入厂房顶部的“高速公路”物流系统，进入库房或下一个生产环节。

“事实上，智能工厂并不是简单地以自动化取代人工，而是以数字技术为基础的全流程再造，旨在实现从设计研发、生产加工到物流、销售和服务的产品全生命周期的智能化和可追溯。”安波福亚太区运营总监徐总监告诉记者，“厂内 380 多台工业机器人可同时进行拉料、冲压、注塑、检测、组装等线上生产工作。”

据她介绍，自转型智能工厂后，员工数量从七八千人减少至不到 2000 人。每个人的任务就是管理 15 台机器，主要工作是模具损耗后的更换及处理突发故障。智能工厂使公司的综合运营成本下降约 30%，年销售额在过去三年里保持了高速增长。

以前，安波福在中国制造的不少装备和精密模具都依靠进口，但现在，安波福连接器全球生产所用的精密模具，80%来自上海的智能工厂。对安波福上海工厂的产能而言，约七成供给中国，三成出口海外。由于中国汽车市场增长迅猛，他们在中国的业务逐年扩大，并在服务本土企业的过程中，共同走向全球。

徐总监认为，中国工厂的智能化水平在全球领先，归功于中国庞大且成熟的供应链，以及对于汽车产业转型的政策支持。

安波福智能工厂是上海乃至中国智能制造和数字化转型的一个缩影。截至2024年5月，上海的智能制造装备产业规模突破1000亿元。2024年，上海智能工厂建设重点工作不仅在于分级分类推动智能工厂梯度建设，还推动了智能工厂全场景赋能，新建智能工厂中达到示范性和标杆性的比例超70%。

任务实施

阅读案例导入内容，结合所学知识，回答下列问题。

1. 地狼AGV主要应用于哪些场景？地狼AGV在提升物流作业效率方面有哪些具体优势？

____

____

____

2. 智能叉车在自动化立体仓库作业中的应用有哪些？对传统物流模式有何影响？

____

____

____

3. 智能叉车在搬运过程中如何确保货物安全？

____

____

____

4. 简述AGV的特点、分类、组成与行走原理。

____

____

____

5. 什么是智能搬运系统？请简述智能搬运系统的特点与应用场景。

____

____

____

知识检测

一、单选题

1. AGV 叉车通常使用哪种技术进行定位？（　　）

A. 磁条导航　　B. 超声波　　C. GPS　　D. 激光雷达

2. 巷道式堆垛机在自动化立体仓库中的作用是什么？（　　）

A. 提高仓库的面积和空间利用率　　B. 仅作为装饰使用

C. 降低仓库的运营成本　　D. 用于仓库的清洁工作

3. 巷道式堆垛机的全自动控制方式适用于以下哪种情况？（　　）

A. 出入库频率不高、规模不大的仓库

B. 出入库频繁、规模不大的仓库

C. 出入库频繁、规模比较大、有多台巷道式堆垛机和输送机的仓库

D. 低温、黑暗、有害等特殊环境的仓库

4. AGV 的主要特点不包括以下哪项？（　　）

A. 自动化程度高　　B. 系统运行稳定可靠

C. 需要驾驶员操作　　D. 与上级信息管理系统有效衔接

5. AGV 的导引方式不包括以下哪种类型？（　　）

A. 电磁导引　　B. 磁带导引　　C. 激光导引　　D. 声波导引

6. AGV 按移载方式分类，不包括以下哪种类型？（　　）

A. 叉车式 AGV　　B. 潜伏顶升式 AGV　　C. 翻盘式 AGV　　D. 手动式 AGV

7. AGV 的组成不包括以下哪部分？（　　）

A. 车体　　B. 蓄电池　　C. 控制系统　　D. 驾驶员座椅

8. 巷道式堆垛机的操作方式中，远距离集中控制方式适用于以下哪种仓库？（　　）

A. 出入库频率不高的仓库

B. 规模较小的仓库

C. 规模较大、有多台巷道式堆垛机和输送机的仓库

D. 货位不超过 2000 个的仓库

9. AGV 通信系统的主要作用是什么？（　　）

A. 实现车辆的自主导航　　B. 实现远程控制和任务调度

C. 收集环境数据　　D. 控制电机运行

10. 搬运机械臂根据动作形态的不同，可分为哪些类型？（　　）

A. 直角坐标型、圆柱坐标型、极坐标型、关节型、并联型

B. 水平移动型、垂直移动型、旋转型

C. 单轴型、双轴型、多轴型

D. 电动型、气动型、液压型

11. 搬运机械臂的主要优势是什么？（　　）

A. 提升工作效率和安全性　　B. 增加产品的艺术价值

C. 降低生产成本　　D. 提高产品的文化含量

二、多选题

1. 智能搬运系统的特点包括哪些？（　　）

A. 无人化　　B. 柔性化　　C. 高效化　　D. 低成本化

E. 智能化

2. 智能搬运系统的无人化特点可以带来哪些优势？（　　）

A. 节约人力　　B. 提高效率

C. 满足高危环境下的搬运需求　　D. 降低物流成本

E. 减少设备维护

3. 智能搬运系统的柔性化特点体现在哪些方面？（　　）

A. 可以根据仓储货位要求调整作业路径

B. 可以根据生产工艺流程调整作业方式

C. 可以根据物流作业环境调整力度功率

D. 减少重新购置作业设备的需求

E. 模拟人的思维进行智能判断

4. 智能搬运系统的高效化特点表现在哪些方面？（　　）

A. 整体调度和监控整个搬运作业流程

B. 支持多台机器人同时联动作业

C. 实现状态监控和交通管制

D. 与各种自动化设备进行对接

E. 提高物流整体作业效率

三、判断题

1. 智能叉车可以通过学习和适应环境来优化搬运路径。（　　）

2. 无人叉车的使用会导致仓库内的工作岗位减少。（　　）

四、填空题

1. 在自动化物流系统中，叉车通常与__________集成以提高效率。

2. 智能叉车能够通过__________技术实现实时数据传输。

任务三 智能分拣设备

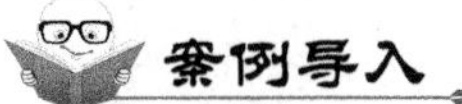

工作人员只点击鼠标，搬运机器人就会将货物送到站点；传送带上，一件件快递包裹沿着各自的轨道飞速前进……这样忙碌而有序的一幕发生在位于山东省青岛市的京东物流“亚洲一号”青岛智能产业园区内。这座总面积超33万平方米的大型智能物流园有8个仓储库房、3个分拣中心及许多先进设备，实现了仓储和分拣的自动化。

在园区内的地狼自动化仓储区，一排排货架下方，众多地狼智能拣选和搬运机器人正在往来穿梭。地狼机器人由京东物流自主研发，它们的工作是搬运货架，实现“货找人”。据京东设备仓有关负责人介绍，“双十一”期间，该仓储区的单量翻倍，大约每天要处理八万件包裹，过去都是工作人员在名目繁多的商品中进行“人找货”，效率很低，现在有了地狼机器人，工作人员只需要在工作台领取相应任务，通过系统下达指令，地狼机器人就会将对应商品的货架搬运过来，解决了仓储人员作业时间长、往来路径长等问题。

目前，地狼自动化仓储区的“办公用品和小件个护仓”内就使用了160多台地狼机器人，这些机器人依靠地上的二维码“引路”，同时自带传感器，保证彼此在穿梭过程中互不碰撞、井然有序。相关负责人还说，这种“货找人”的拣选模式大幅提高了工作效率和准确率，还减少了园区的运营成本。跟传统作业比，完成几乎一样的任务量，可以节省15%的人员投入。

在园区的1期和2期自动化分拣中心，超高速自动矩阵、超高速自动供件交叉带分拣机、高速干支装车线等智能设施组成一套自动化的分拣系统。进入分拣中心的包裹经由自动化分拣机投入分拣线，会经历一个从粗分到细分的过程。包裹会先通过DWS（自动化信息采集设备系统），这个系统相当于分拣中心的“智能眼睛”，包裹在通过该系统时，底部秤模块能实现称重，体积相机会测量货物的体积，射频识别技术与六面拍照智能识别相结合的混合读码技术能完成包裹六面扫描，即使包裹的面单贴在底面，系统也能识别，准确率达99.99%。同时，光电动态监控系统会根据包裹的面单信息，规划这个包裹在整个分拣线上的路径，并根据场内其他分拣线的到货情况对包裹进行距离控制，让整个分拣线保持秩序，不出现“堵车”“追尾”等事故。

目前，整个园区大概有17条自动化分拣线，日均处理包裹的能力超过百万件，最快只需要10分钟就能完成一个包裹的分拣，既高效又便捷，这种自动化智能分拣中心的分拣效率相较传统人工作业方式提升了5倍以上。

2024年“双十一”期间，遍布全国的智能物流基础设施成为京东物流时效与准确度的重要保障。在京东物流北京大兴临空智能物流园区的童装仓，近百台智狼飞梯机器人和搬运机器人，实现了仓内上百万件商品的自动化入库、上架、拣选和出库。在西藏拉萨的京东物流智能仓，地狼机器人的使用让拣货员的步行量从之前的每日四五万步，减少到了数千步，减轻了氧气稀薄的高原地区一线操作员的工作压力。

知识链接

智能仓储管理中的拣货技术及拣货信息处理

智能分拣设备，是运用信息感知、自动识别、智能控制技术，根据计算机指令或进行自主判断，实现物流分拣输送自动化、智能化运作的机械设备。智能分拣系统由中央计算机控制，应用大量传感器、控制器和执行器，能够自动完成货品的出入库、装卸、分拣、识别、计量等工作，在现代物流运作中具有十分重要的作用，是生产制造和物流运作过程中，机械化、连续化、自动化、智能化流水作业线中不可缺少的部分，是自动化仓库、配送中心、大型货场的生命线。

一、RF拣选系统

RF即射频，是指具有远距离传输能力的高频电磁波。射频技术在无线通信领域中广泛使用。RF分拣时使用小型手持终端（如条码扫描器）传递拣选作业信息。作业时，由后台计算机系统向手持终端发出拣选指令，屏幕上会显示货位、品种数量等信息，拣选人员走到相应的货位拣取货物。使用手持终端拣货时，通常都要求扫描货物和货位条码，拣选作业准确率很高。远程用户界面通过射频传输在两个独立终端间传送数据，系统支持和有独立硬件的相关用户进行对话。RF拣选是卓越的方案，可以与客户的系统在线连接。通过扩频传输，中央服务器可以连接手持终端和叉车终端。RF终端与套指扫描器相连，员工在拣选订单时将其戴在手臂上。这意味着员工可随时随地接收订单，直接从显示屏上读取订单信息，在RF终端上确认订单。无线电数据通过接口传送至计算机。

RF拣选系统应用于拣选叉车，能够提高叉车拣货的智能化水平，也是常用的拣选形式之一。该系统通过在高位拣选叉车或拣选式巷道式堆垛机上装置出入库显示终端，根据WMS和无线数字传输拣选系统进行作业，当供应商或货主通知物流中心按配送指示发货时，拣选叉车在最短的时间内从庞大的高层货架存储系统中准确找到要出库的商品，并按所需数量出库，将从不同储位上取出的不同数量的商品按配送地点运送到不同的理货区域或配送站台集中，以便装车配送。

二、电子标签拣选系统

电子标签拣选系统是以快速、准确、轻松地完成拣选作业为目的而设计的自动化拣选设备，是微电子技术和计算机软件技术快速发展的产物，使拣选作业实现了半自动化作业。电子标签拣选系统以一连串装于货架格上的电子显示装置（电子标签）取代拣货单，电子标签指示应拣取的物品及数量，辅助拣货人员的作业，从而达到有效降低拣货错误率、加快拣货速度、提高工作效率、合理安排拣货人员行走路线的目的。

电子标签拣选系统是一款能有效提升物流配送作业质量和提高物流配送作业效率并帮助拣选操作员完成拣选操作的系统。其依靠明显的储位灯光的引导，省略了以前的制作订单文件、查找货品等复杂而烦琐的环节，将拣选作业简化为单纯的看、拣、按三个动作。

电子标签拣选系统由控制 PC（个人计算机）将需拣选的物品信息，通过通信网络发送到拣选作业现场，拣选操作人员通过观看电子标签上显示的数目来拣取物品，拣取规定数量物品后按下“完成”键，将完成的信息发送到控制 PC 上，数据库的库存数量也进行相应的更改，进而完成该位置物品的拣取。

三、自动分拣机

一个自动分拣机由一系列各种类型的输送机、各种附加设施和控制系统等组成。自动化分拣机能连续、大批量地分拣货物，分拣误差率极低，分拣作业基本实现无人化。

自动分拣机种类很多，分类方法也不尽相同，按照它的用途、性能、结构和工作原理，一般分为交叉带式分拣机、翻盘式分拣机、滑块式分拣机、条板倾斜式分拣机、挡板式分拣机等多种类型。

1. 交叉带式分拣机

交叉带式分拣机（见图 2－3－1），由主驱动带式输送机和载有小型带式输送机的台车（简称小车）连接在一起，当小车移动到规定的分拣位置时，转动皮带，完成把商品分拣送出的任务。因为主驱动带式输送机与小车上的带式输送机呈交叉状，所以叫交叉带式分拣机。其基本结构布置为环形，由各台驱动带式输送机组成承载模块，可以精确地将输送物灵活地送到各个指定的目的地。

图 2－3－1　交叉带式分拣机

交叉带式分拣机采用传统机械式设计，原理简单，结构比较坚固，分拣动作轻柔，分拣准确。优点是在订单量足够大的时候，分拣效率高，所以受到电商、快递行业客户的青睐，成为近年来分拣设备中的主流。但该产品也有缺点：占地面积大，且对地面的平整度要求较高；成本高昂，输送模块易损坏，维修成本也较高。

2. 翻盘式分拣机

翻盘式分拣机（见图 2-3-2）是通过托盘倾翻的方式将包裹分拣出去的，该分拣机在快递行业也有应用，但更多的是应用在机场行李分拣领域。该分拣机最大分拣能力可以达到 12000 件/小时。标准翻盘式分拣机由木托盘、倾翻装置、底部框架组成，倾翻方式分为机械倾翻及电动倾翻两种。

图 2-3-2 翻盘式分拣机

3. 滑块式分拣机

滑块式分拣机（见图 2-3-3）是一种特殊形式的条板输送机。输送机的表面由金属条板或管子构成，如竹席状，而在每个条板或管子上有一枚用硬质材料制成的导向滑块，能沿条板做横向滑动。平时滑块停在输送机的侧边，通过计算机控制，当被分拣的商品到达指定道口时，控制器使导向滑块有序地自动向输送机的对面一侧滑动，把商品推入分拣道口，从而被引出主输送机。这种方式是将商品侧向逐渐推出，并不冲击商品，故商品不容易损伤，它对分拣商品的形状和大小要求不高，有较强的适应性。

4. 条板倾斜式分拣机

条板倾斜式分拣机（见图 2-3-4）也是一种特殊形式的条板输送机，商品装载在输送机的条板上，当商品到达需要分拣的位置时，条板的一端自动升起，使条板倾斜，从而将商品移离主输送机。商品占用的条板数随商品的长度而定，占用的条板数如同一个单元，同时倾斜，因此，这种分拣机对商品的长度在一定范围内不做限制。

图 2-3-3 滑块式分拣机

图 2-3-4 条板倾斜式分拣机

5. 挡板式分拣机

挡板式分拣机（见图 2-3-5）利用一个挡板（挡杆）挡住在输送机上向前移动的商品，将商品引导到一侧的滑道排出。挡板一端作为支点，可旋转。挡板运作时，像一堵墙，挡住商品向前移动，利用输送机对商品的摩擦力使商品沿着挡板表面移动，从主输送机上排出。平时挡板处于主输送机一侧，可让商品继续前移；如挡板作横向移动或旋转，则商品就排向滑道。

挡板一般安装在输送机的两侧，和输送机上平面不接触，即使在操作时也只接触商品而不触及输送机的输送表面，因此它适用于大多数形式的输送机。

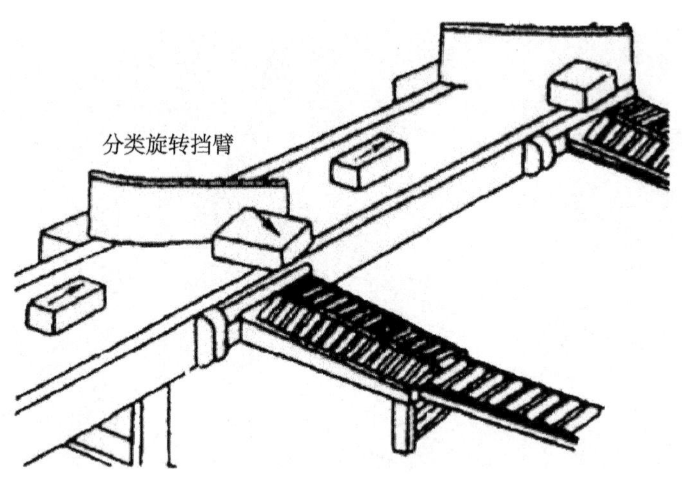

图 2-3-5　挡板式分拣机

四、分拣机器人

1. AGV 分拣机器人

基于快递、物流行业客户高效、准确的分拣需求，AGV 分拣机器人应运而生。AGV 分拣机器人与工业相机的快速读码及智能分拣系统相结合，可实现包裹称重、读码后的快速分拣及信息记录交互等工作。AGV 分拣机器人最高可实现 15000 件/小时的拣选效率，并且在系统灵活性、易扩展性等方面更有优势。

2. 固定式分拣机器人

固定式分拣机器人是利用机器人（搬运机械臂），基于视觉、触觉等智能控制系统，将来自输送线上的货品拣出，置于托盘或另一条输送线上，以实现高速分拣；也可将货架上或托盘上的货品拣出后置于输送带上，实现供包分拣，如图 2-3-6 所示。固定式分拣机器人之间是独立运行的，不会因某个机器人出现故障而影响整个系统的运行效率，而且还支持远程升级和调试。固定式分拣机器人可以连续运行，由于自动分拣系统单位时间分拣件数多，自动分拣系统能够连续运行 100 小时以上，每小时可分拣 7000 件包装产品。

五、智能拣货台车

智能拣货台车是针对电商、医药、快消、美妆等行业研发的一款集灵活、智能、精准等优势为一体的产品。智能拣货台车集订单的分、拣、核、包、发为一体，囊括了 RF 枪、电子标签、标签打印机、装载设备、传感器等多种设备，同时又可以与 WMS、WCS 等硬件设备智能连接，具有异常信息智能反馈等功能，可实现订单作业智能分配和拣选路线智能优化。

智能拣货台车主要由小车车体、平板计算机（或手持终端）、RFID 设备、订单箱、打印机、称重设备、电子标签设备、供电系统等构成，如图 2-3-7 所示。

图 2-3-6　固定式分拣机器人

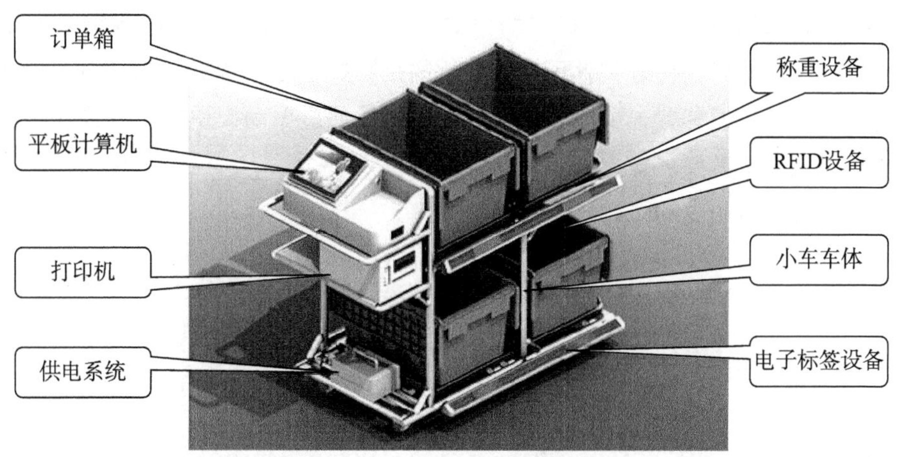

图 2-3-7　智能拣货台车

AGV 智能拣货台车是兼具自动导引和移动功能的拣货台车，除智能拣货台车的基本功能，AGV 智能拣货台车还可以自行导航移动至拣货位置，配合拣货人员进行拣货。其拣货基本原理：所有的拣选订单任务直接由系统下达指令到 AGV 智能拣货台车，AGV 智能拣货台车根据系统内货品的分布位置，自动导航到货品位置停泊，通过车载显示终端告诉拣选人员被拣选货品的位置和数量。AGV 智能拣货台车进一步减少了人工作业，解放了劳动力。

应用智能拣货台车拣选的优势具体如下：订单作业智能分配，拣选路线智能优化；拣选人员在仓库中的走动距离可减少 30%；拣选人员的搬运工作负荷可减少 70%；平均订单拣选效率增加 50%以上；散件、小件盘点效率提升 90%以上；拣货、包装、复核工作一站式完成；可完成多单同拣、按箱零拣、复核订单、打包订单等工作。

六、智能穿戴拣货设备

智能穿戴设备是应用穿戴式技术对日常穿戴进行智能化设计，开发出可以穿戴的设备的总称，如智能穿戴手表、智能穿戴手环、智能穿戴眼镜、智能穿戴服饰等。

智能穿戴设备在物流领域的应用包括免持扫描设备、现实增强技术（如智能眼镜、外骨骼、喷气式背包等）。国内无商用实例，免持扫描设备与智能眼镜由 UPS（美国联合包裹运送服务公司）、DHL（敦豪航空货运公司）在小范围应用外，其他多处于研发阶段，整体来说离大规模应用仍然有较远距离。智能眼镜凭借其实时识别物品、阅读条码和库内导航等功能，可提升仓库工作效率，未来有可能广泛应用，京东及亚马逊等国内外电商企业已开始研发相关智能穿戴设备。

智能穿戴拣货设备（见图 2-3-8）的组成主要包括上位机、货物识别装置、蓝牙数据发送装置和反馈装置。上位机分别与货物识别装置和蓝牙数据发送装置相连，蓝牙数据发送装置与反馈装置无线连接。

利用智能穿戴设备拣货时，通过货物识别装置检测货物，并将检测结果上传至上位机；上位机将所得结果进行分类处理，若该货物是需要进行挑拣的，则通过蓝牙数据发送装置将信号发送至反馈装置；反馈装置接收到信号后通过振动模块或语音模块提醒相关人员，使得相关人员不需要去查看货物的类别即可进行拣货，从而极大地提高了拣货效率，有效降低了相关人员的劳动量，还降低了错拣率。

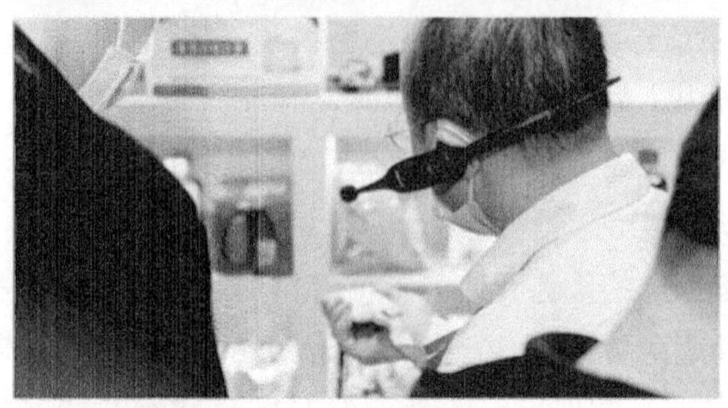

图 2-3-8　智能穿戴拣货设备

拓展阅读

智能穿戴拣货设备典型应用

1. 智能眼镜

亚马逊智能眼镜配备可穿戴计算机，可以在拣选过程中快速识别商品所处的位置，而且内置有图形传感器，能够识别与某项任务相关的物品。这种传感器还有可能识别邮寄地址、条码等包裹标记。

DHL 与理光（Ricoh）、Ubimax（可穿戴设备解决方案供应商）进行合作，将“视觉分拣”技术应用于仓库的分拣流程中。DHL 员工可通过智能眼镜扫描仓库中的条码图形以加快采集速度和减少错误。DHL 还与 Vuzix（美国的一家智能眼镜公司）合作打造了一套“免提式”仓库解决方案，其 M100 智能眼镜与 Ubimax 开发的仓库 Vision Picking（视觉拣选）软件协作，具备了实时识别物品、阅读条码、室内导航和无缝信息集成等功能，能直接连接到 DHL 仓库管理系统。应用之后，分拣效率提高了 25%。

菜鸟积极推动 AR（增强现实）智能物流系统，利用微软的 Hololens 头戴式设备，可以看到仓库商品的重量、体积等相关信息，方便操作者快速找到对应商品在仓库中所处的位置，并且会自动规划最优路线，提示操作者拿到相应订单的商品。

2. 智能手环

UPS 的智能手环使用基于摩托罗拉 RS507 蓝牙戒指成像仪的系统，这一可穿戴设备包括一个戴在手指上的支持蓝牙的免提式条码扫描仪，以及一个戴在员工手腕或髋部的小型终端。利用这一设备，UPS 员工能够更快速地获取及处理条码图像，加快拣货和包裹装车速度。

xBand 是一款多传感器可穿戴腕带，可与 xPick（一种视觉选择系统）结合使用，提供基于 RFID 的免提手动订单拣选解决方案。通过组合 xPick 和 xBand，可以实现最佳的订单挑选过程。当到达存储或检索箱时，xBand 能够完全直观地确认订单，从而完全不使用外部和耗时的调试步骤。xBand 的核心技术是 RFID。通过集成的 RFID 技术，xBand 可通过蓝牙与主机设备（或平板计算机）进行通信，它可用于识别位置，确定任务是否已完成或通知用户它正在进入某个区域。例如，当员工移动他的手臂来拣选货物时，xBand 会自动扫描物体盒子或架子的 RFID 标签，并向平板计算机自动发送确认信息。在拣选器视野右侧，xBand 能确认拣选动作的声音和放置动作是否正确，并针对不正确的拣选动作进行触觉振动反馈或提醒。

3. 机械外骨骼

机械外骨骼是一种由金属材料框架构成并且可让人穿上的机器装置，这个装备可以提供额外能量来供四肢运动。在物流作业中，机械外骨骼可用于货品搬运、拣选及配送。如蜂鸟即配应用的一款上半身外骨骼设备，其自重为 7 千克，负载为 10～30 千克，适合频繁搬箱作业，能够有效降低腰部的受力负担。还有一款由傲鲨智能研发的全身外骨骼装备，其自重为16千克，额定负载为50千克，整个骨骼有12个运动自由度，工作时，通过整个骨骼把力量传导到地面，无论人背负的物体有多重，使用者主要承担操作力，肩膀只需要承受5～10千克的力，就如同背着一台笔记本计算机的重量。

任务实施

阅读案例导入内容，结合所学知识，回答下列问题。

1. 与传统人工分拣方式相比，自动化分拣系统的优势有哪些？

2. 自动分拣机有哪些类型？具体特点是什么？

3. 智能分拣系统是如何提高物流效率的？

4. 请简述电子标签拣选系统的主要工作原理。

知识检测

一、单选题

1. 智能分拣设备的核心功能是什么？（　　）

A. 仅用于商品存储　　B. 自动完成物流分拣和输送

C. 只能进行人工分拣　　D. 仅用于商品包装

2. 哪种类型的自动分拣机适合高位拣选叉车使用？（　　）

A. 翻盘式分拣机　B. 滑块式分拣机　C. 交叉带式分拣机　D. 挡板式分拣机

3. AGV 分拣机器人最高可实现的拣选效率为多少件每小时？（　　）

A. 5000 件　　B. 7000 件　　C. 15000 件　　D. 20000 件

二、填空题

1. RF 拣选系统使用__________传递拣选作业信息，通过__________扫描货物和货位条码。

2. 电子标签拣选系统通过__________将需拣选的物品信息发送到作业现场。

三、判断题

1. 自动分拣设备可以完全实现无人化分拣作业。（　　）

2. 固定式分拣机器人可以连续运行超过 100 小时。（　　）

任务四 智能配送设备

案例一

最近，伴随着商家的“大促”活动，浙江省金华市中通快递江北网点的快递数量激增，日均快递量约为7万件，较平常增加了40%左右。面对上涨的工作量，江北网点的快递员们依然有条不紊，将快递按时送到了客户手中，这背后，得益于他们的智能伙伴——无人快递配送车的帮助。

江北网点目前共投运了两辆无人快递配送车，该车靠电能驱动，一次充满电可跑160千米左右。白色的车身四四方方，主体是一个容积约5立方米的车厢，一台车满载的情况下每趟可装500～600件快递。

据江北网点的负责人介绍，无人快递配送车主要用于网点到驿站之间的短距离接驳服务，往返地点就是网点和驿站之间，运输路线是提前规划好的，操作起来也很容易，通过手机App操作就行。

“我们每天一早装好货之后，会使用手机App设置送货指令。点击‘发车’按钮，无人快递配送车就会开始自己送货。在出发前和即将到达驿站时，它还会打电话通知驿站的工作人员做好接车准备。车到驿站之后，驿站的工作人员只需要用手机App扫描车身二维码，就能开车门取货。”负责人说，“每辆无人快递配送车平均一天能运输4～5趟，总计可运送货物3000件左右。以前货物多的时候，网点快递员一个人要跑好多个地方，不仅忙不过来而且送达时间还会延后，客户收不到货难免着急抱怨。现在有了无人快递配送车，不仅降低了快递员的劳动强度，还提高了配送效率，降低了企业的成本。”

无人快递配送车上路，如何保障安全？对此，负责人表示，中通无人快递配送车配备了很多高科技装备，内部搭载自动驾驶系统、导航系统，车厢上安装了多个激光雷达、摄像头和传感器，遇到路障能够避让绕行，发现前方红灯及行人也会自己停下来，有车辆或行人靠近时，它还会进行警示提醒：“请注意保持车距。”为了确保安全，江北网点还配备了专职安全员来监控无人快递配送车运行。如遇突发情况，后台安全员可以遥控指挥车辆行驶。网点工作人员和技术人员的手机和电脑上都安装了中通快递智驾无人车运营管理平台系统，该平台系统具有无人车准入测试、路权管理和风险预警等功能。工作人员可以通过平台系统实时了解车辆在路上的运行情况，对堵车、事故等突发情况进行处理。

记者了解到，目前，中通无人快递配送车已在全国不少地区初步实现规模化应用，实现多网点的接驳功能。2019年，中通快递取得了“智能网联汽车开放道路运输经营许可证”，成为首批获得无人物流车商用牌照的快递企业。2023年，公司与L4级自动驾驶车规级无人车生产商合作，共同开发中通无人快递配送车。2024年4月，中通快递智驾无人车运营管理平台正式上线运营，成为国内快递行业首个无人车数字化管理平台。无人快递配送车作为中通快递配送网络的典型新质生产力，将数字化和智能化触角更加充分地延伸到收转运派的各个环节。未来随着路权开放的城市越来越多，中通的无人快递配送车分布会越来越广，数量也会越来越多。

案例二

在江苏省苏州市阳澄湖畔的蟹王市场，一架顺丰集团旗下的丰翼无人机满载着大闸蟹腾空而起，几分钟后，无人机抵达了5千米外的顺丰阳澄湖中转场，快递员们忙着卸货，随后，这些大闸蟹将搭乘其他交通工具发往全国各地。

每年从9月下旬开始，便进入阳澄湖大闸蟹上市的季节。为了保障生鲜运送对时效的要求，顺丰速运于2024年10月在苏州市开通了无人机运输大闸蟹常态化航线，一架无人机一天可往返20趟，一次可运输10千克的大闸蟹，极大提升了揽收效率，通过无人机与全货机的协同运输，阳澄湖大闸蟹从苏州出口东南亚，最快只需48小时。

近年来，丰翼无人机越来越多地被投运到顺丰速运的揽收和配送工作中，成为“空中快递员”。由顺丰集团旗下的丰翼科技自主研发的无人机在2016年1月实现首飞。目前，该公司研发的丰翼“方舟40”飞行速度可达14米/秒，整个机器有8个螺旋桨，最大飞行海拔可达5000米，货仓容积超过60升，可以满足许多场景的配送任务。该无人机还搭载了视觉模块、毫米波雷达模块等，这些技术装备保障了无人机的降落精度可达到厘米级，遇到7级大风、中雨等天气也能正常飞行。

苏州顺丰速运有限公司公共事务部经理告诉记者，为深化打造低空物流配送应用场景，2024年4月，顺丰速运在苏州市的首条无人机物流配送航线——顺丰吴江产业园至苏州大学未来校区航线正式开通。从顺丰吴江产业园到苏州大学未来校区，路上有多个红绿灯，车流量也很大，如果是用传统车辆配送模式，需耗时半个小时左右。而无人机在空中不受路况影响和地形限制，只需7分钟就能抵达，与地面运输相比，时长足足缩短了约77%，大幅提高了该区域的快递物流运输效率。此后，又有新的无人机配送航线陆续在苏州市开通，并配备了专门的无人机操作员，1名操作员可以操作3～4台无人机。

在众多货物中，时鲜农产品十分适合无人机配送。在苏州市，除了阳澄湖大闸蟹，顺丰速运还开通了一条枇杷航线。每天飞行5趟，将枇杷从苏州东山枇杷主产区运送到山下的顺丰速运网点。避免了走山路运送枇杷带来的磕碰等问题。在无人机的帮助下，苏州的枇杷从当地始发，江浙沪地区最快6小时就能新鲜送达。

近年来，顺丰速运已在全国多个城市开通丰翼无人机配送服务。数据显示，截至2024年9月30日，丰翼无人机累计在全国开通535条航线，飞行超百万架次，运输货物近530

万件。除了“同城即时送”，2024 年 3 月，丰翼无人机还正式上线了“跨城急送”服务，在粤港澳大湾区开通了“深圳—中山”“深圳—东莞”等跨城航线。其中，“深圳—中山”的航线是大湾区首条跨城低空物流航线，往返两地航程共 70 多千米，飞行时长大约 45 分钟，应急医疗物资、生活用品、文件等都可以运送。按照丰翼科技官方的承诺，这种“跨城急送”可通过“即时响应＋无人机运输＋上门送达”的方式，实现“跨城跨海服务范围 4 小时达”服务。

知识链接

一、无人机

1. 无人机概述

无人机即通过无线电遥控设备和自备的程序控制装置操纵的无人驾驶的低空飞行器，能够自动运载包裹至目的地。其优点主要在于解决偏远地区的配送问题，提高配送效率，同时减少人力成本；缺点主要在于恶劣天气下无人机会送货无力，在飞行过程中，无法避免人为破坏等。

物流无人机具有智能化、信息化、无人化的特点，具有距离短、成本低、效率高的优势，有效扩大了物流覆盖范围，具备非常大的发展空间。早在 2013 年亚马逊就提出了使用无人机送货的概念，此后，顺丰、京东、阿里、迅蚁等企业纷纷布局无人机快递配送。

当前，无人机主要由机壳、飞行控制系统、导航系统、供能/储能系统、通信数据系统等组成。

无人机按机身构造主要分成固定翼无人机、旋转翼无人机、直升机、多旋翼无人机四种，不同类型无人机的优劣势如表 2－4－1 所示。随着技术成熟，零配件成本降低，以及航拍、电力巡检等应用场景的开发，以多旋翼无人机为主的小型民用无人机市场成为热点。

表 2－4－1　不同类型无人机的优劣势

无人机类型	固定翼无人机	旋转翼无人机	直升机	多旋翼无人机
优势	大航程；续航能力强	综合了固定翼和垂直起降的优势	可垂直起降；高机动性；较高的有效荷载	价格低廉；易于推广；重量较轻
劣势	水平起降需要较大的空间；与垂直起降相比机动性不强	技术复杂；价格较高	价格较高；维护要求相对较高	有效荷载有限；由于重量轻，抗风性较弱

目前，包括亚马逊、DHL、顺丰在内的企业均在大量测试无人机配送快件。企业测试用的无人机主要为四旋翼或八旋翼式无人机，飞行高度通常在 1000 米以下，飞行半径在

10 千米左右，承重在 10 千克以内。无人机非常适合用于偏远地区和紧急件的派送，同时能有效提高配送效率，减少人力、运力成本。

目前，亚马逊每单的配送成本平均为 2～8 美元，如果大幅度采用无人机送货，配送成本将降至每件约 1 美元的水平。亚马逊曾表示，最终目标是利用 200～500 英尺（60.96～152.4 米）高度的天空进行无人机快递业务，通过低于 55 镑（约 507.04 元）的高度自动化无人机，以飞行距离 10 千米以上、飞行速度 50 英里/小时（1 英里＝1.61 千米）的效率为消费者提供 5 镑（约 46.09 元，随时波动）以下的快件配送服务。

顺丰作为国内民营快递巨头，也是最专注无人机的快递企业。目前，顺丰正在珠三角地区大量测试无人机，收集飞行数据，为将来整体运营、调试及系统的搭建提供数据支撑。据了解，顺丰无人机测试点航线包括山区、大型湖泊水库、偏远乡村等。

京东推出的小型物流无人机主要用于“最后一公里”的配送，由操作人员将消费者的产品利用无人机从京东的仓库运送至消费者收件地点附近。

2. 无人机配送的发展历程

2013 年 9 月，顺丰自主研发的用于派送快件的无人机完成了内部测试，在局部地区试运行。这种无人机采用八旋翼，下设载物区，飞行高度约 100 米，内置导航系统，工作人员预先设置目的地和路线，无人机将自动到达目的地，误差在 2 米以内。

2013 年 12 月，亚马逊表示在测试一个叫作“Prime Air”的无人机快递项目，通过使用八桨遥控无人机实现鞋盒包装以下大小货物的配送，所有订单从发货开始预计会在 30 分钟内送达 1.6 千米范围内的客户手中。与此同时，UPS 也在试验类似的无人机设备。

2014 年 8 月，谷歌公布了悄然实施了两年的“翼计划”（送货无人机研发项目），表示希望在几年内推出小型无人机快递服务。谷歌送货无人机的原型机宽约 1.5 米，高约 0.8 米，有 4 个推进器，能从距地面约 46 米的高度向地面递送包裹。

2014 年 10 月，DHL 宣布将在德国实现无人机送货。该公司的四旋翼无人机可运载 1.2 千克的货物，飞行时间可达 45 分钟，但该无人机并非完全脱离人力，依然受地面工作人员的控制。

2015 年 2 月，淘宝联合圆通速递，在北京、上海、广州部分区域开展无人机快递实验。该实验中，螺旋桨驱动的无人机为黑白机身，占地约 0.25 平方米。

2016 年 9 月 19 日，国内初创公司迅蚁与中国邮政浙江安吉分公司联合开通了中国第一条无人机快递邮路，也就是“杭垓镇—七管村”无人机邮路，开通之后，由于不需要在蜿蜒曲折的公路上行驶，无人机邮路缩短到了 10 千米，飞行时间约为 15 分钟。

2019 年 4 月 23 日，美国联邦航空局宣布，向谷歌母公司“字母表”旗下的无人机配送公司“翼航空”发放美国首个无人机配送许可。

2019 年 10 月 15 日，由中国民航局向迅蚁所属的杭州送吧物流科技有限公司颁发了《特定类无人机试运行批准函》和《无人机物流配送经营许可》。这意味着无人机行业迈入了一个新的发展阶段，因为这是民航局《特定类无人机试运行管理规程（暂行）》和经营许可“放管服”新政发布以来，国内首个完成运行风险评估和验证工作的特定类无人机试运行项目，同时也是全球首个获得城市场景无人机物流试运行批准的项目。

二、无人配送车

无人配送的作业方式和优势在新冠疫情期间被公众广泛认知。新冠疫情期间，民众应尽量不要外出，避免人与人之间接触风险，维持日常生活所需的物资主要靠网购，无接触配送被广泛应用。疫情隔离造成了城市劳动力的短缺，得益于疫情期间道路车辆少、政策开绿灯，很多城市开始了无人配送服务以缓解人力不足。在需求和宽松监管的双重作用下，疫情期间多家电商、物流及自动驾驶企业纷纷将产品投入试点，用无人配送的方式为医院、社区、商业区配送医疗及生活物资。例如，京东在武汉为武汉第九医院提供无人配送服务，协助运送生活物资和医疗用品；美团在北京市顺义区投放无人配送车为居民提供送菜服务。整个过程中，由客户下单，配送调度系统会将订单指派给无人配送车，由无人配送车完成取货、送货、交接等动作，整个配送流程隔绝了人与人的接触。

无人配送车可以在城市环境下，向办公楼、小区便利店等订单集中场所进行批量送货，大幅提升配送效率。

1. 无人配送车必备技术

无人配送车必备技术包括智能感知和避让、智能路线规划及智能配送物品。

（1）智能感知和避让。由于无人配送车需要在无人化的情况下实现短途配送，因此这类配送车都必须具备智能感知和避让的能力。它们通常可以通过摄像头、距离传感器甚至雷达等模块，收集外界环境的信息，通过内置的智能算法对这些信息进行建模和加工，形成一个对外部世界的抽象理解，构建地图，并根据自身的运行轨迹进行实时规划和避让。

例如，京东的无人配送车配备了16线激光雷达、单线雷达和双目摄像头等，可以通过生成视差图等方式构建外部环境的三维环境，检测障碍物的大小和距离等，并对路线进行规划；阿里菜鸟的小G可以通过深度学习算法智能识别环境中的车辆和行人，并利用自适应粒子滤波算法对识别出的实体进行准确的轨迹预测，然后提前进行避让。

（2）智能路线规划。作为短途自主配送车，路线规划自然是一项必备技能。除了由操作人员预先设定的简单方式，现在越来越多的无人配送车可以参照精准的卫星定位和地图测算，根据行驶过程中景物的变化，实时地智能改变既定路线。

例如，阿里的菜鸟小G就可以根据景物识别结果和地图定位情况，利用内置算法变更已有路线，此外，菜鸟小G还能根据目标配送点的分布情况，灵活调整配送顺序，以实现高效、迅捷的配送，亚马逊的货架机器人则可以沿着仓库地板上的条码列队行走，不发生碰撞。

（3）智能配送物品。因为无人配送车是在无人配送的情况下配送货物的，所以一定要有智能配送的功能，以防乱拿、错拿。在发生货物被盗、自身出现故障的情况下，要能实时发出报警信号。

2. 市面上的无人配送车

目前，市面上出现的无人配送车主要有以下两种。

（1）菜鸟小 G 无人配送车（见图 2－4－1）在快递开始配送前，用户可以事先向菜鸟小 G 预约配送的时间、地点与物品，菜鸟小 G 会协同工作，自动进行包裹的分配和运行路径的规划。通过内建的导航系统，它能在无人干预的情况下实现自主定位导航。此外，菜鸟小 G 还具备多种智能功能，例如，它能自动乘坐电梯；识别行人车辆等动态障碍物，预判它们的运行轨迹并进行动态避障；自动实时监控机器人正在运送的包裹，不仅在包裹被盗时进行报警，还能在包裹被误取时进行提醒。

图 2－4－1　菜鸟小 G 无人配送车

菜鸟小 G 采用电池驱动的方式，其单次投递费用几乎可以忽略不计，同时保证对环境的零污染。菜鸟小 G 的运行速度平均在 1 米/秒左右，配合智能路由调度算法，具备优秀的运行效率。与无人机投递的方式相比，菜鸟小 G 还具备载重量大、续航里程高、安全可靠等重要优势。

（2）京东无人配送车（见图 2－4－2）。京东无人配送车最初在北小营镇正式投入运营，开始配送第一单快递。北小营镇依托智能网联汽车“五大基础设施平台”建设，不断提升产业布局，着力打造智能网联汽车全产业链，推进智能无人配送落地应用，实现城市物流设施及“最后一公里”配送的模式创新。京东无人配送车搭载多个传感器和激光雷达，能够通过生成视差图等方式构建三维环境，检测障碍物大小和距离，控制避障，是个“安全第一”的行驶标兵。京东无人配送车通过深度学习算法，可以敏锐地识别交通标志和车道线，以同步定位与建图技术，实现自主定位与地图创建。

图 2-4-2 京东无人配送车

拓展阅读

交通运输行业标准《无人机物流配送运行要求》

交通运输部于 2022 年 9 月 13 日批准发布了推荐性行业标准《无人机物流配送运行要求》(JT/T 1440—2022),自 2022 年 12 月 13 日起实施。

一、制定背景

无人机物流具有自动化、无人化、机动性、灵活性、高效性的优势,已广泛应用于快递配送、医疗样本运输、生鲜配送等业务场景中,是快递业务扩展和升级的重要运力,在现代物流体系中发挥了重要作用。近年来,顺丰、中国邮政、京东、中通等代表性企业已在江西、四川、大湾区、陕西等多地开展了支线、末端无人机物流配送试点项目,部分企业已经开始商业运营。但当前无人机物流与快递业务相互独立,无人机与干线航空货运、末端快递业务的衔接尚无标准可循,制约了无人机物流的应用范围。为规范无人机物流配送,推动无人机物流与快递业务的衔接、融合,交通运输部组织编制了行业标准《无人机物流配送运行要求》。

二、标准的定位和作用

本标准规定了无人机物流配送的基本要求、场地设施要求、作业要求、信息交互和安全要求,适用于支线无人机物流、末端无人机物流的运行。

本标准的发布实施将规范无人机物流配送运行,有助于引导无人机物流企业在开展无人机物流配送时合规操作,提高运输衔接效率,对促进我国无人机物流业态发展具有重要意义。

三、标准的主要内容

（一）基本要求

标准对无人机物流配送运行相关的组织、人员、航线、交接凭证等提出了要求。从事无人机物流运营的组织作为承运人，应具备相应的服务能力和取得民用航空管理等部门要求的无人机运营资质，其从业人员应进行专业知识培训并取得相应资质。物流无人机按固定航线飞行，为保证安全，运行前需对运行空域和航线进行勘察，并定期对航线进行复勘。对无人机物流交接过程中使用的交接凭证，明确了交接凭证的基本内容和保存期限。

（二）场地设施要求

标准提出了支线无人机物流、末端无人机物流运营所需起降场地、交接场地的选址、建设、场地面积、设施设备等要求。根据调研情况，鼓励支线无人机物流起降场地使用现有民用机场、交接场地使用民用机场货站，而末端无人机物流起降场地推荐选择人口密度相对较低的区域，交接场地推荐依托快递网点建设。

（三）作业要求

根据无人机物流运输和交接的作业流程，标准提出了准备、交发、装载、无人机运输、接收各环节的操作和时限要求。为提高运输效率，确保顺利衔接，还对重要节点的货物交发、装载、检查、到货通知、物流信息推送提出了具体的时限要求。

（四）信息交互

该标准鼓励企业无人机运营管控系统与快递服务组织运营管理信息系统之间进行信息交互，推动无人机物流融入物流体系。支线无人机物流的信息交互应符合《快件航空运输信息交换规范》（GB/T 38726—2020）中的规定，末端无人机物流承运人与托运人的信息交换内容包括组织信息、货物信息、交接信息、运输信息和总包在途信息。有关监管信息的交互，按照相关监管信息交互规范的规定执行。

（五）安全要求

标准规定了无人机物流配送过程中的人员安全、货物安全、用户个人信息安全要求，对无人机的运营过程中可能发生的应急情况应制定应急预案，规定了应急预案的内容。

任务实施

阅读案例导入内容，结合所学知识，回答下列问题。

1. 请简述无人机配送的优缺点。简述无人机在城市物流中的应用前景及潜在问题。

____

____

____

2. 请简述菜鸟小 G 无人配送车的主要功能。

3. 试探讨无人机与无人配送车在未来物流配送中的发展趋势及可能带来的行业变革。

知识检测

一、单选题

1. 无人机主要由哪几部分组成？（　　）

A. 机壳、飞行控制储能系统、导航储能系统、供能/储能系统、通信数据系统

B. 机壳、发动机、轮胎、通信数据系统

C. 机壳、驾驶舱、导航、存储

D. 机壳、传感器、油箱、控制台

2. 哪一家公司首先在 2013 年 9 月测试无人机配送？（　　）

A. 京东　　B. 亚马逊　　C. 顺丰　　D. DHL

3. 无人机的主要优点不包括以下哪项？（　　）

A. 解决偏远地区的配送问题　　B. 提高配送效率

C. 减少人力成本　　D. 恶劣天气下表现稳定

4. 以下哪项不是无人机配送的发展历程中的事件？（　　）

A. 2013 年亚马逊测试叫作“Prime Air”的无人机快递项目

B. 2014 年谷歌公布“翼计划”送货无人机研发项目

C. 2015 年淘宝联合圆通速递开展无人机快递实验

D. 2018 年 DHL 在德国实现无人机送货

5. 无人配送车必备技术不包括以下哪项？（　　）

A. 智能感知和避让　　B. 智能路线规划

C. 智能配送物品　　D. 手动驾驶能力

6. 以下哪个不是无人配送车的优势？（　　）

A. 提升配送效率　　B. 减少配送成本

C. 需要大量人力参与　　D. 实现无接触配送

7. 菜鸟小 G 无人配送车的特点不包括以下哪项？（　　）

A. 自主定位导航　B. 智能避障　C. 手动驾驶　D. 智能包裹分配

8. 无人机按照机身构造区分，主要分成哪几种类型？（　　）

A. 固定翼无人机、旋转翼无人机、直升机、多旋翼无人机

B. 固定翼无人机、旋转翼无人机、多旋翼无人机

C. 直升机、多旋翼无人机、滑翔机

D. 固定翼无人机、直升机、滑翔机

二、填空题

1. 无人机配送的飞行高度通常在________米以下，飞行半径为________千米左右。

2. 京东无人配送车配备了多个传感器和激光雷达，能够生成________以检测障碍物。

三、判断题

1. 无人配送车在疫情期间的普及主要是因为人们应尽量减少外出。（　　）

2. 无人配送车只能在白天进行配送。（　　）

综合实训

国内 A 物流中心建于 2002 年，占地 130 亩（1 亩＝666.67 平方米），主要依赖人工操作和纸质记录，记录的信息复杂、记录效率低、易出错，还容易出现伪造数据、人力资源浪费、管理维护成本高等问题，进而很难保证收货、验收及发货的准确性，从而产生积压库存，延迟交货，进一步增加成本，还会因此失去客户。管理者对仓库作业现场状况不了解，对库存信息实际情况不清楚，无法及时、准确、科学地做出决策。

A 物流中心储存以平地堆放为主，仓储空间利用率低，仓储空间严重浪费，仓储作业依靠人工搬运，效率低下，职业安全风险较大。该物流中心存在仓储量严重不足、分拣设备能力低下、无发货暂存区等诸多问题，且用地受城市规划限制，不具备进行改建或扩建的条件，已不能很好地满足现有物流业务的正常运作，不能适应集中配送的要求，不能保证物流生产运作的安全、优质、高效、低成本，阻碍了公司的进一步发展。

A 物流中心配送时间不够灵活，时效性较弱，装配不能达到车辆的满载要求，导致配送效率低下，配送服务水平和效率不高，不能第一时间将货物送到客户手中，而且运输成本和时间也相对较高；传统物流配送方式下各环节的沟通交流有一定障碍，不能及时了解客户的需求变化情况、货物运输状态及货物送达后客户的反馈等；传统物流配送作业中，车辆调度不合理、车辆利用率较低、运营成本高。

为提升出库配送效率，降低员工劳动强度，提高仓库管理精细化水平，A 物流中心负责人对外发布了智能仓储库房的改造需求，决定在原有设施基础上对 A 物流中心进行自动

化设备升级改造，拟达到以下目标。

(1) 提高储存量，拟采用穿梭板式密集型仓储系统进行箱货储存，采用高速轻型堆垛机配合流利货架进行自动备货，同时应用自动分拣输送作业线进行货品分拣。

(2) 实现储存与分拣一体化，拟进行出库拣选系统的升级改造，实现“货到人”拣选。通过改造优化，精简仓内出库操作人员 50%，节省人工成本；人均拣货效率提高到 800 单/（人×天），对比实施前效率提升 2.5 倍以上；库存准确率从 95%提升至 99%以上。

(3) 降低人工劳动强度，大幅提高拣货准确率；改变传统人工拣选模式，充分使用自动化搬运设备，减少作业环节，提高作业效率。

根据以上实训背景，请完成以下实训内容。

实训目标：

1. 培养学生的团队合作能力和领导力。
2. 提高学生的问题诊断能力和解决方案设计能力。
3. 加深学生对智能物流技术及其应用的理解。
4. 帮助学生学习撰写专业的改造方案报告和进行成果展示。

实训流程：

第一阶段：团队组建与分工

—学生自由分组，确保每组 5～6 人。

—指定一名组长，组长负责协调小组内部工作和组织调查实施。

—明确小组成员分工。

第二阶段：问题研讨与方案提出

—小组讨论 A 物流中心存在的主要问题。

—初步提出对 A 物流中心硬件系统进行改造的整体方案。

第三阶段：市场调研与技术学习

—浏览极智嘉（GEEK+）、南京音飞、普罗格等智能物流公司网站。

—了解自动化立体库、AGV、智能分拣输送等装备的主要类型及功能参数。

—对物流企业智能运作场景进行相应调查。

第四阶段：改造方案设计与报告撰写

—根据存储区和备货区以及拣选、搬运等环节的实际需要，选择合适的物流设施设备。

—设计形成改造方案，完成对 A 物流中心硬件系统的优化设计。

—撰写书面报告，内容包括以下几个方面。

①对 A 物流中心改造的总体思路。

②所采用的智能物流设施设备及具体功能。

③设计改造后的物流中心系统的主要构成及整体作业流程。

第五阶段：制作 PPT 与分享

—每组提交一份企业调研报告并制作 PPT。

—每组派一名代表上台进行分享。

实训材料：

—智能物流公司网站资料。

—物流设施设备的技术手册和参数。

—调研报告撰写指南。

—PPT 制作软件。

实训时间安排：

—第一阶段：0.5 天。

—第二阶段：0.5 天。

—第三阶段：1 天。

—第四阶段：2 天。

—第五阶段：1 天。

能力评价

评价指标			满分	得分
技能评价	知识点掌握	认知智能存储设备	10	
		认知智能装卸搬运设备	10	
		认知智能分拣设备	10	
		认知智能配送设备	10	
	汇报陈述	展示及讲解的专业程度与完整性	5	
		时间分配的合理性	5	
素质评价	学生自评	团队合作能力与配合程度	5	
		自主学习与创新能力	5	
		敬业、勤业、创业、立业的职业精神	5	
	组员互评	团队合作能力与配合程度	5	
		自主学习与创新能力	5	
		敬业、勤业、创业、立业的职业精神	5	
	教师评价	对学生的综合素质进行评价	20	
合计			100	

知识归纳

总结本项目的重点知识、难点知识及课堂要点等，并画出思维导图。

实践反思

在学习与实践的过程中，你学会了哪些分析与解决问题的方法？你认为自己在思想、行动及创新方面，还有哪些方面需要完善？

教师评语

03
PROJ

项目三
智能仓配软件系统

学习目标

◎知识目标

- 了解订单管理系统（OMS）的概念和功能模块。
- 掌握订单管理系统（OMS）的应用。
- 了解仓库管理系统（WMS）的概念和功能模块。
- 掌握仓库管理系统（WMS）的应用。
- 了解仓库控制系统（WCS）的概念和功能模块。
- 了解 WMS、OMS 与 WCS 的关系。

※能力目标

- 能够识别智能仓配软件系统。
- 能够在适宜的条件下运用智能仓配软件系统。
- 能够就企业实际情况进行简单的智能仓配软件系统优化配置。

❖思政目标

- 培养学生的全局意识和长远意识。
- 培养学生的市场意识和竞争意识。
- 在技术需求的前提下，提升学生的信息素养。

思维导图

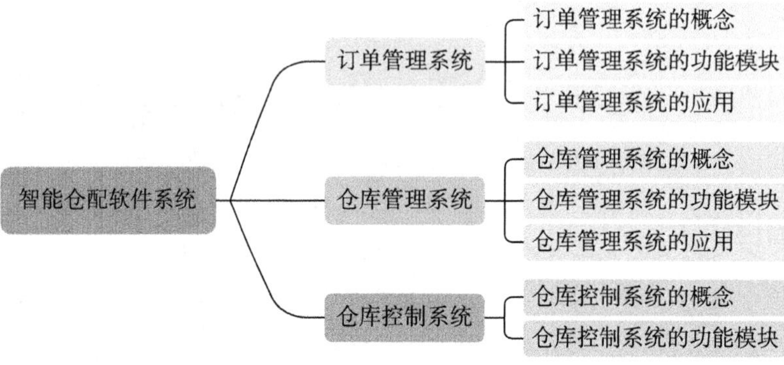
智能仓配软件系统
订单管理系统
订单管理系统的概念
订单管理系统的功能模块
订单管理系统的应用
仓库管理系统
仓库管理系统的概念
仓库管理系统的功能模块
仓库管理系统的应用
仓库控制系统
仓库控制系统的概念
仓库控制系统的功能模块

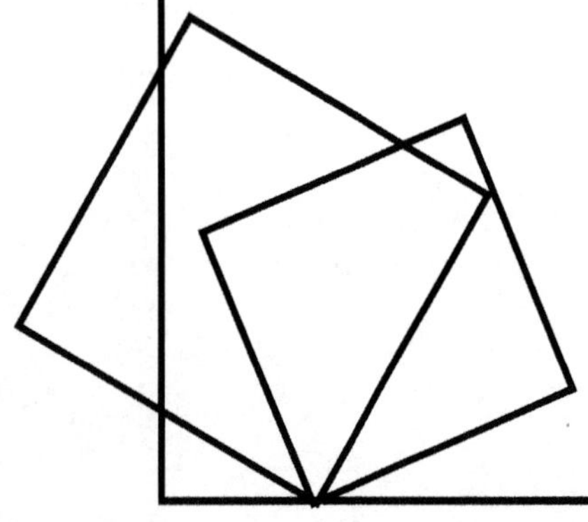

任务一　订单管理系统

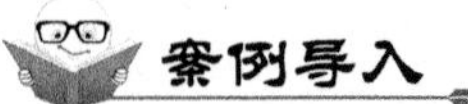

电商OMS（订单管理系统）“平凡的一天”，从处理海量订单开始

在大促期间，各个平台的订单集中爆发，像海水般涌进系统，没有强大稳定的系统，品牌在零售决战场上难免显得有些吃力。

各渠道订单如何合并处理？同个订单多个商品如何拆包发货成本最优？渠道商、品牌商之间如何对账？作为数字化供应链中至关重要的一个节点，OMS承载着订单能否顺利履约的重任。

云徙电商OMS，从电商订单管理的痛点着手，覆盖商品运营、订单管理、库存运营、财务结算四大核心场景。

（1）统一商品管理：各平台实现商品统一上下架，商品组合与库存管理同步进行，并通过价盘监控，检查各渠道订单售价的合理性。

（2）订单自动化：通过订单可配置的策略，驱动不同电商渠道的订单在接入、拆合、审核、寻源方面的差异化管理及全链路可视管控。

（3）电商渠道库存统一共享：通过配置策略，支持独占数量、比例共享的供货方式，提高库存利用率。

（4）三方平台自动化对账：可实现差异化自动归因处理，提升财务管理的效率和业务合规性。

以与云徙电商OMS合作过的某家电品牌商为例。

该家电品牌商的产品销售渠道主要依托线上电商、线下分销网，通过云徙电商OMS，成功实现线上全渠道订单的统一管理，使线上业务得到了快速增长。

（1）接入时间缩短至一周内，订单处理效率高，节约了30%的人员。

（2）发货准时率从原来的90%提升至99%。

（3）可自动化开票、记账、账单核销，减少了4名手工操作人员的投入。

除此之外，基于云徙数字中台，云徙电商OMS有几大优势，具体如下。

（1）中台快速迭代优势。基于中台架构设计的数字化商品解决方案，领域模型抽象化，云徙电商OMS可支持业务策略横向与纵向扩展，可延伸至消费者运营、零售交易、渠道交易和私域运营等场景。在中台的底层技术能力之上，品牌商不仅能快速上线OMS，完成对电商平台的管理优化，还能够拓宽市场。

（2）业务合规性优势。消费品企业业务部门繁杂，品牌线众多，对于日常的资金流管理也有严苛的要求，云徙电商 OMS 能够从订单生成阶段就进行金额的分摊管理，明确资金来源，与税票形成闭环，实现应收自动化过账、账单自动化核销，完善事前审批、事中监察的流程，提升对账的准确性。

（3）订单处理效率优势。云徙电商 OMS 能够支持订单各环节的配置策略，订单可以无风险自动流转，覆盖自动审核、拆单、寻源、挂起、拦截、自动化退款等场景，提高订单的执行效率。

与传统电商时代不同的是，新零售时代的销售渠道越来越多，订单履约的方式也越来越多，有布局分仓的，有工厂代发的，有直播带货的，还有门店自提的，创新点多样，玩法也多样，商业创新、模式创新正在成为行业发展的主要推动力，电商行业也正在通过新技术、新产品、新服务满足市场的更高要求。

知识链接

一、订单管理系统的概念

订单管理系统（Order Management System，OMS）是供应链管理（SCM）系统的一部分，通过对客户下达的订单进行管理及跟踪，动态掌握订单的进展和完成情况，提升物流过程中的作业效率，从而节省运作时间和作业成本，提高物流企业的市场竞争力。

订单管理系统是专门为在线电商公司中的第三方商家提供的管理系统，是一个从用户下单，到订单出库、配送、退换货、评价等订单全生命周期进行管理的平台。订单管理系统的设计与使用基于海量订单数据的环境，使用大数据的离线实时计算等技术实现订单数据的监控管理，并应用机器学习算法为第三方商家提供专业的评级体系。订单管理系统在保证平台实现传统订单管理功能的基础上，为平台管理人员和入驻商家提供更加专业的订单数据管理、分析与使用方案，使电商公司能更好地利用订单数据，提升服务质量，提高电商企业的信息管理水平。通过与平台运营人员及第三方入驻商家的沟通，可将订单管理系统中的角色分为两类：一类是电商平台运营人员；另一类是入驻商家。订单管理系统的业务根据场景可以分为订单报表管理、订单出库管理、订单售后管理、商家数据管理、出库实时监控管理，如图 3－1－1 所示。

二、订单管理系统的功能模块

订单管理系统的功能模块包括可视化报表模块、订单出库模块、订单售后模块、商家数据模块和出库实时监控模块，如图 3－1－2 所示。

1. 可视化报表模块

该模块主要为平台管理人员（如运营人员）提供对应行业的订单量在指定时间段内的

变化趋势，支持运营人员查看其行业下细分的下一级行业的详细数据，同时帮助运营人员快速定位，发现问题，为其提供对应行业的店铺信息。在店铺详细数据部分，运营人员可以按照选择的维度进行排序，查看 TOP（顶级）商家的订单数等信息，并支持数据报表下载。

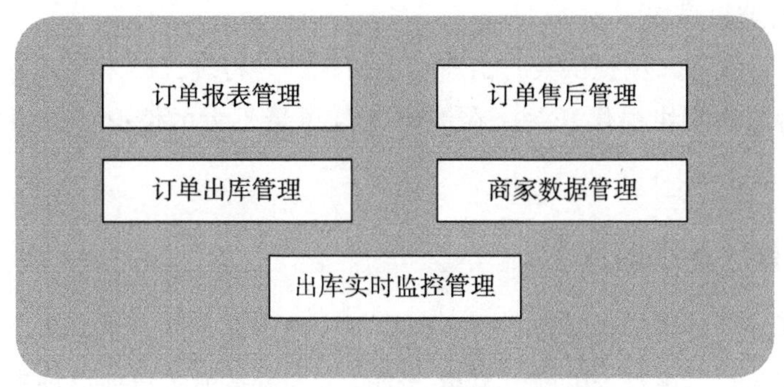

图 3－1－1　订单管理系统的业务

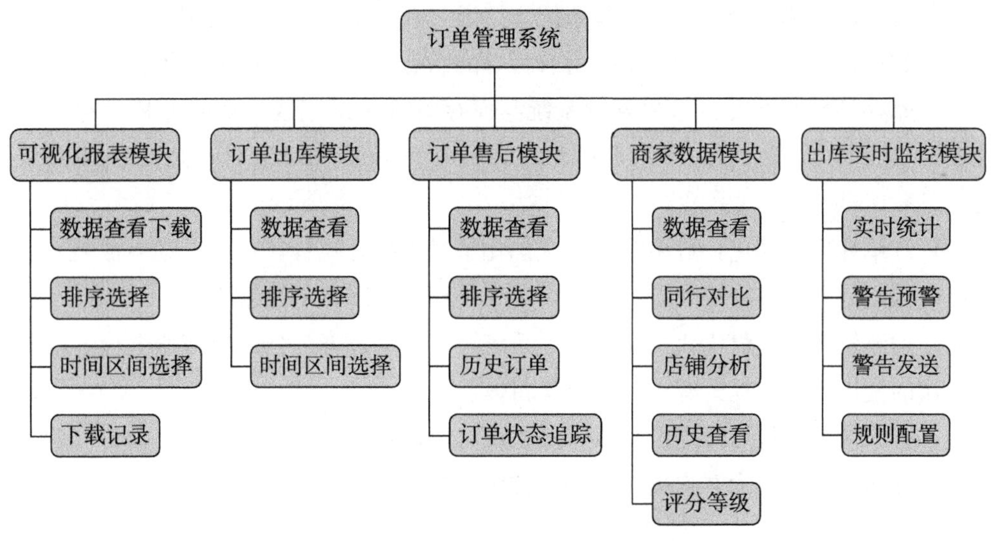

图 3－1－2　订单管理系统的功能模块

2. 订单出库模块

该模块提供的是订单出库相关数据，在该模块中，平台管理人员可以查看小时、天、周、月等级别的订单出库数量。与可视化报表模块相似，平台管理人员可以查看其对应行业下店铺出库订单数据。

3. 订单售后模块

该模块与订单出库模块相似，为平台管理人员提供订单售后相关数据。平台管理人员可以选择对应行业下的数据，也能查看店铺维度的数据。同时，该模块支持平台管理人员查看指定订单的处理状态。

4. 商家数据模块

商家数据模块为商家提供其店铺相关数据，包括各订单状态的数据，并为商家提供相关行业的分析报表，帮助商家提升服务质量。在允许商家查看其历史订单数据的同时，该模块也会根据商家的历史订单为商家分析其对应的评分等级。

5. 出库实时监控模块

该模块为平台管理人员提供实时出库订单情况，并将统计结果存入数据库，配合后台进行展示。同时为该模块提供开关，在淡季或订单量不大的情况下，可以关闭实时统计功能。

三、订单管理系统的应用

订单管理系统主要用于企业管理订单的整个生命周期，从订单接收、处理到发货及后续的客户服务等环节。这对于电商、零售、供应链和制造业等行业来说至关重要。订单管理系统的主要功能和应用场景如下。

（1）多渠道订单管理：订单管理系统支持通过多个渠道（如电商网站、实体店、市场平台等）收集订单，统一管理并跟踪所有订单的状态，确保一致的客户体验。

（2）库存管理与调配：订单管理系统与库存管理系统集成，实时监控库存水平，确保能及时满足订单。对于库存不足的情况，订单管理系统可以自动通知相关部门进行补货。

（3）订单处理自动化：订单管理系统优化了订单处理流程，包括自动生成发货单、发送订单确认邮件和跟踪物流状态。这减少了人工干预，降低了出错率。

（4）物流管理和交付优化：订单管理系统可以自动选择最佳的物流服务商，安排最经济、最快的配送方式，提升客户的订单交付体验。

（5）客户信息和售后管理：订单管理系统可以记录客户的购买历史、偏好、售后请求等信息，从而帮助企业为客户提供个性化的服务或后续支持。

拓展阅读

订单管理系统的优化可以从以下几个方面进行。

（1）优化订单处理流程。订单管理系统的核心功能之一在于优化订单处理流程。通过订单管理系统，企业可以实现从订单接收、审核、确认到发货状态跟踪的全链条管理，显著减少人为错误，提升处理速度。

（2）提高库存管理准确性。订单管理系统通过实时同步库存数据，帮助企业实现库存的动态监控和预警。当库存量低于预设阈值时，系统会自动触发补货提醒，避免缺货情况的发生。

（3）提高物流配送管理的效率。订单管理系统与物流配送系统的集成，使企业能够实时监控物流状态，包括包裹的揽收、转运、派送等各个环节。这有助于企业及时响应客户的物流查询需求，并在出现问题时迅速采取措施。

(4) 强化客户服务与沟通。订单管理系统提供了强大的客户服务功能，如订单状态查询、售后问题处理、客户反馈收集等，使企业能够快速响应客户需求，解决客户问题。

(5) 数据分析与决策支持。订单管理系统还具备强大的数据分析能力，能够收集并分析订单、库存、物流、客户等多维度的数据，为企业决策提供科学依据。

(6) 订单智能路由。订单管理系统为订单生成最佳派单路径，实现最快的订单履行、成本最低的供应链管理和最优的消费体验。

(7) 全渠道订单/商品/库存/财账管理。订单管理系统实现全渠道收单管理，完全符合主流平台的安全要求，无须企业自己研发，拥有标准化对账能力。

(8) 模块化管理后台。订单管理系统实现高度自动化、高效协同作业，包括商品统一管理、多平台一键分发、商品属性多维度可拓展、全渠道库存共享，提升了周转率，可实现可视化库存分配，防止超卖等。

(9) API（应用程序接口）整合场景。订单管理系统支持经销商/分销商订单一件代发，全面对接双数电票平台，助力头部品牌实现电票数智化管理。

(10) 实施订单管理系统的最佳实践。使用“回源配置方案”迁移增量对象数据，业务零中断，增量迁移期间未同步的数据通过回源配置保证用户无感知；使用“源端/目的端双写方案”迁移增量对象数据，适用于双云备份场景，业务零中断，业务切换时间在客户确认后，可随意调整；使用“多次同步方案”迁移增量对象数据，速度快，业务短时间中断，操作简单。

利用订单管理系统提高客户满意度的方式主要包括以下几个方面。

(1) 优化供应链数据同步。订单管理系统通过集成各类数据源，实现对供应链的全面监控和优化。这种高效的数据同步不仅能够帮助企业实时掌握库存状态，避免缺货或库存过剩，还能显著提高订单处理效率，减少客户等待时间，从而提升客户满意度。

(2) 实时库存管理。订单管理系统能够实时追踪产品库存状态，确保库存水平与需求相匹配。有效的库存管理可以防止库存过剩和缺货的情况，从而减少成本并提高客户满意度。

(3) 多渠道融合。在多渠道零售环境中，订单管理系统能够跨线上、线下各种销售平台统一管理订单。无论客户在哪个渠道下单，订单管理系统都能够提供统一的处理流程，简化了订单管理流程，使企业能够更有效地监控和管理订单，提升客户体验。

(4) 客户服务支持。订单管理系统通过实时更新订单状态，增强服务客户的能力。客户可以随时查询自己的订单状态，包括订单处理进度、发货信息等。此外，订单管理系统还能处理退换货和客户咨询业务，确保客户问题得到及时解决，增强客户满意度。

(5) 数据分析与报告。订单管理系统收集的大量订单数据是一个宝贵的信息资源。对这些数据进行分析，企业可以洞察销售趋势、客户偏好、库存效率等关键指标，可以基于数据做出更明智的业务决策，从而提升客户满意度。

(6) 物流跟踪。订单管理系统提供物流跟踪功能，能够实时监控每一笔订单的物流状态。从仓库发货到最终送达，客户和企业都可以随时查询订单运输进展，提升透明度和客户体验。

(7) 提升业务运营效率。订单管理系统通过优化订单处理流程，实现从订单接收、审核、确认到发货状态跟踪的全链条管理，显著减少人为错误，提升处理速度，从而提升客户满意度。

(8) 强化客户服务与沟通。订单管理系统提供了强大的客户服务功能，企业能够快速响应客户需求，解决客户问题，增强客户忠诚度。

(9) 数据分析与决策支持。订单管理系统具备强大的数据分析能力，能够收集并分析订单、库存、物流、客户等多维度的数据，为企业决策提供科学依据，帮助企业把握市场趋势，制定更为精准的市场营销策略，提升客户满意度。

订单管理系统对库存管理的影响主要体现在以下几个方面。

(1) 提升库存周转率和利用率。通过全渠道一盘货管理，订单管理系统能够实现库存的灵活调拨和统一监控，从而提升库存周转率和利用率。这不仅减少了库存积压和缺货现象的发生，还降低了企业的仓储和物流成本。

(2) 优化销售策略。智能库存监控与预警功能使企业能够及时掌握库存状态，并根据实际情况调整销售策略和计划。这有助于提升销售的精准度和有效性，增加企业的销售收入和利润。

(3) 增强供应链协同能力。订单管理系统支持多层架构设计，使供应链各环节之间的协同能力得到显著增强。无论是采购、生产还是销售等环节，都能够基于准确的库存数据进行高效的协同作业，从而提升整个供应链的响应速度和灵活性。

(4) 提升客户满意度和忠诚度。通过全渠道一盘货管理和高效的订单处理流程，订单管理系统能够显著提升客户满意度和忠诚度。客户无论在哪个渠道购物，都能够享受到快速、准确的订单处理服务和高效的物流配送服务，从而增强对企业的信任和依赖。

(5) 支持企业数字化转型和升级。订单管理系统作为数字化管理工具的重要组成部分，为企业的数字化转型和升级提供了有力支持。通过实现数据的互联互通和业务的自动化处理，企业能够更快地适应市场变化和客户需求，实现可持续发展。

(6) 实时监控为库存管理提供支持。订单管理系统的实时监控功能使得企业能够及时了解库存状况。根据 Gartner（高德纳咨询公司）的研究，实时数据分析能帮助企业降低高达 30%的库存持有成本。

(7) 集成化的订单管理系统可提升业务流程效率。集成化的订单管理系统不仅提升了库存管理的效率，还优化了业务流程。在传统的库存管理中，不同环节的信息孤岛现象普遍存在，而订单管理系统将销售、采购、仓储等环节的数据整合，形成一个闭环。

(8) 需求预测有助于库存管理。通过分析历史销售数据、市场趋势及消费者行为，订单管理系统能够为企业提供科学的需求预测。这种方法能够帮助企业在旺季提前备货，或在淡季适时减少库存，从而降低因库存过剩而产生的成本。

（9）消费者行为分析与库存决策。消费者行为分析是影响库存决策的重要因素。通过对消费者的购买习惯和偏好的持续分析，企业能够更精准地满足市场需求。

任务实施

阅读案例导入内容，结合所学知识，回答下列问题。

1. 请简述订单管理系统在大促期间如何实现订单的集中处理。

____

____

____

2. 云徙电商 OMS 是如何实现商品的统一管理的？在新零售时代如何应对多样化的订单履约方式？

____

____

____

3. 请简述订单管理系统在电商领域的重要性和应用场景，并谈一谈订单管理系统如何适应不断变化的电商环境。

____

____

____

知识检测

一、单选题

1. 订单管理系统（OMS）的主要功能不包括（　　）。

A. 多渠道订单管理　　B. 人工处理订单

C. 库存管理与调配　　D. 客户信息管理

2. 订单管理系统的可视化报表模块帮助运营人员快速定位和发现问题，是通过哪项数据进行支持的？（　　）

A. 行业订单量　　B. 商品分类

C. 用户评价　　D. 运输成本

二、填空题

1. 订单管理系统的设计与使用基于________的环境，使用大数据的离线实时计算等技术实现订单数据的监控管理。

2. 可视化报表模块主要为平台管理人员提供行业的________在指定时间段内的变化趋势。

三、判断题

1. 订单出库模块与订单售后模块提供的数据是相同的。（　　）

2. OMS不能与库存管理系统集成进行实时库存监控。（　　）

任务二 仓库管理系统

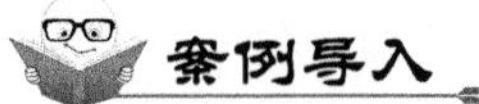

无锡电基集成科技有限公司借助WMS全方位提升仓库管理效率与精准度

一、公司简介

无锡电基集成科技有限公司成立于2017年，是一家专注于高性能、高可靠性功率半导体分立器件和多芯片电源管理器件的封装和测试的企业，主营业务为电力电子元器件、集成电路及半导体模块产品的设计、制造和销售。

二、项目需求和挑战

1. 多系统数据对接

打破SAP系统（企业管理系列系统）、MES、WMS之间的数据壁垒，统一数据同步标准。

2. 仓库管理精细化

规范物料存放、交接操作，扫码出入库，保证账实一致。

3. 原材料批次统一

规范供应商对原材料批次的定义规则，确保批次码唯一。

4. 强化原材料检验管控

制定系统管控原材料检验策略，按公司原材料检验要求生成指导性检验信息。

三、解决方案

1. 标准的数据对接接口

WMS基于对SAP系统的深刻了解，制定了严谨的数据获取、推送接口，SAP系统的物料数据、用料清单、生产订单等信息均由WMS统一处理后推送给MES。MES推送给SAP系统的数据也由WMS校验通过后，使用SAP系统的标准数据对接接口同步，保证了三个系统之间数据的一致性。

2. 条码标准化管理

原本供应商送货的原材料外包装上粘贴的批次码没有统一的规则，样式和结构繁多，给扫码出入库和质量追溯工作带来了很大的困难。中科华智结合客户业务实际，在没有供应商协同的情况下，为客户设计了多段式批次码方案，保证同供应商不同物料、同物料不同供应商、同供应商同物料不同送货日期等场景下批次码的唯一性，既为扫码识别提供了前提，也便于人工直接通过批次码识别物料的重要信息。

3. 物料全生命周期管理，智能收发

WMS管理了物料的采购入库、采购退货、IQC（来料质量控制）检验、库存转储、报废、研发领用、生产发料等各业务场景，且所有的业务场景均有前置单据，系统执行严格的校验、卡控，保证物料按要求流转。

四、客户收益

1. 采购收货

企业采用扫码入库，系统校验准确率为100%。

2. 采购退货

企业采用扫码退货，系统自动匹配收货单并指引后续操作，用时平均为3分钟/单。

3. 采购质检

企业采用扫码检验，根据原材料检验指导文件生成检验明细，可详细追溯，可直接打印给客户。

4. 仓库管理

（1）生产发料：按转储申请单发料，已生成申请单6000余条，发料12000余次，管控准确率为100%，失效物料、特殊批次需求卡控率为100%。

（2）库存管理：扫码发料，账实一致率为100%。

（3）关账期间业务处理：业务不受影响，WMS线上记录关账期间数据，事后直接过账即可，错误率为0。

（4）库位管理：WMS上线后启用库位145个。

（5）批次管理：使用统一的批次码，精确到箱。

5. 生产管理

企业采用扫码入库，系统执行严格的校验，只有完全符合要求才允许入库。入库33000余条，错误率为0。

6. 财务管理

（1）研发领料：WMS自动推送研发领料数据，匹配会计科目和出入库类型。

（2）应收发票开票：对接金税平台，系统按照规定的逻辑合并计算发票明细及金额税额，一键开票，每张发票平均耗时1分钟。

一、仓库管理系统的概念

根据《物流术语》（GB/T 18354—2021），仓库管理系统（Warehouse Management System，WMS）是指对物品入库、出库、盘点及其他相关仓库作业、仓储设施与设备、库区库位等实施全面管理的计算机信息系统。它是通过入库业务、出库业务、仓库调拨、库存调拨和虚仓管理等功能，对批次管理、物品对应、库存盘点、质检管理、虚仓管理和即时库存管理等功能综合运用的管理系统，有效控制并跟踪仓库业务的物流和成本管理全过程，实现和完善企业的仓储信息管理。该系统可以独立执行库存操作，也可以与其他系统结合使用，可提供更为完整的企业物流管理流程和财务管理信息。WMS 的建设目标如图 3－2－1 所示。

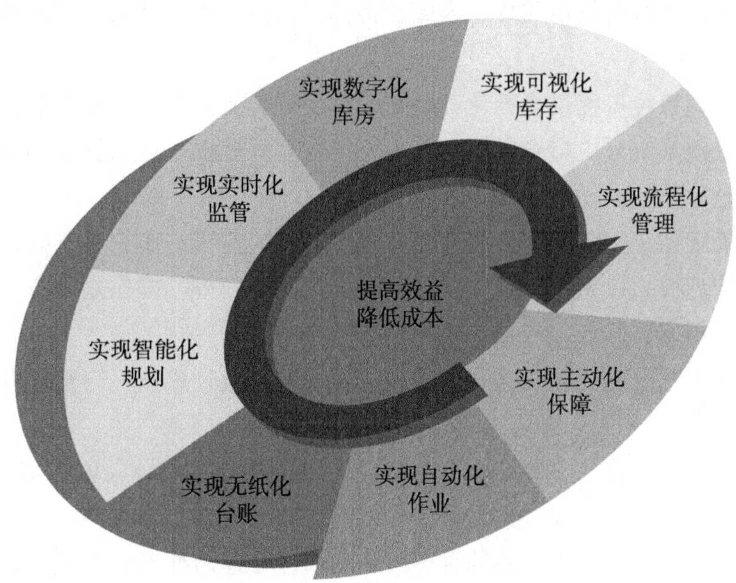

图 3－2－1　WMS 的建设目标

二、仓库管理系统的功能模块

WMS 是智能仓储的管理中心，承担出入库管理、盘库管理、查询打印及显示、仓库经济技术指标计算分析管理等功能。WMS 在不同层面的具体功能模块如图 3－2－2 所示。

实现实物管理：货品标识、货品包装、收发过程、盘点过程、信息即时核对、信息即时同步 属于条码应用层面

账面管理内容：货品数量、货品种类、存放位置、货品批次、库存库龄、来源去向 属于库存管理层面

效率管理包括：上架规则、拣货规则、包装规则、批次规则、校验控制规则、任务状态跟踪 属于策略管理层面

图 3－2－2　WMS 在不同层面的具体功能模块

三、仓库管理系统的应用

（1）仓库管理系统可满足为 B2C（企业对顾客）业务服务的国内电商仓、海外仓、跨境进口 BBC 保税仓，以及为 B2B（企业对企业）业务服务的各类仓库业务管理的需要。

（2）仓库管理系统可支持多仓协同管理，并针对单仓进行个性化流程配置，根据 B2B、B2C 业务需要，实现简单管理和精细化管理。

（3）仓库管理系统可提供收货、入库、拣货、出库、库存盘点、移库等各种仓库操作功能。

（4）仓库管理系统可提供多样化策略规则，实现智能分仓、智能上架、智能拣货。

（5）仓库管理系统可支持自动识别技术，与自动分拣线、自动拣货小车等物流辅助设备集成，提高仓库作业自动化水平。

（6）仓库管理系统指引仓库人员作业，减少了人为差错，作业效率更高。

（7）仓库管理模式以系统为导向，可确保库存的准确率，操作效率高，可合理控制库存，提高资产利用率，降低现有操作规程和执行的难度。

（8）仓库管理系统易于制订合理的维护计划，数据及时更新，为管理者提供正确的决策依据。

当然，不同的软件公司开发出的 WMS，其功能也会有差异。WMS 的应用不仅仅是提升仓库的自动化水平，它通过数据分析、智能化路径规划、物联网技术等手段实现全方位的运营优化。这不仅提高了仓库的管理效率和库存管理的准确性，还改善了供应链的整体可视性和响应能力。随着技术的不断进步，WMS 将在未来的供应链管理中扮演更加重要的角色，帮助企业应对复杂的市场需求和不确定性。

WMS 项目中的系统集成通常包括以下系统。

（1）ERP（企业资源规划）系统：WMS 与 ERP 系统集成，实现库存信息的实时更新和共享，提高库存管理的效率和准确性。

（2）MES：MES 与 WMS 集成，提供车间层面的实时数据给 ERP 系统，同时从 SCADA（监控控制与数据获取）系统收集设备和过程数据，以优化生产执行流程。

（3）SCM（供应链管理）系统：SCM 系统管理供应链的各个环节，与 ERP 系统和 WMS 集成，确保财务和订单管理的一致性。

（4）PLM（产品生命周期管理）系统：WMS 通过访问 PLM 系统存储的产品详细设计信息、BOM（物料清单）信息，确保合适的库存管理。

（5）WCS：WMS 与 WCS 集成，实现库存管理、任务调度和设备控制，提高仓库作业的自动化和智能化水平。

（6）AGV 系统：WMS 向 AGV 系统提供实时的库存信息，以确保 AGV 系统准确无误地完成货物搬运任务。

（7）OA（办公自动化）系统：WMS 与 OA 系统集成，利用 WMS 的库存数量、库位信息、货物状态等数据进行库存预警、采购申请，触发 OA 补货流程。

（8）SCADA 系统：MES 从 SCADA 系统收集设备和过程数据，以优化生产执行流程。

（9）QMS（质量管理系统）：WMS 与 QMS 集成，确保仓库中存储的产品符合质量标准。

（10）CRM（客户关系管理）系统：WMS 可以与 CRM 系统集成，以提供更好的客户服务和订单处理方式。

（11）EAM（企业资产管理）系统：WMS 与 EAM 系统集成，以管理仓库中的资产和设备。

这些系统集成为 WMS 提供了强大的数据支持和业务协同能力，使仓库管理更加高效、准确，并能够更好地适应企业的业务需求。通过系统集成，企业能够实现物流和生产的无缝对接，提高企业运营效率。

WMS 项目中，系统集成后提升效率的主要方面如下。

（1）数据同步与实时共享：WMS 与 ERP 系统集成能够实现数据的实时共享和分析，使企业能够更快速地做出决策。这种集成避免了信息孤岛，确保了数据的准确性和一致性。

（2）流程自动化：集成后的系统实现了从订单处理到库存管理的整个流程自动化。ERP 系统中的销售订单可以自动传递至 WMS 进行拣选、打包和发货，减少人工干预，提高处理的速度和准确性。

（3）提高供应链透明度：集成系统提高了供应链的透明度，使企业能够更快速地响应市场需求，提升客户满意度。

（4）优化库存管理：通过实时监控库存水平，企业能够及时调整采购计划，避免库存积压或短缺的情况，降低运营成本。

（5）提升数据分析能力：集成后的系统提升了数据分析能力，通过对仓储数据的深入分析，企业可以识别出潜在的问题和机会，优化库存结构，减少积压，提高资金使用效率。

（6）提高物流效率：集成系统可以提高物流效率、生产效率、库存管理效率、数据准确性、决策效率和客户满意度。

（7）异常处理：集成系统能够自动识别和处理异常情况（如库存不足、订单错误等），并及时反馈给 ERP 系统，以便迅速调整生产、采购或销售计划。

（8）报告和分析工具：集成系统可以提供综合的报告和分析工具，帮助企业理解库存流动、销售趋势和运营效率，基于数据驱动的决策可以优化库存水平、提高销售预测准确性。

（9）用户界面集成：在可能的情况下，集成系统提供统一的用户界面，允许员工同时访问 ERP 系统和 WMS，提高操作便捷性，减少员工在不同系统之间切换的时间。

（10）安全和合规性：集成系统确保集成解决方案符合行业安全标准和法规要求，使用加密技术、身份验证和访问控制等保护企业数据。

(11) 可扩展性和灵活性：企业应选择可扩展的集成方案，以适应企业未来的发展和变化，集成方案应能够支持新的业务需求和技术更新。

(12) 培训和支持：企业应为员工提供足够的培训，确保他们能够有效地使用集成系统，并提供持续的技术支持，解决员工在使用过程中遇到的问题。

(13) 持续监控和优化：企业应定期监控集成系统的性能，收集用户反馈，并根据反馈进行优化，确保系统始终以最高效率运行。

通过这些集成策略，企业可以显著提高运营效率、降低错误率，并在快速变化的市场环境中保持竞争力。同时，集成也为企业提供了更全面的数据支持，帮助管理层做出更明智的决策。

小贴士

2020 年 8 月，国家发展改革委会同相关部门联合印发《推动物流业制造业深度融合创新发展实施方案》，鼓励制造业企业适应智能制造发展需要，开展物流智能化改造；2022 年 5 月 17 日，国务院办公厅发布的《“十四五”现代物流发展规划》指出，加快物流数字化转型，引导企业信息系统向云端跃迁，推动“一站式”物流数据中台应用，鼓励平台企业和数字化服务商开发面向中小微企业的云平台、云服务，加强物流大数据采集、分析和应用，提升物流数据价值；2022 年 8 月，农业农村部办公厅印发的《农业现代化示范区数字化建设指南》提出，加快建设产地云仓，完善集物流管理系统、自动化技术、运营标准于一体的智能仓储体系。

中国经济持续健康发展和中国物流业崛起为 WMS 的行业发展提供了巨大的市场需求，加上制造业、商贸流通业外包需求的释放和仓储业战略地位的加强，WMS 市场规模快速增长。

拓展阅读

WMS 与 OMS 的关系

WMS 与 OMS 之间主要的交互流程对于确保订单高效、准确地从接收至完成至关重要。以下是三个关键交互点的具体解释。

1. 订单推送

OMS 将经过验证的订单信息推送给 WMS。当客户在各种销售渠道下订单后，OMS 首先会对订单进行一系列验证，包括但不限于以下四个方面。

(1) 订单格式有效性：确认订单数据结构完整、符合系统规定的格式标准。

(2) 商品信息校验：确认所订购的商品存在且规格、颜色、尺码等属性正确。

(3) 价格与促销规则检查：核实订单金额是否与当前售价相符，是否符合正在进行的促销活动规则。

(4) 库存可用性初步查询：快速评估是否有足够的库存满足订单需求，防止后续操作因缺货而中断。

经过验证的订单被认为是有效的，此时 OMS 会将订单的详细信息（如商品名称、数量、交货要求等）推送至 WMS。这些信息包括但不限于以下内容。

(1) 订单编号：是唯一标识该订单的号码，通常用编号+二维码表示。

(2) 商品 SKU（库货存单位）：是每种商品的唯一识别码，用于精确查找库存商品。

(3) 商品数量：指每个 SKU 的数量。

(4) 交货日期/时间窗口：指客户期望的收货日期或时间段（针对电商业务的描述）。

(5) 特殊处理要求：包括礼品包装、附带发票、指定送货时间等（针对电商业务的描述）。

WMS 接收到这些信息后，开始进行库存分配、作业调度等后续操作。

2. 库存查询与预留

OMS 通过调用 WMS 接口查询库存可用量，WMS 根据查询结果为订单预留库存。在 OMS 进行订单验证的过程中，或在决定订单分配至哪个仓库之前，可能需要直接调用 WMS 接口实时查询库存可用量。这样做的目的是确保做出的订单处理决策（如分配、拆分等）是基于最新的库存数据的，避免因库存数据延迟导致的错误。

查询结果返回后，OMS 根据库存水平、库存分布、配送策略等因素决定订单在哪个仓库或门店履约，或是否需要进行库存调拨。一旦确定了履约地点，OMS 会通知 WMS 为该订单预留库存。WMS 接收到预留请求后，会在库存记录中为相应的商品 SKU 减去相应的数量，但并不实际扣减库存，而是将其标记为“已预留”，以防止在实际拣选作业完成前被其他订单占用。这个过程确保了即使在订单处理高峰期，也能有效防止超卖现象，保证库存承诺的准确性。

3. 订单状态更新

WMS 在完成拣选、打包、出库等操作后，将订单状态及物流信息反馈给 OMS。当 WMS 完成了订单所需的全部仓库作业，包括拣选、打包、贴标、复核、出库扫描等，会更新订单在系统中的状态，并将相关物流信息（如承运商、运单号、发货时间、预计到达时间等）传递回 OMS。

WMS 通常会在以下几个关键节点更新订单状态。

(1) 拣选完成：所有订单商品已经从货架上拣选到拣货车或打包台上。

(2) 打包完成：订单商品已经装入适当的包装材料中，完成封箱、贴标签等操作。

(3) 出库完成：打包好的订单商品已通过出库扫描，正式从仓库库存中移除，进入待发货状态。

(4) 装载完成：订单商品已装载到运输车辆上，准备发运。

每当状态发生变化时，WMS 都会通过 API 接口或其他集成方式通知 OMS。OMS 接收到这些状态更新信息后，会将其内部记录同步更新至订单状态，并可能触发进一步的操作，如通知客户订单已发货、更新销售平台订单状态、启动物流跟踪等。

总的来说，OMS与WMS之间的交互围绕着订单信息的准确传递、库存数据的实时共享，以及订单执行状态的同步更新展开，确保了订单从接收、处理到发货的全过程无缝衔接，提高了供应链的透明度与响应速度。

任务实施

阅读案例导入内容，结合所学知识，回答下列问题。

1. 无锡电基集成科技有限公司在实施WMS项目前面临哪些挑战？

____

____

____

2. WMS为无锡电基集成科技有限公司提供了哪些解决方案？

____

____

____

3. WMS是如何影响无锡电基集成科技有限公司的生产管理和财务管理的？

____

____

____

4. 无锡电基集成科技有限公司如何通过WMS实现供应链的数字化转型？

____

____

____

一、单选题

1. 仓库管理系统的主要功能不包括以下哪一项？（　　）

A. 订单处理　　B. 质检管理　　C. 库存盘点　　D. 生产调度

2. 根据《物流术语》（GB/T 18354—2021），仓库管理系统（WMS）不包括以下哪项功能？（　　）

A. 物品入库、出库管理　　B. 库存盘点

C. 仓库设施与设备管理　　D. 客户关系管理

3 智能仓库管理系统的应用中，以下哪项不是系统提供的功能？（　　）

A. 多样化策略规则　　B. 自动识别技术集成

C. 员工绩效考核　　D. 智能分仓、智能上架、智能拣货

4. WMS 项目中的系统集成通常不包括以下哪个系统？（　　）

A. ERP 系统　　B. MES 系统

C. CRM 系统　　D. HRM 系统（人力资源管理）

5. 以下哪项不是 WMS 与 ERP 系统集成后提升效率的主要方面？（　　）

A. 数据同步与实时共享　　B. 流程自动化

C. 客户关系管理　　D. 提高供应链透明度

6. 智能仓储系统在供应链管理中的作用不包括以下哪项？（　　）

A. 提高仓库的管理效率　　B. 改善供应链的整体可视性

C. 提供客户服务和订单处理　　D. 直接生产产品

二、判断题

1. 仓库管理系统只能独立执行库存操作，不能与其他系统结合使用。（　　）

2. WMS 的主要功能仅限于物品的入库和出库管理，不包括库存盘点和库区库位管理。（　　）

3. 智能仓库管理系统能够支持自动识别技术，可与自动分拣线、自动拣货小车等物流辅助设备集成。（　　）

任务三　仓库控制系统

先进的仓库控制系统是菜鸟自动化立库的核心。这些系统负责监控和协调仓库内的所有自动化设备，确保它们在高效和协同的状态下运行。仓库控制系统还与仓库管理系统集成，以实现对库存、订单和运输等数据的全面管理。

“存储位不是固定存储位，而是用算法计算后得出的结果。”相关负责人A说，“我们仓库的商品出入库采用先进先出和后进后出的原则，充分考虑商品的有效期并保证存储效率。”

被视为自动化设备“指挥部”的菜鸟WCS，对于实现全场物流统一管理，提升物流自动化应用的效率及质量起到了积极作用。该系统兼容物流自动化主流产品，可以控制20多种类型的自动化设备。

“基于自主研发的MAPF调度算法（用于解决多智能体路径规划问题的算法），菜鸟WCS还具备单仓1000台以上AGV调度的能力。相对于传统相应算法，路径质量从60%提升到98%。目前菜鸟WCS已在100多个自动化项目落地。”相关负责人B说。

菜鸟WCS能够处理的订单量非常庞大。根据搜索结果，菜鸟WCS在盒马上海供应链中心的应用中，单日分拣能力超过280万份。这展示了菜鸟WCS在处理大规模订单量方面的强大能力。因此，菜鸟WCS能够应对大规模的订单量，为物流自动化提供强有力的支持。

菜鸟WCS的核心功能和特点如下。

（1）设备调度能力：菜鸟WCS能够控制20多种类型的自动化设备，包括AGV等，拥有单仓1000台以上AGV调度的能力。

（2）兼容性：该系统兼容物流自动化主流品牌，可以统一接入和调度不同品牌和类型的自动化设备。

（3）路径优化：基于自主研发的MAPF调度算法，菜鸟WCS系统能够规划出最优的车辆路径，提高路径质量。

（4）智能AI算法：菜鸟WCS具备任务均衡、任务动态取消改派、MAPF优化、排队区整理、拓扑地图优化等功能，可以让人、车、货平稳高效地配合。

（5）实时监控与反馈：菜鸟WCS实时监控设备运行状态，一旦发现异常立即通知管理人员，同时记录每次任务的执行情况。

（6）任务准备与执行：菜鸟 WCS 可进行交通管制、路径规划，防止碰撞等安全事故的发生，并生成及执行作业步骤。

（7）数据采集：菜鸟 WCS 可采集设备运行数据，为优化作业提供依据。

（8）提升效率：菜鸟 WCS 通过自动化设备和智能算法，能够更快、更准确地处理订单，提高了仓库作业效率。

菜鸟 WCS 在不同类型的仓库中都有广泛的应用，包括电商仓库、冷链仓库等，能满足不同仓库的独特需求，提供相应的解决方案。菜鸟 WCS 通过其强大的设备调度能力、高度兼容性、智能算法和实时监控功能，为仓库自动化提供了有效的解决方案，提升了物流自动化应用的效率和质量。

知识链接

仓库控制系统的概念及功能模块

一、仓库控制系统的概念

仓库控制系统是介于 WMS 和 PLC 之间的一层管理控制系统，可以协调各种物流设备（如输送机、巷道式堆垛机、穿梭车、自动导引车等）的运行，主要通过任务引擎和消息引擎，优化分解任务，分析执行路径，为上层系统的调度指令提供执行保障和优化，实现对各种设备系统接口的集成、统一调度和监控。

WCS 负责协调、调度底层的各种物流设备，使底层物流设备可以执行仓储系统的业务流程，并且这个过程是按照程序预先设定的流程执行的，是保证整个物流仓储系统正常运转的核心系统。

二、仓库控制系统的功能模块

WCS 与上位系统对接，实现设备智能调度与控制管理，WCS 接收 WMS 的作业指令，经过整理、组合形成各自动化系统的作业指令，分发给各自动化系统。同时，接收各自动化系统的现场状态，反馈给 WMS。WCS 的主要功能包括任务管理、设备调度、设备监控、物流监控、故障提示、运行记录等。

（1）任务管理：接收 WMS 传递的物流任务计划，并实时反馈任务状态。

（2）设备调度：协调输送系统与设备之间的运行状态，完成 WMS 下达的任务，并能调度输送设备回到初始位置。

（3）设备监控：实时监控与 WMS 的连接状态，监控物流设备的运行状况与任务执行情况，实现执行过程实时模拟。

（4）物流监控：实现物品状态的在线查询，WCS 可通过设备编号查询、显示相应的物品信息和设备信息。

（5）故障提示：设备出现故障时，单击设备图标，可以查看故障原因。

(6) 运行记录：详细记录设备运行情况，包括对设备通信、设备故障及操作的记录。仓库中的各种设备和子系统各自负责仓库作业流程中的一个环节，当 WMS 下发一个任务时，WCS 将这个任务拆分为多个步骤，分别控制每个设备或子系统，配合完成这个任务。WMS 一般会根据生产或发货计划，在特定的时间批量下发任务到 WCS，WCS 接收到多个任务后，其任务引擎会将所有任务根据执行步骤拆分为许多个子任务，一旦某个子任务满足执行条件，WCS 就控制负责这个环节的设备或子系统完成这个动作，从而实现 WMS 任务的并行执行。

WCS 可实现的效益如图 3-3-1 所示。

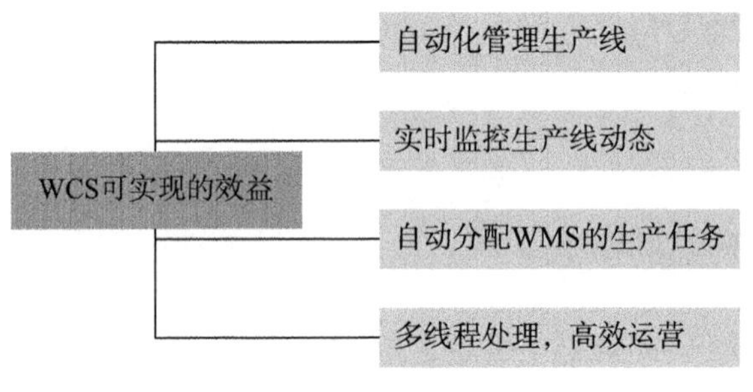

图 3-3-1　WCS 可实现的效益

拓展阅读

WMS 与 WCS 的关系

WMS 是一种综合性的软件系统，主要用于计划、执行和监控仓库业务。它整合了仓库内部的各项业务，包括货物入库、出库、库存管理、报表生成等。通过 WMS，可以实现对仓库业务的全面管理和控制，从而提高仓库的运营效率和管理水平。作为仓储运作的“智能大脑”，WMS 在战略层面统筹规划和精细调控整个仓库的运营活动。WMS 聚焦于仓储运营的策略层，通过深度整合与智能分析各类业务数据，为实际操作提供宏观指导和决策支持，确保库存资源的合理配置、作业流程的高效运行及库存风险的有效管控。

WCS 则是一种实时监控和协调仓库各项作业的软件系统。它主要负责监控仓库内的各种设备，包括起重机、叉车、传输带、电子秤等，并协调它们的作业。通过 WCS，可以实现对仓库设备的集中控制和管理，提高设备的运行效率和工作安全性。作为 WMS 指令的忠实执行者和自动化设备的直接驾驭者，WCS 扮演着仓储自动化设备网络的“神经中枢”角色。WCS 专攻仓储作业的战术执行层面，具备强大的实时响应能力，能妥善处理复杂的设备交互逻辑，确保设备间协同无误，同时为设备维护、性能提升及能耗管理提供实时数据支撑。

可以看出，WMS 主要关注仓库内部的业务管理，而 WCS 则更侧重于设备的控制和协调。在仓库管理中，WMS 和 WCS 相互配合，共同实现仓库的现代化管理。WMS 为

WCS 提供了作业计划和控制的基本信息，而 WCS 则通过实时监控和设备调度，实现了 WMS 的作业指令。

在仓储自动化技术框架中，WMS 处于较高层级，提供全方位的仓储策略规划与作业指导；而 WCS 位于较低层级，专注于设备级的实时控制与协调。二者共同构成了仓储管理与控制的中间层，如同一座桥梁，将企业上层业务系统与底层自动化设备紧密连接起来。

WMS 与 WCS 在仓储自动化环境中形成了一种职责分明、协作紧密的关系。WMS 作为战略指挥中心，与作为战术执行引擎的 WCS 紧密结合，依靠精准、即时的数据交互，共同驱动仓储作业的精确、高效执行，有力推动了仓储管理的现代化与智能化转型。这种深度融合与协同不仅提升了仓储运营的绩效，还为企业的整体供应链优化与竞争力提升提供了强大动力。

任务实施

阅读案例导入内容，结合所学知识，回答下列问题。

1. 菜鸟 WCS 的核心功能是什么？

____

____

____

2. 根据盒马上海供应链中心的案例，说明菜鸟 WCS 处理大规模订单量的能力。

____

____

____

3. 菜鸟 WCS 是如何提升物流自动化应用的效率和质量的？

____

____

____

4. 菜鸟 WCS 在库存管理中的作用是什么？菜鸟 WCS 在不同类型仓库中的应用差异是什么？

____

____

____

5. 菜鸟 WCS 的智能 AI 算法是如何改善仓库作业的？

____

____

____

知识检测

一、单选题

1. 仓库控制系统的主要功能不包括以下哪一项？（　　）

A. 设备调度　　B. 订单处理　　C. 设备监控　　D. 任务管理

2. 仓库控制系统的主要作用是什么？（　　）

A. 优化仓库的财务流程　　B. 协调和调度物流设备

C. 管理仓库的人力资源　　D. 提供客户服务和订单处理

3. WCS 在物流监控方面不能实现以下哪项功能？（　　）

A. 物品状态的在线查询　　B. 通过设备编号查询物品信息

C. 管理客户关系　　D. 显示相应的物品和设备信息

二、判断题

1. WCS 是 WMS 与 PLC 之间的一层管理控制系统。（　　）

2. WCS 能够接收 WMS 的作业指令，并将这些指令整理、组合后分发给各自动化系统。（　　）

3. WCS 的设备监控功能可以实时监控与 WMS 的连接状态，但不包括监控物流设备的运行状况。（　　）

综合实训

根据项目二的实训背景，请完成以下实训内容。

实训目标：

1. 培养学生的团队合作能力和领导力。
2. 提高学生对智能仓配软件系统的理解。
3. 加深学生对软件系统功能模块和特性的知识掌握。
4. 帮助学生学习撰写专业的软件系统改造方案报告和进行成果展示。

实训流程：

第一阶段：团队组建与分工

—学生自由分组，确保每组 5～6 人。

—指定一名组长，组长负责协调小组内部工作和组织调查实施。

—明确小组成员分工。

第二阶段：问题研讨与方案提出

—小组讨论智能仓储软件系统的功能模块和特性。

—研讨目前 A 物流中心存在的主要问题。

—初步提出对 A 物流中心软件系统进行改造的整体方案。

第三阶段：市场调研与技术学习

—浏览富勒科技（FLUX）、通天晓软件、唯智信息、科箭软件、菜鸟物流等公司网站。

—了解 WMS 行业情况及 WMS/OMS/WCS 等系统的主要功能模块和操作流程。

—对智能仓储软件系统进行相应调查。

第四阶段：改造方案设计与报告撰写

—根据 A 物流中心的实际需要，选择合适的软件系统。

—设计改造方案，完成对 A 物流中心软件系统的优化设计。

—撰写书面报告，内容包括：

①对 A 物流中心进行软件系统改造的总体思路。

②所采用的软件系统及具体功能。

③设计改造后的物流中心系统的主要构成及整体作业流程。

④考虑设计新模块以优化现有系统。

第五阶段：制作 PPT 与分享

—每组提交一份企业调研报告并制作 PPT。

—每组派一名代表上台进行分享。

实训材料：

—智能仓配软件公司网站资料。

—软件系统的功能模块和操作流程资料。

—调研报告撰写指南。

—PPT 制作软件。

实训时间安排：

—第一阶段：0.5 天。

—第二阶段：0.5 天。

—第三阶段：1 天。

—第四阶段：2 天。

—第五阶段：1 天。

能力评价

<table>
<tr><th colspan="3">评价指标</th><th>满分</th><th>得分</th></tr>
<tr><td rowspan="5">技能评价</td><td rowspan="3">知识点掌握</td><td>认知订单管理系统</td><td>15</td><td></td></tr>
<tr><td>认知仓库管理系统</td><td>15</td><td></td></tr>
<tr><td>认知仓库控制系统</td><td>10</td><td></td></tr>
<tr><td rowspan="2">汇报陈述</td><td>展示及讲解的专业程度与完整性</td><td>5</td><td></td></tr>
<tr><td>时间分配的合理性</td><td>5</td><td></td></tr>
<tr><td rowspan="7">素质评价</td><td rowspan="3">学生自评</td><td>团队合作能力与配合程度</td><td>5</td><td></td></tr>
<tr><td>自主学习与创新能力</td><td>5</td><td></td></tr>
<tr><td>敬业、勤业、创业、立业的职业精神</td><td>5</td><td></td></tr>
<tr><td rowspan="3">组员互评</td><td>团队合作能力与配合程度</td><td>5</td><td></td></tr>
<tr><td>自主学习与创新能力</td><td>5</td><td></td></tr>
<tr><td>敬业、勤业、创业、立业的职业精神</td><td>5</td><td></td></tr>
<tr><td>教师评价</td><td>对学生的综合素质进行评价</td><td>20</td><td></td></tr>
<tr><td colspan="3">合计</td><td>100</td><td></td></tr>
</table>

知识归纳

总结本项目的重点知识、难点知识及课堂要点等，并画出思维导图。

实践反思

在学习与实践的过程中，你学会了哪些分析与解决问题的方法？你认为自己在思想、行动及创新方面，还有哪些地方需要完善？

教师评语

04 PROJ 项目四 智能入库作业

学习目标

◎知识目标

- 了解智能入库作业的基本流程。
- 掌握物品入库的准备工作。
- 掌握接运与交接的基本流程。
- 了解入库验收的作用。
- 掌握商品验收的内容和方式。
- 掌握入库上架的基本流程和注意事项。
- 掌握 ABC 分类法的原理和步骤及不同类别管理措施的差异。

※能力目标

- 能够收集和整理数据，运用 ABC 分类法进行分类管理。
- 能够在仓库管理员的指导下，进行入库准备工作。
- 能够在仓库管理员的指导下，完成入库物品的货位安排。
- 能够完成入库物品的接运与交接。
- 能够对入库货物进行实物检验，并正确规范填写验收结果。
- 能够处理入库验收过程中的异常问题。
- 能够利用 WMS 完成入库上架。

※思政目标

- 培养学生节约成本的经营思维，树立较强的安全意识。
- 培养学生的契约精神和遵纪守法、守规守信的职业道德。
- 培养学生自觉遵守操作规范和独立思考的意识。
- 培养学生精益求精的工匠精神与严谨求实的职业态度。
- 培养学生恪尽职守的职业素养和协作共进的团队精神。

思维导图

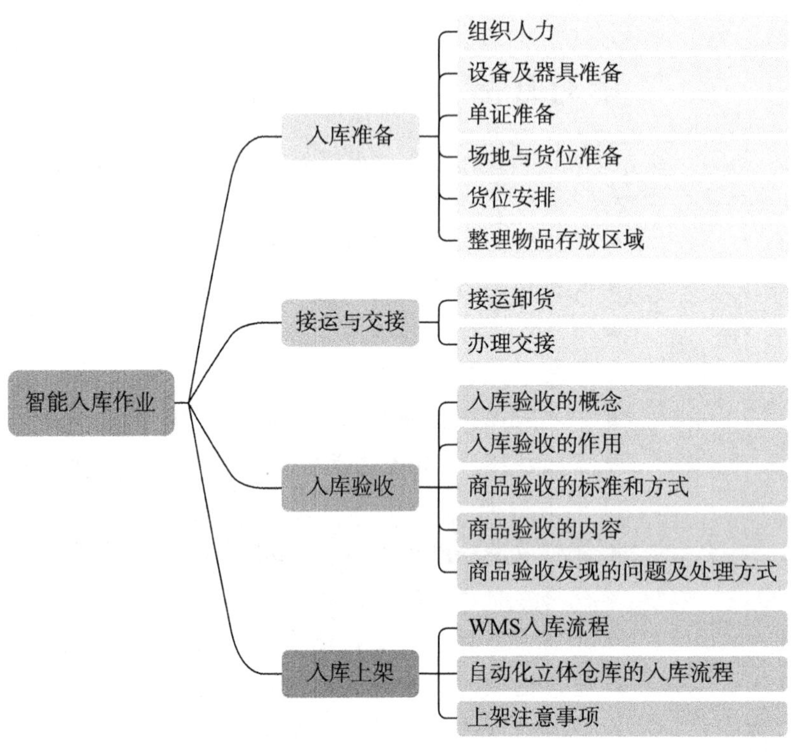

智能入库作业
入库准备
组织人力
设备及器具准备
单证准备
场地与货位准备
货位安排
整理物品存放区域
接运与交接
接运卸货
办理交接
入库验收
入库验收的概念
入库验收的作用
商品验收的标准和方式
商品验收的内容
商品验收发现的问题及处理方式
入库上架
WMS入库流程
自动化立体仓库的入库流程
上架注意事项

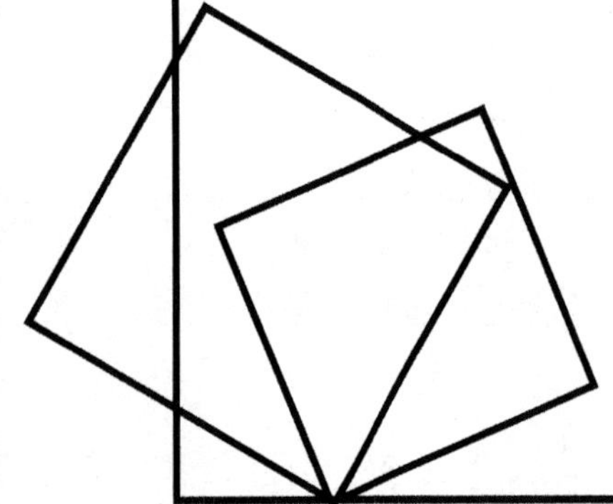

任务一　入库准备

粮食储备智能管理，入库出仓可以追溯

扦样、检测、过磅、除杂……6月21日上午，乐陵市欣丰粮食储备有限公司（以下简称欣丰公司）院内，一批小麦经过工作人员的抽样检测后，通过输粮设备顺利归仓。

丰产丰收，夯实了粮食安全基础，在此基础上，如何收好粮、存好粮、用好粮、做好粮食储备，提升应急保障能力，确保关键时刻“拿得出、用得上、供得好”也至关重要。

乐陵市通过加快粮食产后服务体系建设，完善粮食仓储信息化设施体系，提升粮食应急保障能力，夯实管理专业化水平，稳住粮食安全“压舱石”。

“我们公司是一家从事粮油收购、存储、轮换、保管等业务的地方政策性粮食储备企业，现在有两个库区，总仓容规模达5万吨。”欣丰公司副经理介绍，“早在夏收来临之时，公司就在乐陵市粮食安全保障中心指导下，腾空仓容1.86万吨，用于夏粮收购。”

“我们组织人员对粮仓进行了卫生清扫、消毒和地笼规整，对所有输粮设备进行了检修保养，并提前校验质量检测设备，确保仓容、检化验仪器、机械设备等符合收购要求。”副经理还说，“随着夏收完成，新粮陆续上市，我们的储备粮新粮收购入库业务也顺利展开。”

在完善硬件设施的基础上，乐陵市储粮“软实力”也在不断提升。2023年，市里通过建设粮库监管信息化项目，提升了粮库管理智能化、信息化水平，大大提高了仓储保管能力。

“通过运用监管信息化系统，我们可实时查看库区各部位现场情况，及时统计粮库仓容、保管数量，粮食品种、等级、质量等信息。实现了对储备粮收购入库、日常储备、销售出库过程的全方位监控和全过程动态监管，有力保障了粮食数量真实、粮食质量良好。”乐陵市粮食安全保障中心副主任介绍，“通过推进粮库监管信息化升级改造，乐陵还实现与省云平台互联互通，构建起全时在线、互联互通、穿透式监管体系，确保粮食安全。”

2024年，欣丰公司持续做好智能化粮库管理“一卡通”系统操作调试，确保夏粮收购期间完成从收购入库登记、验质、检斤、入仓、结算、资金支付等各环节业务，实现粮食收购业务全过程在同一个公开透明、责任可追溯的信息平台上规范运行，用信息化手段严格实施政策性收购全流程管理。

知识链接

智能仓储对于实现各类仓储产品的信息化管理、提高仓储管理整体运行效率、优化消费者体验具有重要作用。通过固定式读写器、RFID 手持设备及各类智能硬件和大数据技术的智能协同，管理者可以动态监测产品出入库流向，保障产品存放地点的安全，更高效地完成业务订单。

入库作业是指仓储部门按货物存储的要求，合理组织人力、物力等资源，按照入库作业流程，认真履行入库作业各环节的职责，及时完成入库任务的工作过程。入库作业是整个仓储业务流程的开始。根据不同的管理策略、货物属性及现有库存情况，设定货物堆码顺序，可以有效地利用现有仓库容量，提高作业效率。

入库管理包含采购入库、生产退料入库、完工入库、成品客退入库、其他入库等。其中，采购入库根据采购单生成采购入库单，数据来源为采购单；生产退料入库根据退料物品生成生产退料入库单，数据来源为退料物品；完工入库根据生产工单生成完工入库单，数据来源为生产工单；成品客退入库根据实际客退产品料号生成客退入库单，数据来源为产品料号；其他入库根据实际入库物品生成对应的单据。

智能仓库的入库作业流程主要包括入库准备、接运卸货、办理交接、入库验收、组织入库等环节，每个环节中所使用的智能设备通过网络将实时采集到的数据信息发送到仓库后台，后台进行入库信息的实时更新，具体流程如图 4-1-1 所示。

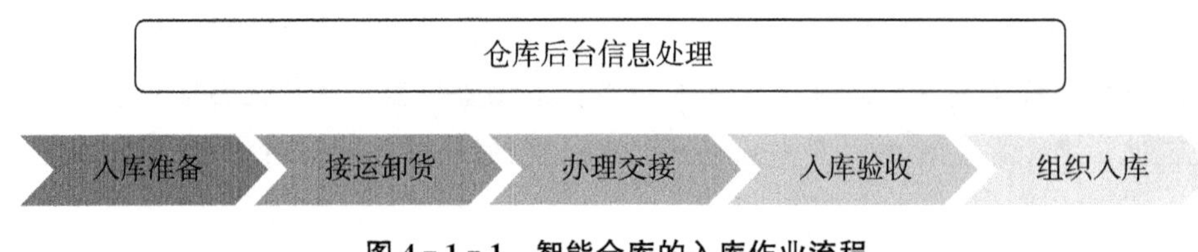

图 4-1-1　智能仓库的入库作业流程

在智能仓储管理活动中，仓库管理系统根据录入的仓储保管合同和物品相关信息，自动编制物品入库作业计划，即物品入库数量和入库时间进度计划，主要包括入库物品的品名、种类、规格、数量、计划入库日期、所需仓容、仓储保管条件等。在 WMS 接收到收货通知单或入库通知单时，WMS 进行人工智能审单，确认单证有效且无误后，在物品送达之前，自动发送邮件与采购部门或供应商联系，了解物品入库应准备的凭证和相关技术资料，尤其是新物品或不熟悉的物品更要加以注意，并保证录入 WMS 的相关信息准确无误，以便自动识别装备的数据写入。在此基础上，WMS 编制具体的入库工作进度计划，并定期跟进入库工作进度计划的落实工作，随时做好物品入库的准备工作。

一、组织人力

WMS 根据物品送达的时间、地点、数量、接运方式等信息，判断是否需要安排工作人员。WMS 根据需要安排合适数量的人员，做好到货接运、检验等工作，并编制好人力安排表，下发到相关部门，以保证货物到达后，人员及时到位。

合理组织人力就是要做到合理分工。为保证员工精力，避免由于员工疲惫而造成失误，给企业带来损失，要对职员数量的分配做好合理的安排，如一般装卸搬运环节包括卸货、搬运、码货三个工作内容。仓库应根据物品具体的到货量安排合适的人员数量（如卸货 3 人、搬运 6 人、码货 2 人）；而验货环节一般包括验货、复核、记录三个工作内容，在实际操作中可以组成一个工作组进行操作（如每组有验货的 2 人、复核的 1 人、记录的 1 人），然后根据到货数量确定分几组进行作业，最终确定所需的作业人员的总数。

二、设备及器具准备

WMS 根据接收物品的种类、包装、数量及接运方式等信息，判断搬运、检验和计量的方法，合理配备所需车辆、检验和计量器具、装卸搬运和堆码设备、隔离苫垫的材料及必要的防护用品，将其检修调试好，以保证入库作业的顺利进行，登记相关内容，并下发到相关部门。

三、单证准备

仓管员要提前准备好物品入库所需的各种报表、单证、账簿，如入库单、调拨单、入库明细表、退货单、暂估单、理货检验单、料卡、残损单等，以备使用。

四、场地与货位准备

1. 计算堆垛占地面积

占地面积的计算公式如下。

占地面积＝（总件数÷总堆垛层数）×单位物品底面积

或

占地面积＝总质量÷（总堆垛层数×物品单位面积质量）

总堆垛层数的计算要综合考虑以下三个因素。

（1）地坪不超重可堆垛层数：这是指物品堆垛的质量必须在建筑部门核定的库房地坪安全负载范围内，不得超重。因此，物品在堆垛前，应预先计算地坪不超重可堆垛的最多层数。具体公式如下。

地坪不超重可堆垛层数＝库房每平方米地坪核定载重量÷物品单位面积质量

（2）货垛不超高可堆垛层数，公式如下。

货垛不超高可堆垛层数＝库房可用高度÷每件物品的高度

（3）物品本身的包装及其本身强度所确定的堆垛层数。

根据上述三个可堆垛层数的考虑因素，计算出的可堆垛层数中取最小的可堆垛层数作为堆垛作业的总堆垛层数，这样才能同时保证库场地面不会损坏及物品本身不会压坏。

2. 计算货架空间

根据货架的承重能力、物品规格及使用情况做出计算，具体可分为以下两种情况。

（1）使用托盘货架存储。如果仓库使用托盘货架存储物品，则计算货架空间时需考虑物品尺寸、物品数量、托盘尺寸、货架形式及层数。

结合货架承重能力及物品尺寸估计每个托盘可堆垛 A 箱物品，入库货量为 Q，则所需存货空间为 S，货架层数为 N，公式如下。

$$S=(Q\times\text{托盘尺寸})/(A\times N)$$

（2）使用中小型无托盘货架存储。入库物品尺寸不大，且属少量多品种出货，则可采用中小型无托盘货架，以箱为单位存储。此时计算货架空间时需考虑物品尺寸及数量、货架的形式及层数、货架货位空间大小。

假设使用货架的层数为 N，结合货架承重能力及物品尺寸估计每个货位可堆放 A 箱物品，入库货量为 Q，则所需存货空间为 S，公式如下。

$$S=(Q\times\text{每货位尺寸})/(A\times N)$$

3. 货架库货位选择与优化

ABC 分类法也称帕累托分析法，是指先将库存物品按品种和占用资金的多少分为最重要的物品（A 类物品）、一般重要的物品（B 类物品）和不重要的物品（C 类物品）三个等级，然后针对不同等级的物品分别进行管理与控制。使用 ABC 分类法对所储存的物品进行分类时，其操作程序如下。

ABC 分类

（1）计算每种物品的金额。

（2）按照物品金额由大到小的排序制成表格。

（3）计算每种物品金额占库存总金额的比重（比率）。

（4）计算累积比率。

（5）分类。累积比率在 0～75％的，为最重要的 A 类物品；累积比率在 75％～95％的，为一般重要的 B 类物品；累积比率在 95％～100％的，为不重要的 C 类物品。

（6）实施对策。根据分类结果，需要对 A、B、C 三类物品分别采取相应的保管措施。A 类价值高且需求频率高的商品，对企业最为重要，需要严格管理和控制，通常放在立体仓库中最易存取的位置，保证快速出入库。应经常检查分析物品使用、存量增减、品质维护等现状；B 类价值中等或需求频率中等的商品，属于一般重要的物品，进行正常的例行管理和控制即可，适中安排在仓库中；C 类价值低且需求频率低的商品，属于不重要的物品，进行简单的管理和控制即可，放在仓库的偏远位置或高处，以优化空间利用。

ABC 分类法可以帮助企业根据不同商品的重要性合理分配仓库资源，提高运营效率。

决定计划入库物品的储存位置的关键因素是物动量分类的结果，高物动量的物品应该选择首层，中物动量的物品应该选择中间货位层，低物动量的物品则应该选择上层货位。货架储存与货位优化示意如图 4－1－2 所示。

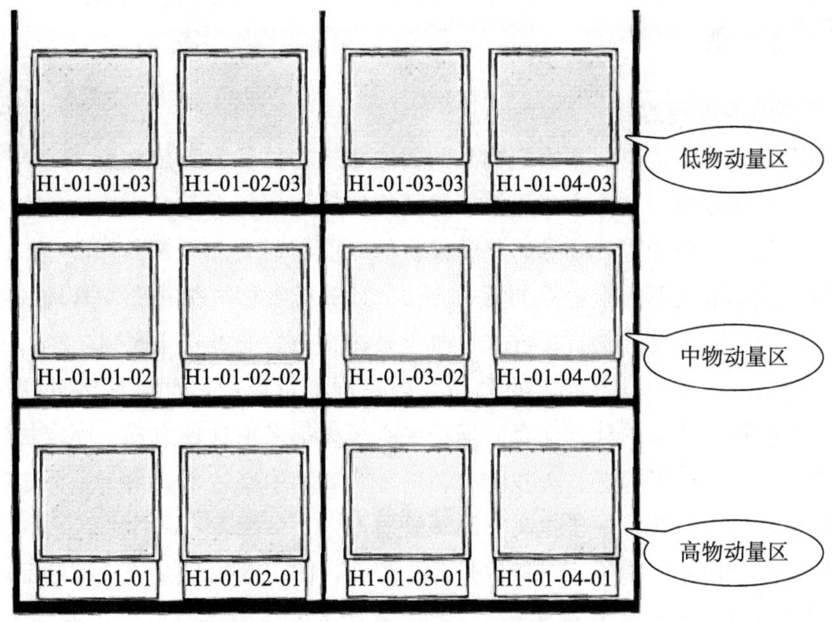

图 4－1－2　货架储存与货位优化示意

整箱发货的商品无须上架，可以码放在托盘上，发货时用叉车直接拖走。零散发货的商品，可打开 1～2 箱摆放于货架上，用完再补。滞销商品及时清理、下架。管理者要考虑空间优化，多观察、多思考，寻找甚至设计合适的货架或收纳工具。

小贴士

安全距离

做好仓库的规划与货物摆放，既可以确保仓储安全，也便于货物的收发，提高作业效率。在货物摆放过程中，一定要遵照“五距”管理要求，如图 4－1－3 所示。

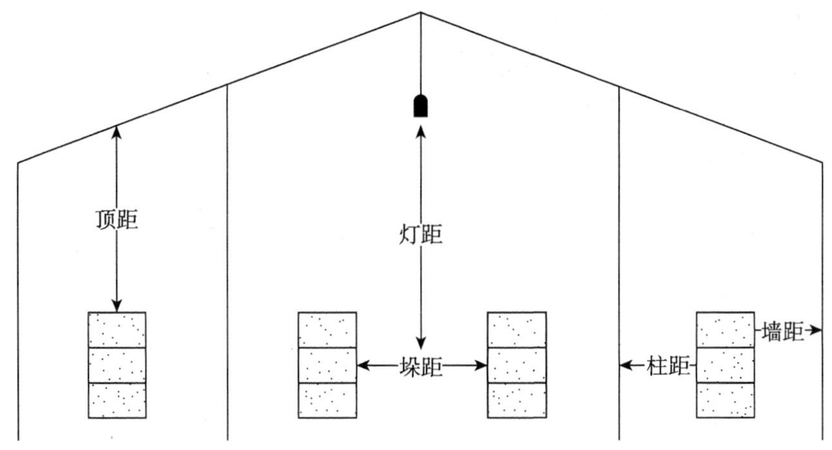

图 4－1－3　“五距”示意

五、货位安排

划分物品存放位置

1. 仓库货位的使用方式

（1）不固定物品的货位。不固定物品的货位是指物品任意存放在有空的货位，不对其分类。这种方式虽然能提高货位使用率，但是仓库内显得混乱，不利于管理和查找物品。周转极快的专业流通仓库，物品保管时间极短，大都采用不固定物品的货位方式。计算机管理能弥补仓库管理和物品查找方面的不足。采用不固定物品的货位方式，必须遵循仓储的分类安全原则。

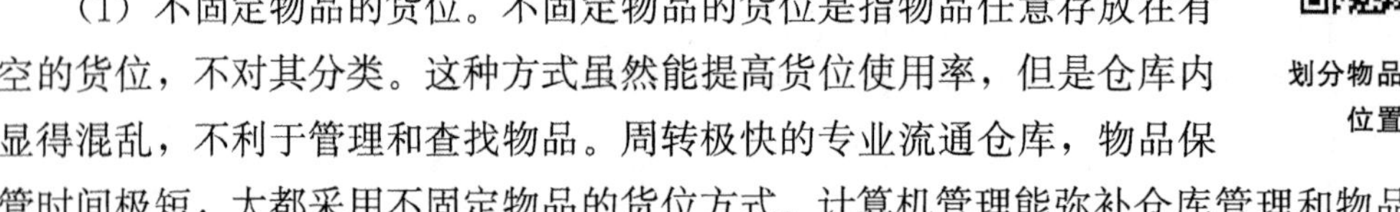

（2）固定物品的货位。把确定的物品存放在这类货位中，严格地区分使用，决不混用、串用。一般长期货源的计划库存、配送中心等大都采用这种方式。固定货位是专门用来存储固定物品的，便于拣选、查找物品，但是仓容利用率较低。由于是固定物品，可有针对性地对货位进行装备，便于提高物品保管质量。

（3）分类固定物品的货位。对货位分片、分区，同一区内只存放一类物品，但在同一区内的货位则采用不固定使用的方式。这种方式既有利于物品保管，也有利于物品查找，提高货位使用率。大多数储存仓库都使用这种方式。

2. 选择货位的原则

（1）根据物品的尺寸、货量、特性、保管要求选择货位。货位的通风、光照、温度、排水、防雨等条件应满足物品保管的需要；货位尺寸与物品尺寸匹配；货位的容量与货量接近；选择货位要考虑相近物品的情况，防止与相近物品相忌和相互影响。

（2）保证先进先出、缓不围急。先进先出是仓储保管的重要原则，能避免物品超期存放或变质。较好的货位安排是要避免后进物品围堵先进物品，存期较长的物品不能围堵存期较短的物品。

（3）出入库频率高的物品使用方便作业的货位。对于持续入库或持续出库的物品，应安排在靠近出口的货位，以方便出入；流动性差的物品，可以离出入口较远。同样的道理，存期短的物品安排在出入口附近。

（4）小票集中、大不围小、重近轻远。多种小批量物品，应合用一个货位或集中在一个货位区，避免夹存在大批量物品的货位中；重货应离装卸作业区近，减少搬运作业量或直接采用装卸设备进行堆垛作业，使用货架时，重货放在货架下层，需要人力搬运的重货，存放在腰部高度的货位。

（5）方便操作。所安排的货位要保证搬运、堆垛、上架作业的便捷性，有足够的机动作业场地，能使用机械进行直达作业。

（6）作业分布均匀。安排货位时，应尽可能避免仓库内或同作业线路上同时有多项作业进行，以免相互妨碍。

六、整理物品存放区域

在确定物品的具体存放位置后，为了便于物品的存放及保养，应对相应的区域进行适当的整理，包括保证存放空间可得、现场卫生清洁及苫垫用品充足等。智能仓可以通过监控了解相应区域的情况，然后根据情况判断是否需要人工干涉，一般智能仓的货位和苫垫用品可定期进行清理。

拓展阅读

划分物品存放位置

WMS 综合考虑仓库的类型、规模、经营范围、用途，以及物品的品种、数量、存储时间、自然属性、保养方法等，结合物品的堆码要求核算所需的货位面积，确定具体存放位置。WMS 根据物品的实际情况选择合适的物品分类存储方法，或事先根据仓库的性质确定分类存储的方法，从而对物品进行智能分配货位。常见的划分物品存放位置的方法主要有五种。

（1）按物品的种类和性质划分。大多数仓库采用的分区分类存储方法，即按照物品的种类及性质进行分类存放，便于物品的保管与养护。

（2）按物品的危险性质划分。该方法主要用于存储危险品的特种仓库，即按照物品的危险性质，对易燃、易爆、易氧化、有毒害性、有腐蚀性、有放射性的物品进行分类存放，避免相互接触引发事故。

（3）按物品的归属单位划分。该方法主要用于专门从事保管业务的仓库，即按照物品所属单位对其进行分区存放，从而提高物品出入库效率，减少不同客户物品管理差错的发生。

（4）按物品的运输方式划分。该方法主要用于存储期短而进出量大的中转仓库或转运仓库，即按照物品的发运地及运输方式进行分类存储。

（5）按物品存储作业的特点划分。根据物品存储作业时具体的操作方法，将物品进行分类存储，如将进出库频繁的物品严格按照“先进先出”的原则存储于车辆进出方便、装卸搬运容易、靠近库门的区域。

任务实施

阅读案例导入内容，结合所学知识，回答下列问题。

1. 欣丰公司的主要业务是什么？

____

____

____

2. 欣丰公司在夏收来临之前做了哪些准备工作？如何确保夏粮收购期间业务的规范运行？

3. 乐陵市在粮食储备管理中采取了哪些措施来确保粮食安全？

4. 探讨如何通过合理分配货位来减少搬运距离，提高作业效率，以及如何减少作业中的冲突和干扰。

知识检测

一、单选题

1. 在智能仓储中，物品的入库验收主要是为了（　　）。

A. 确认物品数量和质量　　B. 增加存储成本

C. 减少仓库面积　　D. 提高人工成本

2. 智能仓储中，ABC 分类法的主要目的是什么？（　　）

A. 提高仓库的美观度　　B. 优化仓库的清洁流程

C. 根据物品的重要性合理分配仓库资源　　D. 增加仓库的存储量

3. 智能仓储中，货位安排时不考虑以下哪项原则？（　　）

A. 先进先出　　B. 出入库频率高的物品使用方便作业的货位

C. 小票集中、大不围小、重近轻远　　D. 仓库的风水布局

4. 智能仓储中，以下哪项不是计算堆垛占地面积的方法？（　　）

A. （总件数÷总码层数）×单位物品底面积

B. 总质量÷（总堆垛层数×物品单位面积质量）

C. 库房地坪每平方米核定载重量÷物品单位面积质量

D. 库房可用高度÷每件物品的高度

二、填空题

1. 智能仓储通过________技术动态监测产品出入库流向，提高仓储管理效率。

2. 在仓库货位的使用方式中，不固定物品的货位能够________，但可能导致管理混乱。

三、判断题

1. 入库作业仅包括接运和卸货两个环节。（　　）

2. 先进先出原则的目的是避免物品超期变质。（　　）

四、简答题

什么是 ABC 分类法？请简述其在仓储管理中的应用。

任务二　接运与交接

近期，常德烟草机械有限责任公司（以下简称常德烟机）综合库缓存物料发运交接系统在总装车间6个工位组试运行料箱智能配送，通过AGV料箱实现了自动送货。

常德烟机综合库缓存物料发运交接系统是综合库房智慧物流项目的重要一环，通过物流执行系统，库房管理人员能实时掌握物料备料进度，及时反馈现场物料和物流异常情况，装配人员也能快速准确查询物料的准确位置与当前工位的到料情况。

此外，常德烟机同步建设硬件设施，通过建立料箱传输线、引入料箱AGV、设置料箱置物架、配备平板电脑等措施，让综合库与总装车间之间实现了物料智能发运交接，极大提高了现场管理水平，提升了物料配送及装配生产效率。

下一步，综合库缓存物料发运交接系统将以实现智能化物流衔接和物料配送流程全程可视化为目标，实现总装车间物流的智慧化。

一、接运卸货

接运卸货是货物入库和保管的前提，即使是智能仓库，其货物到达仓库的形式也不同，一部分是由供货单位直接运送到仓库交货，另一部分需要经过多种运输方式进行转运后送到仓库交货。仓储单位只有在接运时弄清楚入库货物在接收之前是否发生过一些意外情况，如碰撞、规格不符、数量不符等，认真核查，初步查验，确认货物符合要求后才能接收货物并验收入库。

根据接运地点的不同，接运方式大致可分为四种类型。

1. 专用线接货

专用线通常是指铁路专用线，由企业或其他单位管理并与国家铁路或者其他铁路线路接轨的岔线。虽然专用线的修建是为了满足企业或特定单位内部的运输需求，但其本身仍是国家铁路运输网的一个组成部分，所以部分铁路专用线也开放给公众使用，即吸引来自周边地区的公众开展货物运输。这样可以缓解铁路运输压力，充分利用专用线的能力，节约铁路建设资源，同时为货主和拥有专用线的企业带来便利，有利于提高综合交通效率，对提升经济社会效益也具有重要作用。专用线一般运输的是大宗物资，而专用线接货是指在专用线沿线设置的站点接收货物的方式。

通常，如果是整车货物，则一车一个货位，车辆进入专用线后，调车组在货运员的指导下核对货位，目的是减少设备运行时间，避免作业交叉干扰。核对好货位后，为了防止误卸，划清货物运输事故责任，需要做好卸车前的检查工作。卸车后，检查车内货物是否卸净，关好车门、车窗，通知车站取车。做好卸车记录，记录清楚卸车货位、货物规格和数量等，连同有关证件和资料，尽快通过移动智能设备上传至 WMS，并转发至保管人员或验收人员，使其清楚掌握接货情况，办好内部交接手续。

2. 车站、码头提货

车站、码头提货是针对由铁路、水路等转运而来的货物，需要仓库提货人员到目的车站或码头接收的一种接货方式。采用这种方式接运时，仓库的提货人员应对所提取的货物有所了解，如品名、规格、型号、特性、一般的保管知识及装卸搬运注意事项等；提货前应安排好装卸运输工具、准备好存放场地等，做好接货的准备工作；货到前，及时主动了解到货时间、交货时间和地点等情况，并根据到货情况，由 WMS 组织、安排接货所需人员、器具和车辆，按时前往提货。

提货时根据运单和仓库所掌握和提供的资料认真核对货品名称、规格、数量、包装、收货单位等，并仔细检查货物外观，如包装是否完好，有无水渍、油污、破损、短少、受潮等。如有疑问或与运单记载内容不符的，应当及时会同承运部门共同查清原因，分清责任。若是承运部门的责任，必须填写货运记录，作为向承运部门索赔的依据；若是其他部门的责任（如发货单位），由承运部门填写普通记录，并由货运员签字证明情况。

提货后，货物由提货人员负责押运到库，到库后，提货人员应及时将运单上传至 WMS，并通过仓库的智能设备对提取回来的货物进行清点入库，办理交接手续和提货任务完结程序。

3. 到供货单位提货

这种接货方式是指仓库受货主委托直接到供货单位提货，一般需要将接货和检验工作结合起来同时进行。WMS 收到货主的提货通知后，根据通知所提供的货物规格、数量、性能等信息，安排提货所需的人员、设备及器具，并配置相应的检验人员当场清点数量、检验质量，做好验收记录。提货后，及时将接货相关的货物信息上传至 WMS，货物到库后，将提取的货物入库。

4. 库内接货

这种接货方式是指承运单位或供货单位直接将货物运送到存储仓库。当货物送到仓库时，送货员与保管员直接办理交接手续，当面验收并做好记录，若有差错，应填写记录；送货人签字证明，仓库可以根据记录向有关责任部门提出索赔。

二、办理交接

货物到库后，WMS进行电子审单，检查入库凭证，根据入库凭证开列的收货单位、货品名称、数量和规格等与送交的货物进行智能核对，核对无误后，再进行下一道工序。完成卸货后，根据货物的品种进行分类，然后对其进行电子标签的粘贴。一般电子标签的粘贴以成箱或托盘为单位，便于后续的管理。完成电子标签的粘贴后，统一对其进行数据初始化，即货物电子标签的数据录入，这一步工作应结合包装二维码及供货单位提供的相关数据信息，使用固定自动识别标签读写器或者手持自动识别读写器完成。

完成电子标签的粘贴和数据录入后，可对货物进行初步检查验收，其工作内容主要包括数量检验和包装检验。可通过质检区域固定的自动识别读写设备分批、分类对货物的数量、电子标签的信息与供应商的供货数据和仓库采购数据进行核对，同时，也可以通过智能摄像头判断货物外包装情况，判断是否存在破损、污染、水湿、渗漏等异常情况，当货物数量、规格、外包装等确认无误后才允许入库，如出现异常情况，则发出警报，进一步检验核对，没有问题方可入库。

入库货物经过以上几道工序后，收货人员才可以与送货人员办理交接手续。如果在以上工序中无异常情况出现，收货人员在送货单上签字、盖章表示货物收讫。如果发现异常情况，必须在送货单上详细注明并由送货人员签字或者由送货人员出具差错、异常情况记录等书面材料，作为事后处理的依据。双方签字后的送货单应转换为电子文件上传到WMS或在双方确认时进行电子签名，以便双方对货物的信息化和智能化管理。

任务实施

阅读案例导入内容，结合所学知识，回答下列问题。

1. 描述常德烟机综合库缓存物料发运交接系统的主要功能和它如何帮助库房管理人员和装配人员提高工作效率。

____

____

____

2. 讨论常德烟机同步建设的硬件设施（料箱传输线、料箱 AGV、料箱置物架、平板电脑）如何促进物料智能发运交接。

____

____

____

知识检测

一、单选题

1. 接运卸货的主要目的是（ ）。

A. 确认货物的运输方式　　B. 核查入库物品的状态

C. 完成销售记录　　D. 增加仓库管理成本

2. 专用线接货通常运输的是（ ）。

A. 小件快递　　B. 大宗物资　　C. 生鲜食品　　D. 电子产品

二、填空题

1. 办理交接手续时，收货人员需要在送货单上签字、盖章表示货物________。

2. 提货时，若发现货物外观有问题，提货人员应填写________记录，作为索赔依据。

三、判断题

1. 到供货单位提货时，接货和检验工作可以分开进行。（ ）

2. WMS 会在货物到库后进行电子审单，以确认入库凭证的有效性。（ ）

四、简答题

简述接运的四种方式及其特点。

任务三　入库验收

京东自营中小件商品入库规则[①]

1. 入园签到

1.1　供应商须在预约时间前 20 分钟到达园区，并在签到处签到、打印签到条。供应商还可搜索微信小程序“入库助手”进行线上签到。

1.2　供应商须注意，库房收货时间为 9：00—18：00。

1.3　供应商请注意，禁止携带库房禁带物品入园（具体详见库房通知）。

2. 月台卸货

2.1　供应商完成签到后，预约系统会自动分配月台。供应商须按签到指引，到指定月台领取托盘卸货，并粘贴包裹标签。

2.2　供应商卸货、分货需注意以下几点：

2.2.1　如未携带送货明细，可在供应商服务台打印预检单。

2.2.2　如需根据验收单进行新品标记，需先找出新品，然后到供应商服务台报备物流属性。

2.2.3　卸货时需按照采购订单、SKU、保质期批次分别进行码放。不同 SKU 及不同保质期商品需要区分。

2.2.4　货品码放原则：重不压轻，商品不允许倒置，商品码放宽度不允许超出托盘。按照商品包装箱标注的码放高度进行码放，但最高码放高度不能超过 1.7 米，整托盘为同一种商品，需加缠绕膜进行加固。

2.2.5　货品纸箱带有打包带的（非整箱销售），供应商卸货时需配合将打包带去除。

2.2.6　供应商需自己准备充足的卸货人员。如因人员准备不足，导致车辆长时间占用月台，京东库房有权暂停收货，供应商需立即协调解决。卸货人数可参考表 4-3-1。

① 仅作案例参考，有修改。

表 4-3-1　卸货人数参考值

车辆型号	货物箱数	所需卸货人数
1 吨以下	1～50 箱	2 人
1.5 吨	51～300 箱	2 人
3 吨	301～500 箱	3 人
5 吨	501～1000 箱	4 人
8 吨	1000 箱以上	5 人

3. 排队验收

3.1　供应商完成卸货后，须到收货前台排号。京东库房将按照系统中供应商到货排号的前后顺序，依次进行系统叫号验收。

3.2　京东库房验收完毕后，出具《验收回执单》。《验收回执单》用 A4 纸打印，一式两份，收货员与承运商双方签字确认，并注明年/月/日等信息。库房收货员需在供应商的留存回执单上加盖“收货专用章”，另一份由库房留存。

4. 验收标准

供应商应确保货物信息与采购单信息一致，保证入库的商品在商品数量、包装、贴码、套装商品及保质期信息方面符合如下标准，否则商品验收时将被京东库房拒收。

4.1　数量要求

供应商应按照采购订单所需数量及所需 SKU 进行备货。送货时，交仓人员须携带本次送仓的送货清单。

4.2　包装要求

4.2.1　运输包装

商品出厂原运输包装必须清洁、整齐、完整，不能有撕裂、破损、挤压变形、发霉、色泽退化、污损、各种碰撞擦伤痕迹等情况。

4.2.2　销售包装

销售包装外必须有商品名称、商品编码、型号、保质期等入库时需核对的信息（透明包装商品内物信息视同销售包装信息）；进口商品外包装必须有中文标签。

进口商品销售包装应有中文标识：中文保质期信息与产品本身外文保质期信息应保持一致。外文标识只标注年月，中文标识标注为年月日的，视为一致可以接收，按照中文标识来录入日期；如果年月存在差异，则视为保质期不符合入库标准，拒收。

销售包装必须为原封箱，不能有二次封箱痕迹；商品销售包装信息不能有涂改痕迹；印刷的商品信息（名称、型号、颜色、尺寸）需与采购单商品信息一致。

商品销售包装不能有褶皱、划痕、污损、渍迹、涂写、开胶、起泡、泄露等情况。

4.2.3　特殊商品

轮胎如裸胎送货，商品本身自带的标签需包含品牌、尺寸、规格型号、UPC（通用产品代码）或京东码、供应商简码等信息。

4.3　贴码要求

供应商应注意，不同SKU，出现使用相同UPC或EAN（商品用条码）商品自带编码时，应使用京东编码替代商品自带编码进行识别。供应商应在送货前完成京东编码的贴码工作。SKU是否需要贴码，可通过预约系统查询。

供应商如无法自行打印商品条码，可在送货前与京东采销人员签订条码收费协议。签订协议后，京东库房可支持打码及贴码服务。

打印条码时，应注意保持条码清晰且避免磨损，粘贴时不得覆盖商品的名称、规格、介绍、价格、生产日期和保质期等对消费者有帮助的信息。

销售包装外只允许存在一个可识别的商品条码。如出现多个商品条码时，供应商须把不需要的条码用白签覆盖。

京东条码的尺寸规范：使用不小于40mm×20mm的标签，采用CODE 128码制式，“narrow”设置为2mm、高度为7mm。

4.4　套装商品要求

套装商品，指以两件或者两件以上商品组成1个SKU的方式进行销售的商品。

供应商在送货前需要进行套装绑定（2箱及以上整箱商品组成的套装商品除外），并在包装封口区显著位置粘贴“套装勿拆”或“吉祥如意”字样标识，或使用醒目的“套装勿拆”字样标识胶带进行封箱，或在包装封口处印刷醒目的“套装勿拆”字样标识。

套装商品外包装必须体现商品名称、商品条码和保质期信息。

“套装勿拆”字样标识的尺寸规范：使用不小于100mm×35mm的标签，采用60号以上黑体加粗的字体打印。

饮用水、饮料、牛奶、啤酒等分类整箱销售商品，可不贴“套装勿拆”或者“吉祥如意”字样标识。

4.5　保质期信息要求

供应商在提报商品信息时，有保质期的商品须提报为保质期管理商品，无保质期的可提报为非保管理商品。保质期管理商品提报的保质期应以销售包装标示的信息为准，且提报时长应与实物相符。

保质期管理商品有一定入库时限要求：常规情况下，国产商品已过保质期天数，不应超出该产品总保质期天数的1/3。进口商品已过保质期天数，不应超出该产品总保质期天数的1/2。超出以上时限的商品，供应商在送货前需与京东采销人员提报超保入库申请。未提报超保入库申请的商品，京东库房将不允许其入库。

同一SKU的保质期管理商品支持生产日期或截止日期不同的商品同时入库，但只允许其中一个日期的商品数量小于30件，其他均需大于30件。

5. 出库安检

5.1　出库时，供应商送货人员必须经过安检程序，禁止将非本人物品带出库房。

5.2 收货产生的未入库非合格商品，需在安检处登记后，方可带出库房。

京东自营大件商品入库规则[①]

1. 到货登记

1.1 供应商送货人员须在预约时间当天17点前到达园区（举例：预约1月1日，需在1月1日的17点前到达库房）。到达仓库后，送货人员需第一时间根据预约单号/采购单号在微信公众号“京东大件仓储供应商服务平台”进行预约签到。

1.2 完成签到后，供应商将收到“预约排队号”反馈，并等待叫号系统叫号，按照规定靠对应月台等候。

1.3 供应商须注意，京东库房收货时间为9：00—18：00。部分库房在旺季会实行全天24小时收货，详情以各库房公布的信息为准。

1.4 供应商请注意，禁止携带库房禁带物品入园（具体详见库房通知）。

2. 月台卸货

2.1 京东库房收货小组会根据现场收货情况，提前20分钟通知供应商送货人员做好卸车准备。过号未到的车辆须听从库房安排，按顺序卸车。

2.2 京东仓库会安排车辆进行排号。

2.3 排号设计规则：京东大件运营中心将根据仓库是否多仓、品类分配，自行安排排号规则。

2.4 京东库房根据当前收货情况，提前20分钟通知供应商做好卸车准备，如司机不在现场，京东将进行电话通知，过号未到则安排下一辆进行收货。如过号车辆返回，则安排下一辆给予卸车（特殊情况可安排最后进行验收）。

2.5 供应商送货人员将车辆停靠月台时，需根据库房现场环境，按月台设置和车型，横向或纵向停靠车辆。

2.6 京东库房提供有偿装卸服务，并实行全国统一收费标准（张贴于库房门口和收费处）。如供应商已与京东签订《大件装卸服务协议》的，请按合同选择京东卸车。供应商送货人员需注意，京东装卸服务不包含揭雨布、解绑绳等动作，以上操作需自行完成。

2.7 未与京东签署合同的供应商，可选择京东卸车，也可自行卸车，请与现场库房管理人员沟通安排。

2.8 由于超长超高超宽（三超）车辆的过度超载会对送货、收货人员带来极大的安全隐患，京东库房有权拒绝卸车。供应商送货人员需自行处理三超部分商品，排除卸车安全风险后，京东库房人员才可进行卸车。以17.5米平板车为例，建议装车的标准控制在长度17.5米以内（不含车头）、宽度3米以内、高度4.5米以内（含底盘）。

2.9 供应商如需根据验收单进行新品标记，需先找出新品，然后到供应商服务台报备物流属性。

---

① 仅作案例参考，有修改。

2.10　供应商供货人员应当按顺序排队送货，请勿试图通过行贿等其他不合规方式走捷径。如发现京东库房工作人员有“卡拿要”行为，请送货人员及时投诉举报，可参考张贴于库房门口的投诉电话。

3. 开箱抽检

3.1　商品开箱抽检由现场的京东库房工作人员负责统筹，供应商送货人员共同参与进行。

3.2　平板电视商品的开箱抽检须进行通电测试，以便确定是否出现内屏故障。

3.3　京东库房工作人员就质检拒收商品须在外包装上全部加盖质检章。拒收商品由供应商送货人员确认收回。

4. 商品销售包装及外观检验

4.1　对于商品装载不符合商品属性要求的一律不予收货入库。

4.2　商品销售包装检验项目包括包装裂痕长度及条数，包装及附属物倾斜度，包装污迹面积，是否变形、受潮，包装胶带是否短缺断裂等方面。根据以上检验项目的严重情况，京东库房将待入库商品分为三种级别：1 级、2 级、3 级。经鉴定属于 1 级、2 级的，直接办理商品入库；3 级的商品则会被拒收退回。具体标准如表 4-3-2 所示。

表 4-3-2　商品外包装检验项目分级标准

级别	项目	裂痕长度/条数	倾斜度	污迹面积	变形	受潮	有无多层胶带	其他	备注
1 级	包装箱	无	/	无	无	无	/	无穿透性破损	不影响销售
	泡沫头	无	/	无	/	/	/	/	
	封箱胶带	无	无	/	/	/	无	/	
	标贴	/	无	/	/	/	/	无磨损	
	包装带	/	/	/	/	/	/	无短缺、断裂	
2 级	包装箱	≤4.00cm and≤2 条	/	≤5%	无	无	/	无穿透性破损	不影响销售
	泡沫头	≤4.00cm and≤2 条	/	≤5%	/	/	/	/	
	封箱胶带	≤1.00cm and≤2 条	≤15°	/	/	/	无	/	
	标贴	/	≤15°	/	/	/	/	轻微磨损	
	包装带	/	/	/	/	/	/	无短缺、断裂	
3 级	包装箱	＞4.00cm and ＞2 条	/	＞5%	无	无	/	有穿透性破损	影响销售
	泡沫头	＞4.00cm and ＞4 条	/	＞5%	/	/	/	有缺失	
	封箱胶带	＞4.00cm and ＞4 条	＞15°	/	/	/	无	脱胶、断裂、二次封箱	
	标贴	/	＞15°	/	/	/	/	严重磨损	
	包装带	/	/	/	/	/	/	短缺、断裂	

商品质检无质量问题可以入库的，由京东仓管员负责确认商品外观的完整性，包括检

验待入库商品的表面是否有瘪塘、墩角、划痕、掉漆、变形、断裂、颜色不均匀等现象，内部包装是否完整、附件是否齐全。具体标准如表4-3-3所示，不满足条件的商品将予以拒收。

表4-3-3　入库商品的外观验收标准

项目	正面顶面	侧面	背面	底部、底角
划伤、擦伤	不允许出现	长1.00cm以下，宽0.08cm以下，允许1条	长3.00cm以下，宽0.08cm以下，间距10.00cm以上，允许2条	长4.00cm以下，宽0.10cm以下，间距10.00cm以上，允许2条
掉漆、杂色点	不允许出现	直径0.10cm以下，允许2点	直径0.30cm以下，允许2点，间距15.00cm以上；直径0.40cm以下，允许1点	直径0.25cm以下，允许3点，间距15.00cm以上
裂痕	不允许出现	不允许	不允许	不允许
颜色不均匀	不允许出现	不允许	直径0.50cm以下，允许2片，间距10.00cm以上；直径1.00cm以下，允许1片	直径1.00cm以下，允许3片，间距10.00cm以上
气泡	不允许出现	不允许	直径0.25cm以下，允许2个，间距20.00cm以上	直径0.30cm，允许2个，间距20.00cm以上
突起	不允许出现	不允许	直径0.20cm以下，允许2个，间距20.00cm以上	直径0.30cm以下，允许2个，间距20.00cm以上
有拉丝等异物	不允许出现	不允许	长2.00cm以下，允许2条，间距15.00cm以上	长3.00cm以下，允许3条，间距15.00cm以上
标贴不平	不允许出现	倾斜不超过5%	倾斜不超过10%	倾斜不超过15%
瘪塘、墩角	不允许出现	不允许	面积≤0.2cm×0.2cm	面积≤0.3cm×0.3cm

4.3　签收：京东库房完成商品验收后会打印验收单一式三联，由供应商及京东双方签字确认，同时库房盖章。粉联由供应商留存。

5. 不合格产品处理

5.1　京东库房将拒收抽检不合格产品，供应商送货人员不得以任何不正当手段使拒收产品继续入库（包括但不限于调包产品、贿赂仓管员等）。

5.2　京东库房拒收的产品由供应商送货人员拉回，并自行与供应商协商处理。

知识链接

在办理完商品交接手续后，仓库对入库商品还要做进一步的验收工作。商品验收的基本要求是“及时、准确、严格、经济”，即要求在规定的时间内，以严肃认真的态度，合理组织调配人员与设备，以经济有效的手段对商品的数量、质量、包装进行准确、细致的验收工作，这是做到储存商品准确无误和确保商品质量的重要措施。如果仓库或业务检验部门在规定的时间内没有提出商品残损、短少或质量不合格等问题，则存货方认为所提供的商品数量、质量均符合合同要求，双方的责任已清，不再承担赔偿损失的责任。因此，仓储企业必须在规定的时间内，准确无误地完成验收工作，对入库商品数量和质量等情况进行确认，并将检验报告形成电子档形式保存至 WMS 中。

一、入库验收的概念

入库验收是按照验收业务流程，根据合同或标准的规定，对入库商品进行数量和质量检验的经济技术活动的总称。入库验收的基本流程包括验收准备、核对凭证、实物验收和处理验收过程中发现的问题等环节。

二、入库验收的作用

所有到库的商品必须在入库前进行验收，验收合格后才能正式入库，商品验收的作用主要表现为以下几个方面。

1. 验收是做好货物保管保养的基础

商品验收的必要性体现在以下两个方面：一方面，各种到库商品来源复杂，渠道繁多，从结束其生产过程到进入仓库前，经过多种运输、搬运、装卸、堆垛等作业，受到雨淋、水湿、沾污或操作不慎，以及运输中振动、撞击的影响，质量和数量可能发生某种程度的变化；另一方面，各类商品虽然在出厂前都经过了检验，但有时也会出现失误，造成错检或漏检，使一些不合格商品按合格商品进行交货。所以，只有在商品入库时，通过验收将商品实际状况弄清楚，判明商品的品种、规格、质量等是否符合国家标准或供货合同规定的技术条件，数量是否与供货单位附来的凭证相符，才能分类、分区按品种、规格分别对其进行堆码存放，才能针对实际情况，采取相应的措施对在库商品进行保管及保养。

2. 验收记录是仓库提出退货、换货和索赔的法律依据

商品验收过程中，若发现商品数量不足、规格不符或者质量不合格，仓库检验人员应做出详细的验收记录，由业务主管部门向供货单位提出退货、换货或向承运责任方提出索赔等要求。倘若商品入库时没有进行严格的验收，或者没有相应的验收记录，而在保管过程中，甚至在发货时才发现问题，就会出现责任不明的情况，给企业带来不必要的经济损失。所以，商品只有经过严格的检验，在分清了商品入库前供货单位及各个流转运输主体的责任后，才能将符合合同规定、符合企业生产需要的商品入库。

3. 验收是避免商品积压、减少经济损失的重要手段

保管不合格商品是一种无效的劳动。对于一批不合格商品，如果不经过检查验收，就按合格商品入库，必然造成积压，增加库存成本；对于计重商品，如果不进行检斤验数，就按有关单据的供货数量付款，当实际数量不足时，就会造成经济损失。

4. 验收有利于维护国家、企业利益

近年来，我国经济与世界经济的联系日益紧密，进口商品的数量和品种不断增加。对于进口商品，因国别、产地和厂家等情况更为复杂，必须依据进口商品验收工作的程序与

制度，严格认真地做好验收工作，否则，不能及时发现数量与质量方面的问题，若超过索赔期，即使发现问题，也难以交涉，从而给国家、企业带来严重的经济损失。对外提出索赔时，需要有商检部门的证明及验收报告、对外贸易合同、发货票据、装箱单、质量证明书及运单等。同时，在索赔期内应妥善保管物资，以备商检部门或供货方复验。

三、商品验收的标准和方式

1. 商品验收的标准

商品需要达到预定的验收标准才准许入库，在验收时，基本可按三项标准进行检验，即采购合约或订购单所规定的条件、谈判时对方提供的合格样品，以及国家相关产品的品质标准。

2. 商品验收的方式

商品验收主要有全数检验和抽样检验两种方式，具体验收方式和有关程序应由存货方和保管方共同协商，并在合同中加以明确。

所谓全数检验，是指对于批量小、规格尺寸和包装不整齐及要求严格验收的货物，必须全部检验的一种方式。它需要消耗较多的人力、物力和时间，但是可以保证验收质量，因此原则上货物验收应采用全数检验的方式。

所谓抽样检验，是指借助数理统计方法，从一批商品中，随机地抽取部分商品进行检验，根据抽取商品的质量情况，判断整批商品的质量状况，从而决定该批商品质量是否合格的一种商品检验方式。一般情况下，当商品批量过大、规格尺寸和包装完好、质量信誉较高时，当时间紧迫或人员力量不足时、全数检验所需费用过高、检验商品必须破坏被检物或有损被检物的使用价值时，均可采用抽样检验。特别是进行商品的理化性能检验时多采用这种方式。

抽检比例应首先以合同规定为准，合同没有规定的，一般抽检 5%～20%，但也要同时考虑以下因素进行适当调整，如货物的性质和特点、货物的价值、货物的生产技术、供货单位的信誉、包装情况、运输工具、气候条件等。

四、商品验收的内容

商品验收的内容包括商品数量验收、商品质量验收和商品包装验收。

1. 商品数量验收

商品数量验收是在初步验收基础上所做的进一步的数量验收。商品数量验收的方式主要分为计件、检斤和检尺求积。计件是针对按件数供货或以件数为计量单位的商品，在做数量验收时清点其件数，可通过质检区域固定的自动识别读写设备分批、分类对这类商品的数量进行核准。检斤是对按重量供货或以重量为计量单位的商品，在做数量验收时对其称重，这类商品可采用过磅检斤，并实时将结果传送至 WMS。检尺求积是对以体积为计量单位的商品，如木材、竹材、砂石等，先检尺、后求体积所做的数量验收，这类商品可通过传感器测量卸载后的体积，然后通过计算确定数量。

2. 商品质量验收

商品质量验收主要包括外观质量检验和内在质量检验。外观质量检验又称感官检验，主要通过人的感觉（视觉、听觉、味觉、嗅觉、触觉）器官，直接观察商品包装或商品外形，进而判断质量情况。内在质量检验主要是对商品的物理、化学性质所进行的检验。由于内在质量检验要求一定的技术知识和检验手段，目前仓库多不具备这些条件，因此一般在库外进行，由仓库取样，委托专门的技术检验机构检验。

3. 商品包装验收

商品包装验收通常在初步查验时进行，首先查看包装是否完好无损，有无水渍、油污、破损等，其次查看包装是否符合相关标准或合同要求，具体包括选用材料、规格、包装工艺、标志、打包方式等。此外，如果商品对包装有特殊要求，需要另行检验，如对包装材料的干湿度有要求时，可利用测湿仪进行测定。

仓库在商品验收过程中，如发现商品数量与入库凭证不符、质量不符合规定、包装有异常时，必须详细记录。有问题的商品应单独堆放，并采取必要的措施，以防损失继续扩大，同时立即通知业务部门或有关单位进行查看，便于及时做出处理。

五、商品验收发现的问题及处理方式

商品验收过程中，可能会发现数量不符、规格不符、质量有问题、包装有问题、单货不符或单证不齐等情况，应区分不同情况，及时处理。凡验收中发现问题等待处理的商品，均应单独存放，妥善保管，防止混杂、丢失、损坏。

1. 数量不符

经验收后发现商品的实际数量与凭证上所列的数量不一致时，若数量短少在规定误差范围内，则可按原数入库；若数量短少超过误差范围，经复核确认后，应由收货人会同有关人员当场在送货单上做好详细记录，交接双方应在记录上签字，仓库按实际数量签收，并及时通知送货人和发货方。如果实际数量多于凭证上所列数量，可由相关业务部门退回多发商品或补发货款。如果在入库验收过程中发现商品数量不符，原因可能是发货方在发货过程中出现差错，误发了商品，也可能是在运输环节出现漏装或丢失商品等情况。

2. 规格不符

商品规格不符或错发时，应先将规格正确的商品予以入库，规格不符的商品做好验收记录，并通知相关业务部门办理换货。

3. 质量有问题

在与铁路部门或其他交通运输部门初步验收时发现质量问题，应会同承运方清查点验，并由承运方编制商务记录或出具证明书，作为索赔的依据。如果确认责任不在承运方，也应做出记录，由承运人签字，以便作为向供货方联系处理的依据。在拆包进一步验收时发现质量问题，应将有问题的商品单独堆放，并在入库单上分别签收，同时通知供货方，以分清责任。针对质量不合格的商品，应及时向供货单位办理退货、换货，也可征得供货单位同意代为修理，或在不影响使用的前提下降价处理。

4. 包装有问题

在清点大件时，若发现包装有水渍、沾污、损坏、变形等情况，应进一步检查内部商品数量和质量，并由送货人开具包装异状记录或在送货单上注明，同时，将其单独存放，以便处理。如果包装损坏十分严重，仓库不能修复，加上由此而无法保证储存安全时，应联系供应单位派遣人员协助整理，然后再接收商品。未办理正式入库手续的商品，仓库要另行储存。

5. 单货不符或单证不齐

这类问题包括商品串库、有货无单、有单无货和货未到齐等问题。商品串库是指应该送往甲库的商品误送到乙库。当初步检查时发现串库现象，应立即拒收；在验收细数中发现串库商品，应及时通知进货人办理退货手续，同时更正单据。有货无单是指商品先到达而有关凭证还未收到，对此应暂时安排场所存放商品，及时联系相关部门，待单证到齐后再验收入库。有单无货是指存货单位先将单证提前送到了仓库，但经过一段时间后，仓库仍未见到商品，对此应及时查明原因，将单证退回并注销。货未到齐的情况是指由于运输方式不同，同一批商品不能同时到达，对此应分单签收。

任务实施

阅读案例导入内容，结合所学知识，回答下列问题。

1. 供应商在入园签到时需要注意哪些事项？供应商送货人员在到货登记时需要注意什么？

____

____

____

2. 商品入库规则中，对于商品销售包装及外观检验有哪些要求？

____

____

____

3. 入库规则中提到了开箱抽检和商品销售包装及外观检验，这些措施对于保证商品质量有何重要性？

____

____

____

知识检测

一、单选题

1. 商品验收的基本要求是（　　）。

A. 及时、准确、严格、经济　　B. 快速、随意、简单、方便

C. 复杂、烦琐、随机、合理　　D. 逐步、可变、灵活、低成本

2. 入库验收的基本流程不包括以下哪一项？（　　）

A. 验收准备　　B. 实物验收　　C. 上报货款　　D. 核对凭证

二、填空题

1. 商品验收中，若发现数量不足或质量不合格，仓库应做好________。

2. 商品验收的标准包括采购合约、合格样品和国家相关________标准。

三、判断题

1. 商品验收的目的主要是避免货物积压和减少经济损失。（　　）

2. 全数检验适用于所有类型的商品，不论其批量大小。（　　）

四、简答题

简述商品验收中数量验收、质量验收和包装验收的主要内容。

任务四　入库上架

新粮入住“智能仓”，山东实现地方粮食储备库智能化管理全覆盖

一清早，售粮人蒋锐来到寿光市地方粮食储备库卖粮。“咱们储备库结算及时，而且离得近，能省下不少运输费用。”蒋锐是寿光市的种粮大户，种了1200多亩小麦，收获的130多万斤的新麦，全都卖到了寿光市地方粮食储备库中。

7点一到，粮库门前，自动查验设备对运粮车逐一登记，并发放“一卡通”，一辆辆满载小麦的售粮车依次入库。“别看现在队伍长，等车入库后，1小时不到就能完成卸车，快得很!”蒋锐口中的“快”得益于储备库同步建成上线的智能化出入库系统。

“登记取号、扦样检验、过磅称重、卸粮付款……售粮人只需用一张卡就可以快速办理全部流程。”寿光市地方粮食储备库党支部李书记详细介绍着智能化出入库系统。

“售粮车到粮库以后，第一关就是通过扦样机扦取样品，检验小麦的容重、水分、杂质、不完善粒等指标。检验合格以后，入库车辆就可以上磅称重。”储备库质检科副科长说。通过优化流程，一份样品20分钟左右就能得出检验结果。小麦检验合格后，蒋锐登上驾驶室，把车驶向电子过磅区域。等到大屏上弹出红色大字“毛重61.162吨”，车继续向前，驶向卸粮区。“库里结算及时，小麦卸车后，钱就打到了账号里，卖得舒心。”蒋锐说。

2022年3月，寿光市地方粮食储备库开工建设了8万吨粮食储备仓容，总投资1.2亿元，2023年5月底竣工验收，同年6月夏粮收购时全部投入使用。新粮仓的启用，不仅惠及售粮人，还实现了智能化绿色储粮。

“新粮仓设计之初，就采用了国内最先进的高大平房仓仓型，应用智能、高效、环保、节能的储粮技术。”李书记说。粮仓内配备多参数粮情测温系统、内环流控温/环流熏蒸二合一系统及信息化监管系统等，实时在线检测库存粮食温度、湿度、气体浓度等关键指标，并与粮库内的通风设备等联动，及时调控储粮状态，实现了绿色储粮、科技储粮、安全储粮。

目前，地方粮食储备库智能化管理在山东已实现全面覆盖。据山东省粮食和物资储备局仓储与产业处四级调研员介绍，近年来，山东省在实施粮库智能化升级的基础上，正在积极推进粮食绿色仓储提升行动，支持绿色仓储升级改造和新建扩建仓容200多万吨，并持续推进智能化、信息化监管，不断加大省级粮食管理平台的建设。

全省应用机械通风、粮情检测、环流熏蒸三项储粮新技术的粮仓已达 2400 万吨以上，储备粮储存周期综合损耗率在 0.42%以内。粮食购销监管信息化步伐不断加快，省级粮食管理平台已全面实现与全省地方粮食储备库的分钟级互联互通，粮食行业智能化储粮管粮水平不断提升。

知识链接

一、WMS 入库流程

办理完货物交接和入库验收后，开始组织货物上架或进货位。使用叉车或 AGV 小车将货物搬运至指定货位进行储存，当叉车或 AGV 小车经过固定自动识别设备读写区域时，读写器自动获取货物及托盘标签信息，并将信息上传至 WMS。WMS 会根据系统制订的储存计划，将货位信息与货物及托盘标签信息进行匹配，若无误，WMS 通过固定自动识别设备读写区域的读写器将货位信息写入货物及托盘标签中，以实现货位分配，同时向叉车或 AGV 小车下达入库指令。智能 WMS 入库流程如图 4-4-1 所示。

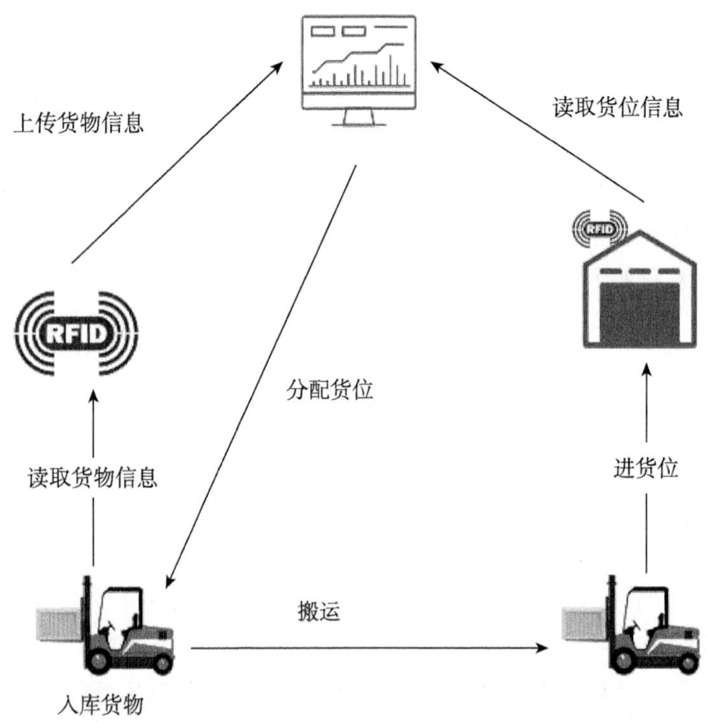

图 4-4-1 智能 WMS 入库流程

叉车或 AGV 小车得到入库指令后将货物搬运至指定货位，货位自动识别读写器将存入货位的货物信息上传到 WMS，经过系统确认后，叉车或 AGV 小车退出仓库，完成入库指令。

二、自动化立体仓库的入库流程

企业中大多数的自动化立体仓库是通过巷道式堆垛机将整托盘的货物自动入库，但是在教学中，由于场地、设备的限制，综合考虑安全和成本因素，大多数的自动化立体仓库都只适用于“轻、小、正”的单件货物入库，但两者在流程上面并无太大区别。

系统响应入库请求，弹出入库对话框，用户填写入库货物的名称和数量，系统查询订货量，如果订货量大于货物库存数量，则给出报警提示；否则，系统向入库计算机发送入库操作任务单，并打印入库单据。入库计算机控制条码系统扫描货物，扫描后入库计算机会判断扫描的货物和任务是否相符，若相符则执行入库分拣和运送；若不符，则给出报警信号。在自动化立体仓库入库时，以下几个环节需注意。

(1) 货物信息读取。自动化立体仓库中货物的信息是非常重要的，货物的信息通常储存在条码或 RFID 芯片里，这些信息的准确读取保证了货物的正确流向。

(2) 堆垛车上货监视。货物从输送线转移到货架或者从货架转移到输送线需要得到可靠的安全保证，否则会对货物或者货架造成不可逆的损害。这个工序需要传感器来监视货物在堆垛车上的状态。

(3) 进仓货物大小检测。货架通常有不同的尺寸规格，因此货物在放入货架前通常需要按照大小进行分类。

(4) 货架占用情况检测。自动化立体仓库的入库系统需要知道货物是否存放于货架，以及货物在货架的位置信息。

(5) 货物上架定位。货物在堆垛机和货架之间转移的时候，堆垛机必须与货架对位准确，否则堆垛机将有可能与货架发生机械碰撞，由此会对堆垛机、货架及其相关设备造成损害。

三、上架注意事项

(1) 在流向上，一般是先物流再信息流，因此需要先完成实物上架，再完成 WMS 上架。

(2) 半电动堆高车较重，无论是不是空载，都需要控制其速度，不能跑动操作。

(3) 移动半电动堆高车时务必松手刹（脚刹）。

(4) 托盘应放置于货架正中间，避免托盘从货架上掉落。

(5) 托盘摆放要正，与仓位货架边缘的距离要适中，不宜过远，也不宜过近，一般控制在 5～10 厘米。

(6) 上架完成，叉车卸下托盘后，务必牢记先放下货叉，再转动方向，绝对不能高叉作业。

(7) 堆高车只能载物，不能载人升降。

拓展阅读

超高频 RFID 扫描通道机批量识别标签，实现智能化管理

超高频 RFID 扫描通道机是由通道机箱体、电磁屏蔽装置、输送动力装置、RFID 读取装置、工业控制器、触摸显示屏及传感器等装置组成。机体内含 RFID 固定式读写器与天线，能够精准识别电子标签的信息，实现自动化的盘点、货物查询，每秒的识别率高达上百张标签信息，是高效率作业的保障。

1. 超高频 RFID 扫描通道机的特点

（1）检测识别效率高，产品扫描时间为 3～5 秒。

（2）专业的天线射频反射设计技术，充分解决标签死角及漏读问题。

（3）严密的电磁屏蔽设计及射频优化，可消除射频辐射对人体的伤害，同时标签读取准确、快速。

（4）自动双开卷帘门设计，无须人工干预，可实现自动化识别。

（5）可更改进口或国产 RFID 读写器，满足不同用户的需求，支持客户进行应用软件二次开发。

2. 超高频 RFID 扫描通道机批量识别标签，资产出入库实现智能化管理

（1）精准识别，自动盘点。

将货物推进超高频 RFID 扫描通道机，超高频 RFID 扫描通道机内置读写器会读取货品 RFID 标签信息，进行数量及标识信息的双重校验，对于不符合货品进行预警提示。

（2）订单及完成保障。

超高频 RFID 扫描通道机通过扫描获取信息并上传到后台数据库，可实现出入库全流程信息采集自动化。

（3）符合现代化仓储管理的发展需求。

作业高效快捷，无须人工干预，自动化管理模式可减少时间与人工的投入，数据化的管理模式为企业的长期运营提供支持。

总而言之，超高频 RFID 扫描通道机在货物出入库中具有重要的作用。通过无线电信号识别和货物追踪，提高了出入库效率、准确性和安全性，满足客户需求方面发挥越来越重要的作用。

任务实施

阅读案例导入内容，结合所学知识，回答下列问题。

1. 寿光市地方粮食储备库的智能化出入库系统给售粮人带来了哪些便利？

____

____

____

2. 寿光市地方粮食储备库在新粮仓建设中采用了哪些先进技术？在粮食储备库智能化管理方面取得了哪些成就？

____

____

____

3. 如何进一步优化粮食储备库的智能化出入库系统，以适应未来粮食安全和市场需求的变化？

____

____

____

知识检测

一、单选题

1. 在 WMS 入库流程中，叉车或 AGV 小车在搬运货物时需通过________获取货物及托盘标签信息。

A. 人工扫描　　B. 固定自动识别设备

C. 手动记录　　D. 纸质凭证

2. 自动化立体仓库中，货物信息的准确读取保证了货物的正确________。

A. 存储　　B. 流向　　C. 数量　　D. 包装

二、填空题

1. 在入库过程中，系统响应请求后，用户需填写入库货物的________和数量。

2. 货架的占用情况检测有助于了解________是否存放在货架。

三、判断题

1. 货物上架时，通常先有信息流再有物流。（　　）

2. 自动化立体仓库不适用于“轻、小、正”的单件货物入库。（　　）

四、简答题

简述上架过程中需要注意的事项。

综合实训

A 物流中心已经完成硬件系统和软件系统的改造，在大型促销活动前需要进行大规模的入库准备，以确保所有促销商品能够及时、准确地存放至仓库，并为后续的订单处理做好准备。为提升整体物流效率和服务质量，结合本节课所学知识，并借助互联网查阅资料，深入了解智能化物流中心的入库作业流程，实现入库作业的自动化和智能化。

根据以上实训背景，请完成以下实训内容。

实训目标：

1. 培养学生的团队合作能力和分工协作效率。

2. 提高学生对智能入库作业流程的理解和操作技能。

3. 加深学生对智能仓库管理系统（WMS）和自动化设备的认识，帮助学生学会使用智能物流设备进行货物的接运、验收和上架。

4. 帮助学生理解智能入库作业中的数据管理和异常处理方式。

5. 提高学生的操作技能和问题解决能力，培养学生的团队合作和项目管理能力。

实训流程：

第一阶段：团队组建与分工

—学生自由分组，每组 5～6 人。

—指定一名组长，组长负责协调小组内部工作和实训任务的分配。

—明确小组成员分工，设置送货员、收货区负责人、上架区负责人、质量检查员、数据录入员等岗位，确保每个成员都了解自己的职责和实训目标。

第二阶段：入库准备

—了解 WMS 的基本功能和操作流程，学习如何设置 WMS 系统，包括货物分类、存储规则、安全库存等。

—检查和准备智能物流设备，如 AGV、扫码设备、RFID 读取器、货架、输送带等。

—确认货物信息和入库计划，阅读智能入库作业流程手册。

第三阶段：接运与交接

—模拟货物到达仓库的场景，使用 AGV 或其他智能设备接运货物。

—与供应商进行货物交接，包括数量和质量的检查、核对单据、记录信息等。

—模拟货物交接中可能出现的问题，如货物损坏、数量不符等，并学习如何处理。

第四阶段：入库验收

—进行货物的详细验收，包括数量、型号和质量。

—货物在运输过程中出现了部分包装破损、变形，少量串货，试讨论如何完成入库准备、验收交接工作。

—学习如何将货物信息录入 WMS，确保数据的准确性。

—了解不同类型货物的验收标准和流程。

—将验收结果录入 WMS，并更新库存信息。

第五阶段：入库上架

—学习如何使用自动化设备进行货物上架。

—学习不同的储存策略，如先进先出（FIFO）、后进先出（LIFO）等。

—确认货物上架位置，并在 WMS 中更新货架信息。

—强调操作自动化设备时的安全注意事项。

第六阶段：资料整理与报告撰写

—整理实训过程中的所有资料，包括操作记录、收集的数据和问题解决方案等。

—归纳总结并撰写实训报告，内容至少包括实训目标、实训流程、实训中的关键操作步骤、遇到的问题及解决方案、实训成果和个人反思。

第七阶段：制作 PPT 与分享

—每组提交一份实训报告并制作 PPT。

—每组派一名代表上台进行分享，展示实训成果和学习心得。

实训材料：

—智能仓库管理系统（WMS）软件。

—自动化设备操作手册。

—货物模拟和实际货物。

—条码扫描器和 RFID 设备。

—计算机和网络设备。

—PPT 制作软件。

实训时间安排：

—第一阶段：0.5 天。

—第二阶段：1 天。

—第三阶段：1 天。

—第四阶段：1 天。

—第五阶段：1 天。

—第六阶段：2 天。

—第七阶段：1 天。

能力评价

评价指标			满分	得分
技能评价	知识点掌握	认知入库准备	10	
		认知接运与交接	10	
		认知入库验收	10	
		认知入库上架	10	
	汇报陈述	展示及讲解的专业程度与完整性	5	
		时间分配的合理性	5	
素质评价	学生自评	团队合作能力与配合程度	5	
		自主学习与创新能力	5	
		敬业、勤业、创业、立业的职业精神	5	
	组员互评	团队合作能力与配合程度	5	
		自主学习与创新能力	5	
		敬业、勤业、创业、立业的职业精神	5	
	教师评价	对学生的综合素质进行评价	20	
合计			100	

知识归纳

总结本项目的重点知识、难点知识及课堂要点等，并画出思维导图。

实践反思

在学习与实践的过程中，你学会了哪些分析与解决问题的方法？你认为自己在思想、行动及创新方面，还有哪些地方需要完善？

教师评语

05 项目五 智能在库作业

PROJ

学习目标

◎知识目标

- 了解货物保管的组织管理。
- 掌握货物堆垛的基本要求、基本原则，以及货物堆垛方式。
- 了解货物质量变化的类型和原因。
- 掌握货物养护的基本措施。
- 了解货物保管与养护的先进技术方法。
- 了解货物盘点的目的和内容。
- 掌握货物盘点的种类和方法。
- 了解库存控制的概念和评价指标。
- 掌握库存控制的方法。

※能力目标

- 能够对在库货物进行保管。
- 能够完成在库货物的堆垛设计，并根据货物类型的不同选择堆垛方式。
- 能够及时发现货物的质量变化，并分析原因。
- 能够利用不同手段实现仓库温湿度的调节与控制。
- 能够利用新的技术方法提高在库作业效率和保管的质量。
- 能够正确对在库货物进行盘点，并及时、正确地处理盘点结果。
- 能够根据货物的特点，选择库存管理方法以控制库存。

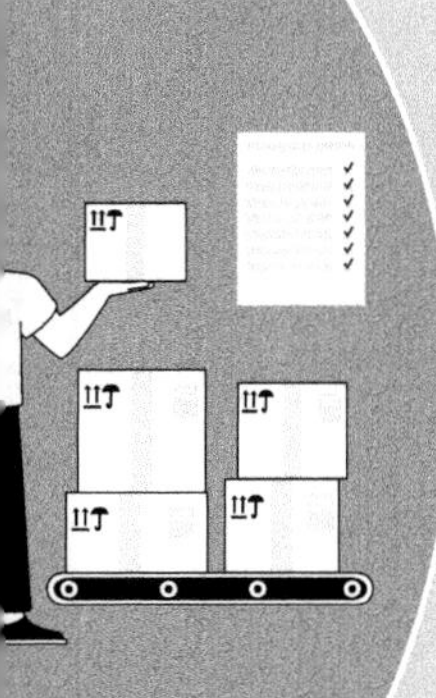

❖思政目标

- 培养学生节约成本的经营思维。
- 培养学生爱岗敬业、吃苦耐劳的职业道德。
- 培养学生的契约精神，遵纪守法、守规守信的职业道德。
- 培养学生团队合作的精神和敬业、专注的品质。
- 培养学生精益求精的工匠精神与严谨求实的职业态度。
- 培养学生不负韶华、不负时代的爱国情怀，激发学生的奋斗精神，增强学生对“制造强国”的民族自豪感。

思维导图

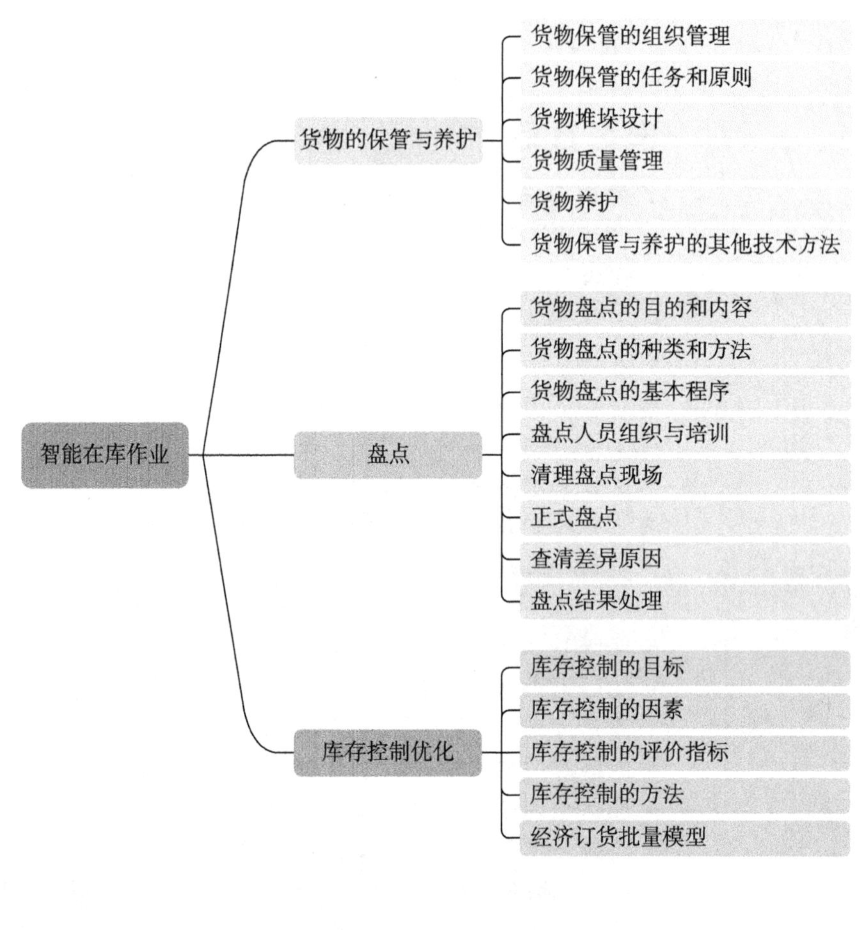
智能在库作业
货物的保管与养护
货物保管的组织管理
货物保管的任务和原则
货物堆垛设计
货物质量管理
货物养护
货物保管与养护的其他技术方法
盘点
货物盘点的目的和内容
货物盘点的种类和方法
货物盘点的基本程序
盘点人员组织与培训
清理盘点现场
正式盘点
查清差异原因
盘点结果处理
库存控制优化
库存控制的目标
库存控制的因素
库存控制的评价指标
库存控制的方法
经济订货批量模型

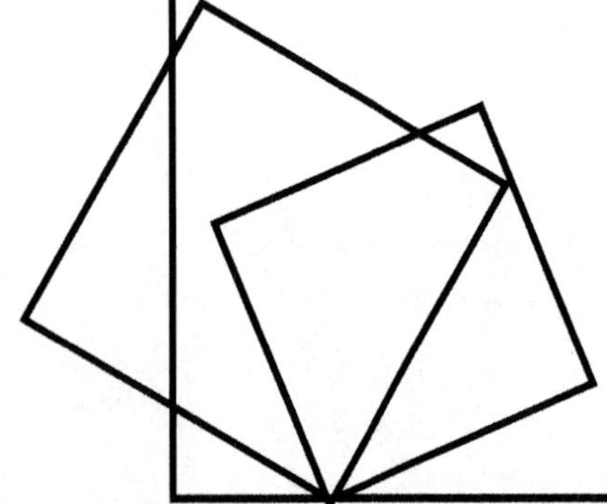

任务一　货物的保管与养护

蔬果生鲜超市库房温湿度控制及鲜蛋和果蔬的养护细节

蔬果生鲜超市库房的温度一般为-1～5℃。生鲜食品入库前做好仓间消毒。仓间消毒采用紫外线、抗霉剂、消毒剂3种方式。消毒后仓间内每平方厘米内微生物孢子数不超过100个。对于冷库内使用的工具、设备及操作人员穿戴的工作服、工作帽等，可用紫外线辐射杀菌消毒。

仓库内发现有异味时，采用臭氧消毒或用2%的甲醛水溶液，5%～10%的醋酸与5%～20%的漂白粉溶液消除异味。

一、鲜蛋的冷藏养护

鲜蛋不能同水分高、湿度大、有异味的商品同仓间堆放。特别是一、二类蛋要专仓专储（鲜蛋的保质期限一般为：一类蛋9个月，二类蛋6个月，三类蛋为3至4个月）。满仓后即封仓。每个堆垛要挂货卡，严格控制温湿度是鲜蛋储存质量好坏的关键，最佳仓间温度为-1～1.5℃。相对湿度为85%～88%为宜。仓库温度过高，会缩短鲜蛋储存期和降低鲜蛋的品质；温度过低，会使鲜蛋冻裂。相对湿度过高会导致鲜蛋霉变；过低会增加干耗。为有效控制温湿度，必须做到：

（1）每次进仓库鲜蛋数量不宜过大，一般不超过仓容量的5%。

（2）仓库温差不得超过2℃。

（3）冷风机冲霜每周2次，时间不宜过长。

（4）仓间温度在—15℃时，即可关闭制冷机。

（5）应定时换入新鲜空气，每昼夜换入气体体积相当于2～4个仓间容积。

（6）定期抽查和翻箱，一般每10天抽查2%～3%。

（7）压缩机房应每隔2小时对仓间温度检查一次。

二、果蔬的冷藏养护

（1）降温。进仓后要采取逐步降温的方法，因为果蔬采摘后，商品还存在一定的热量，如这时未经冷却而直接进入仓间，易使商品产生病害，达不到保质的目的。

（2）温度调节。果蔬进仓后，将继续发展成熟。其外界原因有如下三个。

①温度：温度高会加快商品成熟及衰老，如果存放在适宜的温度里，能减慢其成熟，使物质消耗降到最低水平，延长储存时间。

②氧气：空气中的含氧量是21%，适当降低含氧量，能抑制商品的成熟或衰老。

③二氧化碳：适当提高仓间的二氧化碳含量，也可抑制商品成熟和衰老，延长储存时间。

(3) 湿度调节。果蔬中含有大量水分，但在储存过程中，水分将逐渐蒸发，大部分果蔬的干耗超过5%时，就会出现枯萎等现象，鲜度明显下降。特别是水果，当干耗超过5%以后，就不能恢复原状。此外，储存环境的空气湿度过低也会加速果蔬的枯萎，降低其价值。因此，对于果蔬储存的仓库，湿度调节很重要。一般，90%的湿度为宜。湿度过高，果蔬易腐烂。

(4) 堆垛。果蔬不论是采取箱装或筐装，其堆垛最好用“骑缝式”的方法，垛与垛、垛与墙、垛与顶之间应有一定距离，便于冷风流通。

一、货物保管的组织管理

货物保管的组织管理包括空间组织管理和时间组织管理两方面的内容。

1. 空间组织管理

空间组织管理是指确定货物保管过程在空间的运动形式，即划分作业及确定它们在一定平面上的布置，以使劳动对象（即储存的货物）在空间上运动的路线最短，避免往返运转。这就要求合理划分作业班组。作业班组主要是根据仓库的吞吐储存规模、储存货物的种类及生产过程的特点等因素建立的。一般情况下，仓库按专业化形式设置班组，即集中同类设备完成作业过程中的某一道工序。

2. 时间组织管理

时间组织管理是研究劳动对象在整个储存保管过程中所处的各个阶段，如何在时间上得到合理的安排，并保证作业连续不断地进行，尽可能地消除或减少工人和设备的停工时间。作业过程的时间组织管理与作业班组和工序的组合形式等有很大的关系，相关人员需要综合各方面的情况进行合理安排。时间组织管理形式有平行作业、顺次作业、顺次平行作业等。

二、货物保管的任务和原则

1. 货物保管的任务

任何一种货物在储存期间表面上处于静止状态，实际上每时每刻都发生着各种理化和生物变化。只不过变化初期，凭借人的感觉是觉察不到的，等变化发展到一定程度被发现时，除了极少数货物，大部分货物的使用价值已发生变化，如金属锈蚀、木材腐蚀、水泥结块硬化等。由此可见，受货物本身固有特性及其所处的环境和各种人为因素的影响，货物变化不是瞬间完成的，而有一定的时间积累过程。

货物保管的任务是在认识和掌握各种库存货物变化规律的基础上，科学地运用这些规律，采取相应的措施和手段，根据货物性能和特点，有效地抑制内外界因素的影响，为库存货物提供适宜的保管环境和良好的保管条件，最大限度地减缓或控制有损货物使用价值的变化，以保证库存货物数量正确、质量完好，并充分利用现有仓储设施，为经济合理地组织货物供应打下良好基础。

由此可见，货物保管包含两个方面的内容：一是根据各种货物的性能特点，结合仓储具体条件，将货物存放在合理的场所和位置，为在库货物提供适宜的保管环境；二是对货物进行必要的保养和维护，为货物创造良好的保管条件。二者是相互联系、相互依赖、不可分割的有机体，其主要目的都在于保持库存货物的原有使用价值，最大限度地减少货物损耗。

2. 货物保管的原则

货物在保管时，有几个原则必须特别注意，否则作业效率与库存货物的保管质量都会受到严重的影响。

（1）质量第一原则。货物保管的目的在于保持库存货物原有的使用价值，因此，在保管过程中，首先要保证货物质量，最大限度地保持货物在进库前的状态，减少储存中出现的损耗，这是货物保管时应遵循的第一原则。

（2）效率原则。货物保管时，仓库的作业效率和保管效率是应考虑的另一个重要原则。同一种物品或类似物品应放在同一个地方保管，或根据出入库频率安排货物储存位置，这些因素直接影响货物出入库的时间，同时合理安排货物储位，有利于提高仓库利用率，这是提高保管效率的重要方法。

（3）科学合理原则。货物保管时，无论机械设备的选用，还是储位分配，都应遵循科学合理的原则，这一原则是维护货物质量和提高作业效率的重要保证。

（4）预防为主原则。货物保管时应注意货物安全和作业安全，保证安全的主要措施则是在保管时遵循预防为主的原则。

三、货物堆垛设计

货物堆垛是根据货物的包装、外形、性质、特点、重量和数量，结合季节和气候情况，以及储存时间的长短，按一定的规律堆码成各种形状的货垛。货物堆垛的目的在于方便对货物进行维护、查点等，以及提高仓容利用率。

1. 货物堆垛的基本要求

仓管人员在进行货物堆垛时，必须考虑下列要求。

（1）有效利用仓库空间，尽量采取立体堆垛方式，提高仓库使用率。

（2）利用机器装卸，如使用堆高机等以增加货物堆垛的空间。

（3）通道应保持适当的宽度，这样可保证货物搬运的顺畅，同时不影响货物装卸的效率。

（4）不同的货物应依货物本身的形状、性质、价值等考虑不同的堆垛方式。

（5）货物的仓储要考虑“先进先出”的原则。

（6）货物的堆垛应易于读取储存数量。

（7）货物的堆垛应便于识别与检查，如应将合格品、不合格品、呆料、废料分开处理。

2. 货物堆垛的基本原则

（1）先进先出原则。在仓库堆垛中，先进先出是一项非常重要的原则，尤其是有时间要求的货物。货物在仓库内储存的时间越长，越容易造成过期或者变质，以致影响整个仓库的保管效益。所以，应尽可能缩短货物的储存时间，确保先进的货物优先出库。

（2）零数先出原则。在仓库中，货物出入库形式有整进整出、零进整出、整进零出等。因为零星货物要比整件货物更难以管理，所以出货时，必须优先考虑让零数或者已经拆箱的货物出库，除非对方要求整箱订货。

（3）重下轻上原则。任何情况下，储存货物时都要确保重的货物码放在下方，轻的货物码放在上方。如果是多层楼库，应该考虑较重的货物存放在楼下，而较轻的货物存放在楼上，这主要是出于建筑物安全和提高机械设备作业效率的考虑。如果使用货架多层存放或者直接平放地面堆叠，为保持货架稳定性和避免较轻货物被较重货物压坏，较重货物应该存放在下层，而较轻货物存放在上层。

（4）ABC分类布置原则。规划储存位置时，首先应该按畅销程度（出货频率）将货物划分为A、B、C三类，然后存放在不同堆垛场地的不同位置。在一般平放仓库直接堆放时，应该把畅销（出货频率高）的A类货物规划在靠近门口或者通道旁边的地方，把最不畅销（出货频率低）的C类货物规划在角落或者离门口较远的地方，而B类货物则堆放在A类与C类货物之间。

（5）特性不同的货物不要存放在一起。在仓库保管中，往往会有许多种类的货物存放在一起，但是每一种货物的特性大都不一样，有时存放在一起会相互影响产生变质的情形。例如，有些货物会散发气味（如香皂、香水等），有些货物则会吸收气味（如茶叶、卷纸等），甚至有些货物既会散发气味，也会吸收气味（如香烟等）。如果把散发气味与吸收气味的货物存放在一起，则会使货物的质量产生变化。因此，在堆垛时，一定要特别注意并遵循该项原则。

3. 货物堆垛方式

（1）散堆法。散堆法适用于露天存放的、没有包装的大宗货物，如煤炭、矿石、散砂、散装化肥等，也适用于库内少量存放的谷物、碎料等散装货物。这种堆垛方式简便，便于采用现代化的大型自动化机械设备，节省包装费用，提高仓容利用率，降低运费。

（2）货架法。货架法适用于小件、品种规格复杂且数量较少、包装简易或脆弱、易损害、不便堆垛的货物。

（3）成组码放法。成组码放法能充分利用仓容，做到货垛整齐，方便作业和保管。成组码放时，根据货物的基本性能和外形等，有多种堆垛方式，较为常见的方式有重叠式堆垛、纵横交错式堆垛、正反交错式堆垛、仰俯相间式堆垛、通风式堆垛、压缝式堆垛、宝塔式堆垛、栽柱式堆垛、衬垫式堆垛、五五化堆垛、托盘式堆垛等。

四、货物质量管理

1. 货物质量变化的类型

库存货物质量变化的类型很多，但归纳起来主要有物理机械变化、化学变化、生理生化变化及生态变化等。

（1）物理机械变化。货物的物理机械变化包括物理变化和机械变化。货物的物理变化是指只改变货物本身外表形态，不改变本质，没有新物质生成，并且有可能反复进行的变化现象。货物的机械变化是指货物在外力作用下，发生形态变化。货物的物理机械变化的结果不是使货物数量损失，就是质量降低，甚至使货物失去使用价值。货物常发生的物理机械变化有挥发、溶解、熔化、渗漏、串味、沉淀、沾污、破碎与变形等。

（2）化学变化。化学变化是指不仅改变货物外表形态，而且改变货物的本质，并有新物质生成，不能恢复原状的变化现象。化学变化是货物的质变过程，严重时会使货物失去使用价值。货物的化学变化形式主要有氧化、分解、水解、老化、腐蚀、风化等。

（3）生理生化变化。生理生化变化是指有生命活动的有机体物品，在生长发育过程中，为了维持其生命，本身所进行的一系列生理变化。例如，粮食、蔬菜、水果、鲜鱼、鲜肉、鲜蛋等有机体物品，在储存过程中受到外界条件的影响，往往会发生这样或那样的变化，这些变化主要有呼吸作用、发芽、胚胎发育、后熟等。

（4）生态变化。生态变化是指在生物作用下，货物发生形态上的变化。常见的生态变化包括霉腐、虫蛀等。

2. 影响库存货物质量变化的因素

只有了解和掌握库存货物发生变化的影响因素，才能针对各类货物的特性进行科学的保管，以达到防止、延缓或减少库存货物变化，减少或避免货物损失的目的。通常，引起货物质量变化的因素有内因和外因两种，内因决定了货物变化的可能性和程度，是变化的根据，外因是促进这些变化的条件。

（1）影响货物质量变化的外因。影响货物质量变化的外因主要包括自然因素、储存时间、社会因素和人为因素等。

①自然因素。自然因素包括温度、湿度、大气、日光、卫生条件及生物等。

温度过高、过低或剧烈变化，都会对某些货物产生不利影响。因此，控制和调节库存货物或仓库的温度是货物储存的重要工作内容之一。

湿度即大气的干湿程度，湿度对库存货物的影响较大。大部分货物怕潮湿，但也有少数货物怕干燥。过分潮湿或干燥，都会促使货物发生变化。空气湿度的改变能引起货物的含水量、化学成分、外形或体态结构发生变化。所以，在货物储存中，必须掌握各种货物的适宜湿度，尽量创造适宜货物的空气湿度。

大气中约含有21%的氧气，氧气非常活跃，能和许多货物发生作用，对货物质量变化影响很大。例如，加速金属锈蚀，加速仓库虫害及霉菌的繁殖，促使带有还原剂的化工产品氧化变质，使某些油脂氧化，促使高分子材料老化，促成燃烧爆炸等。

日光中含有热量、紫外线、红外线等，适度的日光对库存货物有时是有利的，但是，某些货物在日光的直接照射下会发生变质。例如，日光能够促使许多高分子化合物（如橡胶及其制品）的分子链裂解，发生老化、龟裂现象；着色纤维制品、纸张及纸制品，经日照会发脆、褪色：润滑油脂、油漆等在日光照射下易于分解；竹材及其制品在日光曝晒下易于变形开裂：某些化学药品和感光胶片、感光纸等，见光后会失效，丧失使用价值等。

卫生条件是保证货物免于变质腐败的重要条件之一。卫生条件不良，灰尘、油垢、垃圾等不仅污染货物，造成某些货物形成外观疵点和感染异味，而且还为微生物、仓储害虫等创造了活动场所。因此，货物在储存过程中，一定要搞好仓库环境的卫生，保持货物本身的卫生，防止货物之间的感染。

生物对在库货物也有很大影响。这里所说的生物主要是指仓储害虫，如白蚁、老鼠等，其中虫蛀、鼠咬危害最大。

②储存时间。储存时间对任何货物都具有一定的影响，只是程度不同而已。一般来说，储存时间越长，货物受到上述自然因素影响的可能性就越大，越容易发生变化，变化的程度也越深。另外，储存时间过长，货物会因其内部的物质运动而老化，甚至失去其使用价值，如食物变质、茶叶陈化。货物会因储存时间过长而形成损失，即随着社会技术的进步，新产品层出不穷，原有的、陈旧的同类货物失去销售市场。因此，仓库要坚持先进先出的发货原则，并加强货物盘点和在库检查的管理工作，及时处理接近保存期限的货物。

③社会因素。自然因素对库存货物的变化产生直接影响，而社会因素对库存货物的变化产生间接影响。社会因素是多方面的，主要包括国家的宏观经济政策、国民经济波动情况、生产力布局、交通运输条件、经济管理体制、企业管理水平、仓库设施条件与管理水平等。上述因素对货物的储存量、储存时间和仓储设施的改善都会构成影响，进而增大货物变化的可能性。例如，企业或仓库管理水平低下，可能造成某些货物经常超储；国民经济紧缩时期，企业库存增加，货物在库时间相对延长；由于计划不周，库存货物品种、规格、结构不对路，同样也会延长库存时间。

④人为因素。人为因素是指人们未按货物自身特性的要求或未认真按有关规定和要求作业，甚至违反操作规程而使货物受到损害的情况。这些情况主要包括以下几个方面。

a. 保管场所选择不合理。由于货物自身理化性质决定了不同库存货物在储存期间要求的保管条件不同，因此，对不同库存货物应结合当地的自然条件选择合理的保管场所。一般条件下，普通的黑色金属材料、大部分建筑材料和集装箱可在露天货场储存；怕雨雪侵蚀、阳光照射的货物应放在普通库房及货棚中储存；要求一定温湿度条件的货物相应存放在冷藏、冷冻、恒温、恒湿的库房中；易燃、易爆、有毒、有腐蚀性的货物必须存放在特种仓库中。

b. 包装不合理。为了防止货物在储运过程中受到冲击、压缩等外力而被破坏，应对货物进行适当的捆扎和包装，如果没有捆扎或捆扎不牢，将会造成倒垛或散包，使货物丢失、损坏。某些包装材料或包装形式选择不当，不仅不能起到保护的作用，还会加速库存货物受潮变质或受污染霉烂。

c. 装卸搬运作业不合理。装卸搬运活动贯穿仓储作业过程的始终，是一项技术性很强的工作。各种货物的装卸搬运作业均有严格规定，如平板玻璃必须立放、挤紧、捆牢，大件设备必须在重心点吊装，胶合板不可直接用钢丝绳吊装等。实际工作表明，装卸搬运不合理，不仅会给货物造成不同程度的损害，还会给劳动者的生命安全带来威胁。

d. 堆码苫垫不合理。垛形选择不恰当，堆码超高、超重，不同货物混堆，需苫盖而没有苫盖或苫盖方式不对等，都会导致货物损坏变质。

e. 违章作业。例如，在库内或库区违章明火作业、烧荒、吸烟易引起火灾，造成更大的损失，带来更大的危害。

（2）影响货物质量变化的内在因素。货物发生变化的内因即货物自身的特性，主要包括货物的化学成分、物理形态、理化性质、机械及工艺性质等。

①化学成分。不同货物具有不同的化学成分，不同的化学成分及其不同的含量既能影响货物的基本性质，又能影响货物抵抗外界侵蚀的能力。货物的化学成分包括无机成分、有机成分和杂质。

②物理形态。货物的形态分为固态、液态、气态，不同形态具有不同的特性，要求提供相应的保管条件，对于库存货物而言，应避免货物在三种形态间的相互转化。此外，货物的外观多种多样，在保管时应根据其体形结构合理安排仓容，科学地进行堆码，以保证货物质量。

③理化性质。理化性质是由货物的化学成分和组织结构决定的。物理性质主要包括货物的挥发性、吸湿性、水溶性、导热性、耐热性、透气性、透水性等，化学性质主要是指货物的化学稳定性、燃烧性、爆炸性、腐蚀性、毒害性等。货物的理化性质是使其发生变化的主要内在因素，储存过程中必须根据货物的不同理化性质采取相应的保管措施和技术，防止变化的发生。

④机械及工艺性质。货物的机械性质是指货物的形态、结构在外力作用下的反应。货物的这种性质与其质量关系极为密切，是体现适用性、坚固耐久性和外观的重要内容，包括货物的弹性、可塑性、韧性、脆性等。工艺性质是指货物的加工程度（如毛坯、半成品、成品等）和加工精度（如光洁度、垂直度、水平度等）。一般来说，强度高、韧性好、

加工精密的货物不易发生变化：反之，则较容易发生变化。

综上所述，影响库存货物变化的因素很多，其中，内因（即货物本身的特性）是仓储过程中无法改变的，而外因（即自然因素、储存时间、社会因素、人为因素）是在仓储过程中能够加以控制的。因此，在货物保管与保养过程中，应对影响库存货物变化的各种外因进行控制，以消除其对货物的不利影响。

五、货物养护

在储存过程中对货物进行的保养和维护工作称为货物养护。货物养护的目的是针对货物的不同特性积极创造适宜的储存条件，采取适当的措施，以保证货物储运的安全，保证货物的质量，减少货物的损耗，节约费用开支，为企业创造经济效益和社会效益。

1. 货物养护的基本措施

（1）严格验收入库货物。货物入库前可能已有受潮、沾污、锈蚀、生霉、损坏等现象，所以在入库时要严格验收，弄清货物及其包装的质量状况，对具体情况进行处理和采取救治措施，做到防微杜渐。

（2）合理安排储存场所。由于不同货物性质不同，对储存场所、保管条件的要求也不同，安排得不合理就会使货物出现货损变质，甚至报废，所以必须根据货物本身的性质特点选择存放场所。例如，怕潮易霉变、易生锈的货物，应存放在较干燥的库房里；怕热易熔化、发黏、挥发、变质或易发生燃烧、爆炸的货物，应存放在温度较低的阴凉场所；一些既怕热又怕冻且需要较大湿度的货物，应存放在冬暖夏凉的地下库房或地窖里。此外，性质相抵触或易串味的货物不能在同库房混存，以免相互产生不良影响。对于化学危险品，尤其要严格按照有关部门的规定，分区分类安排储存地点。

（3）妥善进行堆垛苫垫。入库货物应根据其性质、包装条件、安全要求采用适当的堆垛方式，达到安全牢固、便于堆垛且节约仓容的目的。为了方便检查、通风、防火和保证库房建筑安全，应适当地留出垛距、墙距、柱距、顶距、灯距，以及一定宽度的主通道和支通道。为了防止货物受潮和满足防汛需要，货垛底应适当垫高，对怕潮货物，垛底还需要加垫隔潮层。露天货垛必须苫盖严密，达到风吹不开、雨淋不湿的要求，垛底地面应稍高，货垛四周应无杂草，并有排水沟以防积水。

（4）坚持在库货物检查。货物在储存期间受到各种因素的影响，质量可能会发生变化，如果未能及时发现，可能造成损失，因此，需根据其特性、储存条件、储存时间及季节气候变化分别确定检查周期、检查比例、检查内容，分别按期进行检查或进行巡回检查。检查时应特别注意货物温度、水分、气味、包装物的外观及货垛状态是否异常。在检查中发现异常，要扩大检查比例，并根据问题情况采取适当的措施，及时处理，防止货物受到损失。

（5）搞好仓库清洁卫生。储存环境不清洁，易引起微生物和虫类寄生繁殖，危害货物，因此，应经常清扫仓库，彻底清除仓库周围的杂草及垃圾等，必要时使用药剂杀灭微生物和潜伏的仓储害虫。对容易遭受虫蛀及鼠咬的货物，要根据货物性质和虫鼠生活习性及危害途径，及时采取有效的防治措施。

2. 仓库温湿度的调节与控制

控制与调节温湿度的方法很多，有密封、通风、吸湿和加湿、升温和降温等。将几种方法合理地结合使用，效果更好。

（1）密封。密封是指在库外高温高湿条件下，使货物库房严密封闭、减少温湿度对货物的影响以达到安全储存的目的。密封是温湿度管理的基础，它的原理是利用一些不透气、能隔热隔潮的材料，把货物严密地封闭起来，以隔绝空气，降低或减少空气温湿度变化对货物的影响。密封形式可分为单件密封、整箱密封、货垛密封、小室密封和整库密封等。

（2）通风。通风是指在库外温湿度较低的条件下利用空气流通的规律使库内外空气交换，以达到降温降湿的目的。通风的方法有：①自然通风，即利用风压和热压的作用，开启库房门窗和通风洞，使库内外空气产生自然对流；②机械通风，即利用通风机械产生的正压力或负压力，使库内外空气形成压力差，从而强迫库内空气发生循环、交换，达到通风的目的，分为排出式通风、吸入式通风和混合式通风。

对库房进行通风，就是由于库房内温度高、湿度大，不适宜货物的保管。但是，如果通风时机不当，不但不能达到通风的预期目的，有时甚至会出现相反的结果。例如，想通过通风降低库内湿度，但由于通风时机不对，可能反而会增大库内湿度。因此，必须根据通风的目的确定适宜的通风时机。通风目的一般分为通风降温和通风降湿。仓库通风的目的多数情况是降低库内湿度。

（3）吸湿和加湿。在不能采用通风调节湿度或需要迅速改变湿度的情况下，可采用吸湿剂、空气去湿机吸湿，用洒水机、加湿器等增湿。在仓库中，多数日用商品和纺织品要降低湿度，多数生鲜商品和鲜活商品需要增加湿度。

加湿可分为人工加湿和机械加湿。当湿度比较低时，可以通过洒水、湿擦、盛水等方法增加库内湿度，还可以使用加湿器增加湿度，当湿度达到一定要求后，就需要及时关闭加湿器。

（4）升温和降温。在不能通过通风调节温度时，可用暖气设备提高库房温度，也可用空调设备升温或降温。

六、货物保管与养护的其他技术方法

除了上述货物保管与养护的一般方法，智能仓储还会引入一些新的技术方法以提高作业效率和保管的质量。

1. 温湿度自动监控系统

温湿度自动监控系统是指利用光电自动控制设备，在规定的仓库温湿度范围内自动报警、开窗、开动去湿机、记录和调节库内温湿度等，当库内温湿度调至适宜温湿度时，又可自动停止工作。光电自动控制设备具有占地面积小（仅1平方米左右）、使用灵敏、准确的优点，为智能仓储常用的设备。

温湿度自动监控系统分为三大部分：数据中心、仓库监控点、用户手机。数据中心主要由个人计算机和上位机软件构成，它可以实现数据接收、存储、显示、请求及曲线显示、报表打印输出等信息管理工作，可在特殊情况进行监控中心预警，可通过客户端软件方便地访问实时数据和历史数据。仓库监控点能够实时监控仓库内现场的温度、湿度、烟雾浓度等数据，并将仓库现场的温度、湿度、烟雾浓度等数据采集到数据采集终端内，还可以根据实时数据实现现场的自动报警，防止事故发生。用户可以通过手机访问数据中心，采集现场实时数据，也可以编辑短信发送到数据采集终端采集现场实时数据。

温湿度自动监控系统由前端完成对环境监测因子（环境监测因子包括仓库湿度、温度、烟雾浓度等参数）的监测与汇总、转换、传输等工作，这些环境监测因子由数据采集终端使用不同的方法测量获得，此结果通过数据处理转换后经由GPRS（通用分组无线服务）网络向在线监测数据平台传输，在线监测数据平台可实现数据的接收、过滤、存储、处理、统计分析并提供实时数据查询等服务，当温湿度超过设定阈值时，系统会自动开启或者关闭现场指定设备。温湿度自动监控系统可以安全、可靠、准确、实时、快速地将真实的仓库环境信息展现在管理人员面前。

温湿度自动监控系统的主要功能如下。

（1）24小时监控。系统可在线24小时实时连续地采集和记录监控点位的温度、湿度、烟雾浓度等各项环境参数情况，以数字和图像等多种方式进行实时显示和记录，监控点位可多达上千个。

（2）设定报警值。系统可设定各监控点位的温度、湿度、烟雾浓度等报警值，当被监控点位数据出现异常时，系统可自动发出报警信号，报警方式包括现场声光报警、网络客户端报警、电话语音报警、手机短信报警等。设定报警值后，系统可在不同的时刻通知不同的值班人员。

（3）全中文图形界面。数据中心软件采用全中文图形界面，实时显示、记录各监控点的温度、湿度、烟雾浓度等环境数据的历史数据、最大值、最小值、平均值及累计值，一旦出现异常情况，会通过图形界面进行报警。

（4）可打印报告。监控主机端利用监控软件可随时打印各时刻的温度、湿度、烟雾浓度等环境数据及运行报告。

（5）轻松查看数据。系统具有强大的数据处理与通信能力，采用计算机网络通信技术，局域网内的任何一台计算机都可以访问监控计算机，在线查看监控点位的环境数据变化情况，实现远程监控。工作人员能够在值班室监控，管理人员也可以在办公室通过智能手机非常方便地监控。

（6）数据分析处理简单。系统可扩展多种数据记录分析处理软件，能绘制棒图、饼图，进行曲线拟合等处理，也可利用办公软件对其进行数据处理。

(7) 增减设备简单。系统设计时预留有接口，可随时增加或减少硬件或软件设备，系统只要做少量的改动即可，可以在很短的时间内完成，可根据政策和法规的改变随时增加新的内容。

2. 荧光氧气传感器——保鲜的气压传感器技术

荧光氧气传感器外加气压传感器可以输出氧气浓度值和气压值，结合电化学传感器低功耗的优势，非消耗传感原理使它具有更长的寿命。另外，荧光氧气传感器设有氧压和温度补偿系统，它可以准确工作于宽环境范围，而不需要额外的补偿系统。该传感器非常稳定和环保，不含铅或其他任何有毒材料，并且不受其他气体的交叉干扰。

新鲜果蔬采收后是一个有生命的活体，在储存过程中仍然进行着正常的以呼吸作用为主导的新陈代谢活动，表现为消耗氧气，释放二氧化碳，并释放一定的热量。因此，控制或调整储存环境中氧气及二氧化碳的浓度，可以大大提高某些水果和蔬菜的储存寿命。荧光氧气传感器通过精确地测量氧气及二氧化碳的浓度以调整气调库的气氛环境，从而延长易腐食品的保质期。

在冷藏的基础上，通过调节储存环境中的温度、湿度、二氧化碳浓度、氧气浓度和乙烯浓度等，抑制果蔬的呼吸作用，延缓其新陈代谢过程，从而更好地保持果蔬新鲜度和商品性，延长果蔬储藏期和保鲜期。相比普通冷藏，气调储藏通常能使储藏期延长近 1 倍；气调库内储藏的果蔬，出库后先从“休眠”状态“苏醒”，这使果蔬出库后保鲜期（销售货架期）可延长 21～28 天，是普通冷藏库的 3～4 倍。

3. 货位监控的压力传感器技术

压力传感器是能感受压力信号，并能按照一定的规律将压力信号转换成可用的输出电信号的器件或装置。压力传感器通常由压力敏感元件和信号处理单元组成，是一种智能压差控制器。根据不同的测试压力的方法，压力传感器可分为表压传感器、差压传感器和绝压传感器。

智能仓储中，货位的受压情况可以采用压力传感器进行监控，超大液晶屏实时显示货位当前的压差值，当达到设定值时输出开关信号，通过工作指示灯、报警指示灯和报警蜂鸣器通知仓管人员，科学、合理地管理货位。

4. 储存周期的自动监控技术

智能仓储中，会采用自动监控技术对货物的储存周期进行自动化监控和提醒。

当货物储存设备的门的闭合状态变化时，该设备会对本设备中的货物进行识别；信息系统根据识别的结果，对货物储存信息进行更新；信息系统根据更新后的货物储存信息，计算各货物的储存时间；针对每个货物，信息系统根据储存时间和预设保质期判断是否需要将提醒信息发送给用户。如此，可以对货物的储存周期进行自动化监控和提醒，从而使用户能够及时获知库存中接近保质期的货物。

任务实施

阅读案例导入内容，结合所学知识，回答下列问题。

1. 生鲜食品的储存条件有哪些？大型商超应如何做好生鲜食品的保鲜储存？

____

____

____

2. 如果库房内的温度超过了推荐的控制范围，会对鲜蛋和果蔬的储存质量产生哪些影响？

____

____

____

3. 考虑到鲜蛋和果蔬的储存要求，如何设计一个有效的仓库管理系统来监控和调整温湿度？

____

____

____

知识检测

一、单选题

1. 货物堆放时，最优先考虑的因素是（　　）。

A. 堆放美观　　B. 重量分布

C. 存取便利　　D. 运输成本

2. 定期对库存进行盘点的主要目的是（　　）。

A. 更新库存信息　　B. 增加库存量

C. 减少人力成本　　D. 提高销售额

二、填空题

1. 在运输过程中，货物应避免________的环境，以防受损。

2. 为确保货物的质量，应在储存时定期________，检查货物有无变质。

三、判断题

1. 所有类型的货物都可以堆放在一起，以提高空间利用率。（　　）。

2. 合理的储存条件对保持货物质量至关重要。（　　）。

四、简答题

1. 请说明如何优化货物储存空间。

2. 货物养护的常见方法有哪些?

任务二　盘　　点

案例导入

以物流与供应链行业数字化转型发展为契机，内蒙古移动启动“智能物联网工程”，依托5G技术，成功部署了国内首个仓储巡检盘点机器人项目，实现了“一键式”仓储智能化管理。据了解，该巡检盘点机器人集地图识别、路径规划、自主导航移动、智能避障、目标物体辨识、RFID盘点等诸多功能于一体，使得超大面积仓库的管理变得简单、高效、安全。

在仓库盘点现场，机器人根据事先规划好的路线从通道一端走到另一端，透过摄像头可清晰扫描到左右两侧高9米货架内的所有物料，并将扫描到的RFID标签信息通过机器人上配置的5G通信模块实时传输到后台服务器上，后台服务器将扫描到的RFID标签信息与库存数据进行比对，仓库管理人员在系统显示页面即可看到盘点结果。项目负责人袁满介绍：“机器人巡检不会错过任何巡检点，对于高层物料也能够快速进行盘点。巡检盘点机器人上线后，大幅提升了仓库物资入库、出库、盘点、移位效率，将超大面积仓库巡检盘点时间由2天缩短为2小时，有力地保障了工程进度和库存的准确性，同时大幅减少了仓储外包管理费用。”

此外，机器人还配置红外热像仪、可见光摄像头、温湿度传感器等，能够实时捕捉仓库内物体表面温度、拍摄消防通道照片、记录仓库中温湿度数据。如果发现异常情况，能够以警告弹窗方式显示在仓库监控页面上，仓库管理人员就可以及时发现并进行处置。通过运用物联网技术和传感器技术，真正实现了智能温湿度监测、智能灭火器监测等功能，极大地提升仓库消防安全预警能力。

知识链接

所谓盘点，是指定期或临时对库存货物的实际数量进行清查、清点的作业，即为了掌握货物的流动情况（入库、在库、出库的流动状况），对仓库现有货物的实际数量与信息系统及财务账面上记录的数量进行核对，以便准确地掌握库存数量。

一、货物盘点的目的和内容

1. 货物盘点的目的

（1）查清实际库存数量。盘点可以查清实际库存数量，并确认其与库存账面数量的差异。如果发现盘点的实际库存数量与库存账面数量不符，应及时查清原因，并进行适当的处理，通过盈亏调整使二者一致。图 5－2－1 所示为盘点作业。

图 5－2－1　盘点作业

（2）帮助企业计算资产损益。对企业而言，库存物品总金额直接反映企业流动资产的使用情况，而库存金额又与库存量及其单价成正比，库存量过高，流动资金的正常运转将受到威胁。因此，为了能准确地计算出企业实际损益，必须进行盘点。一旦库存太多，即表示企业的经营受到压制。

（3）发现货物质量问题。通过盘点，可以发现呆品和废品及其处理情况、存货周转率，以及货物保管、养护、维修情况，从而采取相应的改善措施。

（4）发现货物管理中存在的问题。通过盘点查明盈亏原因，发现仓储作业与管理中存在的问题，并采取相应的措施，提高库存管理水平，减少损失。

2. 货物盘点的内容

（1）查数量。检查货物的数量是否准确，检查账面和货卡的记载是否准确，核对“账、卡、物”是否一致，这些是盘点的主要内容。

（2）查质量。检查库存货物的质量是盘点的另一项主要内容，主要检查货物质量有无变化、货物有无超过保管期限、有无长期积压现象、技术证件是否齐全、证物是否相符，必要时还要进行技术检验。

（3）查保管条件。检查保管条件是否与货物要求的保管条件相符合，这是保证在库货物使用价值的一个基本条件。例如，检查货物堆码是否合理稳固，苫垫是否严密；库房是否漏水，场地是否积水，门窗通风是否良好；温湿度是否符合要求；库房内外是否整洁；通道是否通畅；储区标志是否清楚、正确，有无脱落；等等。

（4）查设备。检查各种设备的使用和养护方法是否合理；计量器具和工具，如钢卷尺、磅秤等，是否准确，检查时要用标准件校验；储位、货架标志是否清楚、明确，有无混乱；储位或货架是否充分利用等。

(5) 查安全情况。检查各种安全措施和消防设备、器材是否符合安全要求；检查建筑物是否损坏而影响货物储存；对地震、台风等自然灾害有无紧急处理对策等。

二、货物盘点的种类和方法

1. 货物盘点的种类

货物盘点按照盘点范围可分为全面盘点和局部盘点。全面盘点即对所有仓储货物进行全面彻底的清查盘点，一般安排在月末、季末、年末，视企业的具体情况而定。局部盘点即对部分仓储货物进行盘点，这是一种有针对性的盘点，所需要的时间、人力、物力较少，对企业正常的生产工作影响不大，必要时可随时进行，对解决局部突发问题效果明显。

货物盘点按盘点时间可分为定期盘点、临时盘点和日常盘点。定期盘点即根据规定的盘点时间进行的全面性盘点，和全面盘点类似。临时盘点指不定期的盘点，如遇商品调价、实物负责人的调动交接、仓库发生意外事故等情况时对货物进行的盘点。日常盘点通常称为“动碰复核”，就是保管员在发货时，对付过货的货垛立即盘点余数，并与货卡的结存数进行比较。

2. 货物盘点的方法

(1) 账面盘点法。账面盘点法是将每一种货物分别设立“存货账卡”，然后将每一种货物的出入库数量及有关信息记录在账面上，逐笔汇总账面库存结余量。

(2) 现货盘点法。现货盘点法是对库存货物进行实物盘点的方法。按盘点频率的不同，现货盘点法又分为期末盘点法和循环盘点法。期末盘点法是指在会计计算期末统一清点所有货物数量的方法。采用期末盘点法时，由于盘点数量大、工作量大，通常采用分区分组的方式进行，B、C 类货物常选择此类方法。循环盘点法指在每天、每周清点一部分货物，一个循环周期将每种货物至少清点一次的方法，A 类货物常采用此类方法。

三、货物盘点的基本程序

货物盘点作业一般根据以下几个步骤进行：盘点前准备、确定盘点时间、确定盘点方法、盘点人员组织与培训、清理盘点现场、正式盘点、查清差异原因、盘点结果处理。货物盘点的基本程序如图 5-2-2 所示。

1. 盘点前准备

盘点前的准备工作是否充分，关系到盘点作业能否顺利进行。准备工作主要包括确定盘点的作业程序，配合财务会计做好盘点准备；根据盘点作业的需要安排人力，通常提前一周安排好人员的出勤计划；对仓库或储存区域进行清理，清除不良品和作业场地死角，将各种设备、备品及工具存放整齐；准备好盘点工具或器具，如果使用盘点机或盘点枪进行盘点，须先检查盘点机或盘点枪能否正常操作。

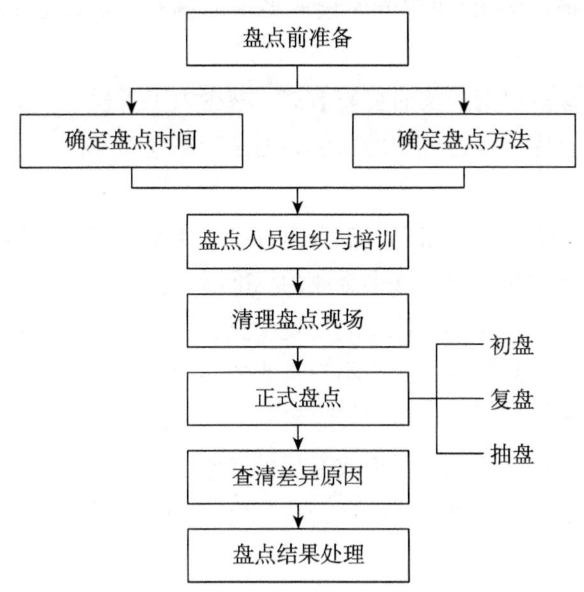

图 5-2-2　货物盘点的基本程序

2. 确定盘点时间

一般来说，为保证账物相符，盘点次数越多越好。但盘点需要投入必要的人力、物力，有时大型全面盘点还可能引起生产的暂时停顿，所以合理地确定盘点时间非常必要。引起盘点结果盈亏的关键原因在于出入库过程中出现的失误，出入库越频繁，出错的可能性越大。

确定盘点时间时，既要防止过久盘点对公司造成的损失，又要考虑仓库资源有限、货物流动速度较快的特点。在尽可能投入较少资源的同时，加强库存控制，可以根据货物的不同特性、价值大小、流通速度、重要程度分别确定不同货物的盘点时间。盘点时间间隔可以从每天、每周、每月到每年盘点一次不等。例如，A 类主要货物每天或每周盘点一次；B 类货物每两三周盘点一次；C 类货物每月盘点一次。另外，必须注意的问题是每次盘点持续的时间应尽可能短，全面盘点以 2～6 天完工为佳，盘点的日期一般会选择在财务结算前夕或淡季。财务结算前夕，可通过盘点计算损益，以查清财务状况；淡季进行盘点是因淡季储货较少，业务不太繁忙，盘点较为容易，投入资源较少，且人力调动也较为方便，对生产的影响较小。

3. 确定盘点方法

因盘点的场合、要求不同，盘点的方法也有差异。为满足不同情况的需要，尽可能快速准确地完成盘点作业，要确定合理的盘点方法。现代商业企业在库存盘点中采用了多种先进方法，以提高效率、减少人工误差并确保库存数据的准确性。以下是几种常见的先进盘点方法。

（1）RFID 技术盘点。

RFID 技术通过无线电波读取附加在货物上的标签，可以快速、准确地收集库存数据。

相较于传统的条码扫描，RFID 可以同时读取多个标签，无须人工逐一操作，从而大幅提高盘点速度。

优点：大幅缩短盘点时间、实时更新数据、减少人工干预。

应用场景：大型仓库、零售业中的服装和电子产品仓库等。

（2）条码扫描盘点。

通过为每件货物分配唯一的条码，盘点人员可以使用条码扫描器扫描每件货物，并实时更新库存信息。这种方法仍然是许多企业的标准盘点方法。

优点：操作简单，成本相对较低，应用较广泛。

应用场景：零售业、制造业等的中小型企业的仓库。

（3）移动终端盘点。

移动终端设备（如智能手机、平板或专用的盘点 PDA）配合条码或 RFID 扫描功能，能够进行库存盘点。这些设备可以连接到云端系统，实时更新库存数据，且可以通过移动 App 轻松操作。

优点：实时、便捷、高效，操作灵活。

应用场景：电商仓库、快速消费品领域的仓库。

（4）无人机盘点。

无人机配备摄像头和 RFID 扫描设备，在大型仓库中飞行，进行库存盘点，它能迅速覆盖大面积仓库，特别适用于高层货架的盘点，避免了人工登高作业的风险。

优点：适用于大规模、高层货架仓库，效率高、安全性强。

应用场景：物流中心、大型电商仓库。

（5）AI 盘点。

基于计算机视觉和 AI 技术，通过安装在仓库中的摄像头，系统可以自动识别货物的位置和数量，实现无人化盘点。AI 盘点还可以根据历史库存数据预测库存需求，从而优化库存管理。

优点：自动化程度高、数据准确、无人操作。

应用场景：未来零售店、自动化立体仓库。

（6）基于 ERP 系统的盘点。

ERP 系统整合了企业的生产、销售、仓储、财务等各方面的信息，企业可以通过 ERP 软件进行库存数据的实时监控。企业应定期将库存盘点结果与 ERP 系统中的数据进行比对，确保系统中的库存数据是实时、准确的。

优点：与企业其他系统集成，数据统一。

应用场景：各类综合性企业的仓库。

现代企业的库存盘点方法正朝着智能化、自动化方向发展。RFID、条码扫描和无人机等技术大大提高了盘点效率，减少了人为误差。同时，ERP 系统和 AI 技术的应用，使得库存管理更加精确、智能，可帮助企业优化库存水平、降低运营成本。

4. 盘点人员组织与培训

企业应根据盘点工作的需要，安排相应的负责人员。盘点人员的培训分为两部分，一是针对所有人员进行盘点方法及盘点作业流程的培训，让盘点人员了解盘点目的，掌握盘点表格和单据的填写方法；二是针对复盘与监盘人员进行认识货品的培训，让他们熟悉盘点现场和盘点货品，对盘点过程进行监督，并复核盘点结果。

5. 清理盘点现场

盘点作业开始之前必须对盘点现场进行清理，以提高盘点作业的效率和盘点结果的准确性。清理工作主要包括以下几个方面的内容。

（1）盘点前对已验收入库的货物进行整理，将其归入储位，与未验收入库属于供应商的货物区分清楚，避免混淆。

（2）盘点场所关闭前，应提前通知，将需要出库配送的货物提前准备好。

（3）账卡、单据、资料均应整理后统一结清，以便及时发现问题并加以预防。

（4）预先鉴别变质、损坏货物。盘点前要对储存场所堆码的货物进行整理，特别是对散乱货物进行收集与整理，以方便盘点时计数。在此基础上，由货物保管人员负责进行预盘，以便提前发现问题并加以预防。

6. 正式盘点

正式盘点工作可分为初盘、复盘和抽盘。

（1）初盘。在初盘阶段，由盘点主持人以计算机或会计部门的永续盘存账为基准做出初盘明细表，交给仓库人员（或现场人员等直接责任对象）。仓库人员在初盘阶段依据预盘明细表逐项清点库存货品后，挂上盘点单，在盘点单中初盘有关的栏位处进行记录，并把初盘结果（包括盘盈、盘亏的差异）呈报盘点主持人。

盘点主持人除了要稽核初盘实际进展情况，还要针对初盘的差异状况进行分析与调查，并采取相应补救措施。

（2）复盘。复盘工作较为单纯，是根据初盘阶段的盘点单去复查。复盘者可以要求被盘点者逐项将货物卸下，深入清点，再记录实际状况，填写盘点单中复盘有关的栏位，复盘者通常是撕下盘点单联，交给盘点主持人。有时复盘人员会进一步复查货物的品质状况（甚至还会复查存置间呆料状况），并将结果呈报给盘点主持人。

（3）抽盘。抽盘办法可参照复盘的办法。抽盘的货物可选择仓库内死角处的货物或不易清点的货物，也可以选择单价高、金额大的货物；对初盘与复盘差异较大的货物要加以实地确认。

货物盘点是仓储管理的核心工作之一，在货物盘点流程中可以通过固定式自动识别读写设备（简称固定读写设备）和手持自动识别读写设备（简称手持读写设备）实现对全库的整体盘点和单货位、多货位盘点。

利用固定读写设备进行盘点时，仓库在得到货物盘点任务后，通过仓库服务器向固定读写设备发送盘点指令，固定读写设备根据盘点任务来实现单货位盘点、多货位盘点和全库盘点。固定读写设备接收到盘点指令后会对货位的数据信息进行读取，同时将读取到的信息上传至仓库服务器，通过与原始数据库及出入库情况核对来实现货物的盘点工作。

手持读写设备的优点在于其可移动性，它主要针对小面积货位或者单货位进行盘点。仓库在得到货物盘点任务后，仓库工作人员可以使用手持读写设备来对需要盘点的货物或者货位进行盘点，同时利用仓库的无线设备将数据上传至仓库服务器，通过与原始数据库及出入库情况核对来实现货物的盘点工作。

7. 查清差异原因

盘点会将一段时间以来积累的作业误差及其他原因引起的账物不符问题暴露出来，一旦发现账物不符，而且差异超过容许的误差时，应立即追查产生差异的原因。一般而言，产生盘点差异的原因主要有以下几个方面。

（1）记账员登录数据时发生错登、漏登等情况。

（2）账务处理系统管理制度和流程不完善，导致货物数据不准确。

（3）盘点时出现漏盘、重盘、错盘现象，导致盘点结果出现错误。

（4）盘点前数据未结清，账面数据不准确。

（5）出入库作业时产生误差。

（6）盘点人员疏忽导致货物损坏、丢失。

8. 盘点结果处理

查清差异原因后，为了使账面数据与实物数据保持一致，需要对盘点盈亏和报废品一并进行调整。除了数量上的盈亏，有些货物还将通过盘点进行价格的调整，这些差异的处理，可以经主管审核后，用货物盘点盈亏及价格增减调整表在系统中进行更正。具体操作可采用虚拟出入库的方式，进行账面数据的增减，以使盘点实数与财务人员账卡上的账面数据相符。

拓展阅读

AI视觉定位盘点系统在图书馆中的应用

随着信息技术和算法的不断精进，信息化管理在各行各业的应用越来越广泛，恰当的智能应用往往能让企业管理效率倍增。比如图书馆的管理工作，盘点图书资产一直都是图书馆的刚性需求，也是一项不小的挑战，特别是一些大型的公共图书馆，图书流通率高，盘点起来工程量浩大，极容易导致图书位置信息错乱，管理员盘点工作压力大的同时，也会影响读者的借阅体验。为了攻克图书馆盘点难题，提升馆方盘点效率，AI视觉定位盘点系统应运而生。

AI视觉定位盘点系统由深圳市海恒智能科技有限公司研发，以视觉识别为底层技术，可实现实时定位盘点图书，对图书进行精准定位，实时更新图书状态，支持图书馆管理员对图书的定位及管理操作，同时能为读者提供更为精准的查询导航服务。在20分钟内就能完成一次图书的视觉盘点识别和结果输出，同时，与盘点机器人、移动盘点车、人工手持盘点设备等产品相比，该系统通过固定在墙上的专业摄像头盘点，不需要人工辅助，也代替了机器人跑来跑去。

通过AI视觉摄像头对图书侧脊的标签信息进行识别，实时收集图书在架数据信息，该信息可细化到每本图书的排列顺序，做到不低于98%的识别准确度，每本书的架位信息更新频率不超过10分钟。

对于薄本书体摆在一起带来的RFID标签存在的相互干扰、同频干扰的情况，AI视觉定位盘点系统都能有效解决定位和排序问题。图书馆管理员也可实时根据收集到的图书在架数据信息对错架图书进行纠错，不仅提高了馆藏管理效率，形成馆藏维护的良性循环，还使得馆藏在架正确率越来越高，有利于提高读者找书效率和对图书馆服务的满意度。

AI视觉定位盘点系统核心优势如下。

（1）算法技术优势：深圳市海恒智能科技有限公司与国内知名高校联合研发识别算法和图片处理技术，理论扎实、算法稳健性强。

（2）边缘计算的优势：高带宽，低时延，高实时性计算能力，对于图书图像处理的实时性更强，查询定位速度快，让读者能实现快速找书。

（3）盘点效率高，数据更精准：多种盘点触发方式，读者的站立、行走、取书、放书等行为可触发盘点形成行为轨迹，做到触发盘点和定时盘点相结合，盘点效率更高。

（4）可视化的操作方式：配备查询操作屏，读者随时检索图书；提供图书检索和导航服务，内容至少包括文献所在书架的区域位置、书架位置、具体所在书架的层标信息和真实层架摆放拍摄的图片。

（5）具有热门排行榜、热力地图：图书馆管理员可以明确知道图书馆书架区域读者访问的时长和频率。

（6）应用丰富多彩：能与物联网系统和虚拟图书馆数据无缝对接，将数据应用于多种平台。

AI视觉定位盘点系统真正能做到打破传统壁垒，实现盘书、找书一站式服务。同时，具备高精准度、低成本、部署简单等优势。目前该系统已在浙江余杭区图书馆、河北北方学院图书馆等众多公共图书馆、知名院校中得到广泛应用，助力各地智慧图书馆的建设。

任务实施

阅读案例导入内容，结合所学知识，回答下列问题。

1. 仓储巡检盘点机器人具备哪些主要功能？

______

______

______

2. 机器人如何实现“一键式”仓储智能化管理？

____

____

____

知识检测

一、单选题

1. 货物盘点的主要目的不包括以下哪项？（　　）

A. 查清实际库存数量　　B. 发现货物质量问题

C. 进行市场调研　　D. 帮助企业计算资产损益

2. 在盘点中，查保管条件的主要内容不包括（　　）。

A. 检查货物堆码是否合理　　B. 检查温湿度是否符合要求

C. 检查货物的单价　　D. 检查库房内外是否清洁

二、填空题

1. 货物盘点可以帮助企业准确计算资产损益，防止________的情况发生。

2. 盘点前准备工作大致包括确定盘点的作业程序、安排人员及________。

三、判断题

1. 货物盘点只需要在年末进行。（　　）

2. RFID 技术可以提高盘点的效率。（　　）

四、简答题

1. 简述货物盘点的基本程序。

2. 描述无人机盘点和 AI 盘点的优势和适用场景。

任务三 库存控制优化

案例导入

某电商企业，在快速发展的过程中，面临着日益复杂的库存管理挑战。传统的库存管理模式，由于缺乏精准的数据分析和实时监控，导致库存积压严重，同时缺货现象也时有发生。这不仅增加了企业的运营成本，还影响了客户的购物体验，进而威胁到企业的市场竞争力。

该电商H仓库主管接到了一个任务，要求该仓库对以下货物的库存进行优化，在保证不缺货的情况下，避免库存积压。货物明细如表5-3-1所示。

表5-3-1 货物明细

序号	货物编号	商品名称	商品条码	库存数量（箱）	最近一月的出库量（箱）
1	JZ101	极致高钙纯牛奶	97875047101	182	503
2	YS177	椰丝薄片	97875047177	91	186

期初库存和订货数据如表5-3-2所示。

表5-3-2 期初库存和订货数据

序号	商品名称	期初库存（箱）	订货提前期（天）	安全库存（箱）	最大库存量（箱）
1	极致高钙纯牛奶	182	2	18	200
2	椰丝薄片	91	2	14	100

知识链接

库存控制是指对原料、半成品、成品等各种物资进行管理和控制，使其库存水平经济合理从而创造更多的价值。库存控制管理是库存管理的重要组成部分，企业必须在满足运行需求的前提下，对库存水平进行严格控制，避免库存因占用过多现金流而成为企业的负担。

库存控制需要考虑物资使用量、采购周期、到货周期、季节性波动等因素，因此，为提高库存控制管理的效率，企业应当引入信息化手段，对物资的采购、使用及价值盘点进行分析核算。

一、库存控制的目标

在设计库存控制方法之前，企业首先要明确库存控制的目标。一般而言，库存控制的目标主要表现在以下几个方面。

（1）在保证生产、经营需求的前提下，使库存水平经济合理。

（2）动态监控库存量变化，适时、适量地提出订货。

（3）减少库存占用资金，提高资金周转率。

二、库存控制的因素

库存控制管理实际上就是解决三个核心问题，即多久检查一次库存量、何时提出订货、订多少货（订货量）。由此可见，库存控制的主要因素有两个，即时间和数量。企业可通过调整订货的时间和订货数量实现库存控制。

（1）在订货数量一定的条件下，订货时间过迟将造成物资供应脱节，生产停顿；订货时间过早将造成物资储存时间过长，储存费用和损失增加。

（2）在订货时间一定的条件下，订货数量过少会使物资供应脱节，生产停顿；订货数量过多会使储存成本上升，储存损耗增大。

库存控制是指在现有的资源条件下，既使库存满足预期的需求水平，又使库存成本达到最低，从形式上看是解决何时订货与订货多少的问题。选择合适的库存模型和库存策略使库存水平在时间和数量上经济合理，是库存理论研究的主要内容。

三、库存控制的评价指标

库存是物流企业的重要组成部分，库存控制的好坏直接影响企业的经济效益。通过一系列有效的评价指标对库存控制的情况进行比较分析，找出其中存在的问题，可以提高企业的库存控制水平。库存控制的评价指标有库存周转率、服务水平、缺货率、平均供应费用。

1. 库存周转率

库存周转率是衡量和评价企业购入存货、投入生产、销售收回等各环节管理状况的综合性指标。它是年销售量与年平均库存的比率，也叫作库存周转次数，用时间表示的库存周转率就是库存周转天数。库存周转率的计算公式如下。

库存周转率＝年销售量/年平均库存

2. 服务水平

服务水平可通过供应量占需求量的百分比来衡量，其直接表现为客户的满意程度，如客户的忠诚度、取消订货的频率、不能按时供货的次数等。对于一个企业来说，为了保证正常的供应，提高服务水平，必须设置一定数量的库存，以防止各种突发事件造成的供应链中断。服务水平的计算公式如下。

服务水平＝供应量/需求量×100％

3. 缺货率

缺货率是从另一个角度衡量企业服务水平的指标。如果一个企业经常延期交货，不得不通过加班生产、加急运输的方式弥补库存的不足，说明这个企业库存控制的水平较低。缺货率的计算公式如下。

缺货率＝缺货用户数/供货用户总数×100％

4. 平均供应费用

平均供应费用是指为供应每单位库存物资所消耗的成本。平均供应费用越高，说明其总成本越高，企业的库存效率越低。平均供应费用的计算公式如下。

平均供应费用＝年库存总成本/年供应总量

四、库存控制的方法

库存控制的方法有很多，企业必须根据自身的实际情况，采取最合适的库存控制方法。库存控制的基本方法有定量库存控制法与定期库存控制法两种。

1. 定量库存控制法

定量库存控制法是指当库存量下降到预定的最低库存量（订货点）时，定量系统按规定数量（一般以经济批量为标准）进行订货补充的一种库存控制方法。订货点的计算公式如下。

订货点＝平均销售速度×订货提前期＋安全库存

定量系统的优点：仅在提前期内需要安全库存，从而安全库存投资小；对参数变化相对不敏感；对滞销品较少花费精力；管理简便，订货时间和订货量不受人为判断的影响，可保证库存管理的准确性，由于订货量一定，便于安排库内的作业活动，可节省理货费用。

定量系统的缺点：需要连续的库存记录，资料处理工作量大，订货之前的各项计划制订比较复杂，不便于对库存进行严格的管理；确定订货批量时往往不进行经济分析；不能够实现联合订货，从而导致运输成本较高，易失去供应商的价格折扣。

定量库存控制法的适用范围如下。

（1）单价比较便宜并且不便于少量订购的物品，如螺栓、螺母。

（2）需求预测比较困难的维修物料。

（3）品种数量繁多、库存管理事务量大的物品。

（4）消费量计算起来比较复杂的物品。

（5）通用性强、需求比较稳定的物品。

2. 定期库存控制法

定期库存控制法指固定间隔期系统定期盘点库存，每经过一个相同的时间间隔，发出一次订货，订货量为将现有库存补充到一个最高水平的量。这种方式订货时间固定，每次订货量不定，其关键在于确定订货周期。订货周期是指从提出订货、发出订货通知到收到货物为止的时间间隔。在固定间隔期系统中，订货量通常是变化的，关键是确定订货间隔期。

定量库存控制法与定期库存控制法的区别如表 5-3-3 所示。

表 5-3-3　定量库存控制法与定期库存控制法的区别

项目	定量库存控制法	定期库存控制法
订货批量	每次订货批量保持不变	每次订货批量不同
到货时间	订货间隔期变化	订货间隔期不变
库存检查	随时进行货物库存状况的检查	在订货周期到来时检查
订货成本	较高	较低
订货种类	每个货物品种单独进行订货作业	各品种统一进行订货
订货对象	B、C 类商品	A 类商品
缺货情况	缺货情况只是发生在已经订货但货物还未收到的订货提前期	在整个订货间隔期内及订货提前期内均有可能发生缺货

五、经济订货批量模型

经济订货批量（Economic Order Quantity，EOQ）模型是库存控制领域最重要的分析工具之一，它可通过费用分析求得库存总费用最小时的订货批量。经过不断发展和完善，EOQ 模型及其变形在实际中得到广泛的应用。

1. 经济订货批量模型的假设前提

（1）外部对库存系统的需求为均匀需求，而且需求率是已知常量。

（2）每次订货批量无数量限制。

（3）订货提前期为已知常量。

（4）每次订货费用为已知常量。

（5）无价格折扣。

（6）库存费用与库存量成正比，呈线性相关关系。

（7）补货时间忽略不计。

（8）不允许缺货。

2. 经济订货批量模型的计算公式

在不考虑缺货，也不考虑数量折扣及其他问题的情况下，库存物品的年度总费用＝采购成本＋订货成本＋库存保管费用，即：

$$TC = DP + DS/Q + QH/2$$

推导出：

$$Q = EOQ = \sqrt{2DS/H}$$

式中，TC 为库存物品的年度总费用；D 为某库存物品的年需求量；P 为单位采购成本；S 为每次订货成本；H 为单位库存成本；Q 为经济订货批量。

EOQ 的公式用于计算在库存管理中实现最有效投资的订货量。这里的有效是指每个存货项目最低的总单位成本。如果某种存货项目的使用量较大，并且这些存货较贵，*EOQ* 公式则会推荐一个较低的订货量，可以使每年的订货次数增加但是每次订货的资金投入较少。如果这种存货项目的使用量较少且这些存货价格低，*EOQ* 公式则会建议一个较大的订货量，这意味着尽管每年订货次数少，但是因为单位成本低，仍然可以产生在这个存货项目上最有效的投入资金数量。

小贴士

智能仓库管理系统：库存控制优化

智能仓库管理系统在库存控制优化方面发挥着重要作用。以下是如何通过智能仓库管理系统实现库存控制优化的几个关键点。

（1）实时库存监控。智能仓库管理系统通过实时更新库存信息，确保企业随时掌握准确的库存数量、位置和状态；利用 RFID 技术、条码扫描等手段，智能仓库管理系统可以精确地追踪每一个物品的移动，从而实现对库存的实时监控。

（2）数据分析与需求预测。智能仓库管理系统收集并分析大量仓库运营数据，如库存周转率、物品滞留时间等。通过数据分析，智能仓库管理系统能够帮助企业预测未来的库存需求，从而制订合理的库存计划，避免库存积压或发生缺货。

（3）库存优化策略。根据 ABC 分类法，智能仓库管理系统将库存物品分为不同类别，对高价值、高周转率的 A 类物品给予更多关注，确保其储存在易于存取的位置；通过对库位的动态分配，智能仓库管理系统确保库存均匀分布，减少作业拥堵，并提高库位利用率。

（4）自动化与智能化。智能仓库管理系统结合自动化技术，如使用自动化仓库设备和机器人，减少人工搬运，提高作业效率；智能化的任务分配和路径规划功能确保仓库工作人员能够高效地完成拣选、装箱等任务。

（5）确保安全性与合规性。智能仓库管理系统通过设置警报和安全机制，确保仓储操作符合安全和监管要求，降低事故风险；智能仓库管理系统记录仓库的安全信息，及时处理安全问题，为库存控制提供一个安全的环境。

综上所述，智能仓库管理系统通过实时库存监控、数据分析与需求预测、库存优化策略、自动化与智能化及确保安全性与合规性等方面的功能，显著优化了库存控制。这不仅提高了仓库的运营效率，还降低了库存成本，从而为企业带来了更大的竞争优势。

拓展阅读

无人机管理库存，实现精准库存控制

集合人工智能、数字孪生等前沿技术的先进软件方案正助力企业更精准地控制库存。传统库存管理往往需要大量的人力和时间，而且容易出现库存差异问题。而 Gather AI 的库存盘点无人机可以自动扫描整个仓库，并将仓库信息上传到仪表盘上进行实时监控和管理。客户可以通过仪表板快速定位和解决库存差异问题，减少了人力和时间的投入。通过扫描条码定期盘点库存的这种人工方式，其盘点结果并不准确，工人很难对整个仓库进行全面盘点。相关数据表明，库存统计结果不准确可能导致每个仓库每年损失高达数十万美元，还会因延误订单造成更大的经济损失。

全球仓库市场预计将以 7.7%的复合年增长率增长，并在 2030 年达到 1.26 万亿美元。推动这一增长的是全球制造业和物流业的重组及数字化转型，有报告称这正在推动企业改变管理库存的方式。为了跟上这一变化，仓库运营商们正在加速数字化转型。

某第三方物流服务企业一直在寻求改善其仓库网络库存监控的方法。该企业在全国范围内运营着超过 25 个设施，服务涵盖服装、鞋类、保健美容、电子产品等多个领域。员工过去常常需要通过手动的方式，如使用叉车和扫描仪跟踪管理库存。随着 3PL（第三方物流）电商业务的增长，这一过程变得越发复杂。管理层希望找到一种基于技术的解决方案，以减轻公司对人力和设备的依赖。

总部位于美国匹兹堡的仓库自动化公司 Gather AI 为此提供了解决方案，它结合了人工智能、机器学习和分析，打造了一个无人机驱动的库存监控系统，该系统可以提升库存精度、生产效率，并改善盈利表现。为了实施这个项目，Gather AI 先为该企业的仓库进行了数字化测绘，使无人机能够自主飞行。如此，该企业便可利用无人机进行定期库存监测，减少了循环盘点所需的叉车和仓库员工数量。

在这一新流程下，无人机将拍摄仓库中的托盘位置，具体来说，由 AI 驱动的无人机可以在仓库内自动飞行，其扫描速度相较于传统的人工方式提升了至少 15 倍，内置的先进 AI 算法能够快速识别图像中的条码、文本、空位等信息，然后将数据上传至仓库管理系统并进行实时比对。仓库经理仅需通过仪表盘，即可实时掌握库存动态。

据 Gather AI 介绍，这一过程比人工循环盘点快 15 倍，还能实时访问库存数据，让仓库经理更方便地识别和处理库存异常。

整个系统的部署通常只需要几周时间，对客户而言成本“几乎为零”。Gather AI 的业务流程优化副总裁透露，该第三方物流服务企业在其六个仓库中运用了无人机解决方案，效果显著。自 2022 年项目启动以来，仅在一个地点，该企业就重新分配了六台循环计数器，执行了更高附加值的任务，并淘汰了价值 25 万美元的物料处理设备。根据相关数据计算得出，运用该方案后库存准确率提高了 70%。

任务实施

阅读案例导入内容，结合所学知识，回答下列问题。

1. 根据案例导入具体内容，按照定量库存控制法，计算每种货物每天的出库量（每月按 28 天计算），确定定量订货的订货点。

______

______

______

2. 按照定期库存控制法，假设极致高钙纯牛奶的订货周期为 7 天，椰丝薄片的订货周期为 10 天，计算定期订货的订货量。

计算步骤：

______

______

______

订货结果填入表 5－4－4。

表 5－3－4　订货结果

序号	商品名称	订货量	
1	极致高钙纯牛奶	7 天	
		14 天	
2	椰丝薄片	10 天	
		20 天	

3. 经统计，极致高钙纯牛奶每年销售量约为 6000 箱，购买单价为 300 元/箱，每次订货费用为 81 元，单位库存费用按照库存物价值的 10%计算，若允许缺货，缺货损失费为 50 元/箱，试求经济订货批量。

______

______

______

知识检测

一、单选题

1. 库存控制的主要目标不包括以下哪一项？（　　）

A. 保证生产和经营需求　　B. 提高市场份额
C. 动态监控库存变化　　D. 减少库存占用资金

2. 下列哪项不是库存控制的评价指标？（　　）

A. 库存周转率　　B. 供货次数　　C. 服务水平　　D. 平均供应费用

二、填空题

1. 库存周转率的计算公式为：库存周转率＝年销售量/年________。
2. 平均供应费用的计算公式为：平均供应费用＝年库存总成本 / 年________。

三、判断题

1. 在库存控制中，缺货率越高表示企业的服务水平越好。（　　）
2. 定量库存控制法在需求连续情况下更加有效。（　　）

综合实训

实训目标：

1. 培养学生对货物保管与保养的理解和操作技能。
2. 提高学生对库存盘点流程的掌握和效率。
3. 加深学生对库存控制优化的认识，使学生学会运用策略提高库存管理效率。
4. 培养学生的问题解决能力、项目管理能力及团队合作精神。

实训流程：

第一阶段：团队组建与分工

—学生自由分组，每组 5～6 人。

—指定一名组长，组长负责协调小组内部工作和实训任务的分配。

—明确小组成员分工，设置保管员、盘点员、库存控制员、数据录入员等岗位，确保每个成员都了解自己的职责和实训目标。

第二阶段：货物保管与保养

—了解不同类型货物的保管要求和保养方法。

—学习如何根据货物特性选择合适的储存环境和条件。

—实践货物的分类、包装和储存操作。

第三阶段：盘点准备

—了解盘点的目的、方法和流程。

—学习如何使用条码扫描器和 RFID 设备进行盘点。

—准备盘点所需的表格和工具。

第四阶段：盘点实施

—实施全面或周期性的库存盘点。

—记录盘点结果，对比 WMS 中的数据，找出差异。

—学习如何处理盘点中发现的问题，如货物损耗、数据错误等。

第五阶段：库存控制优化

—了解库存控制的基本概念，如经济订货量批量模型等。

—学习分析库存数据，识别过剩库存和缺货风险。

—实践库存控制优化策略，如调整订货量、改进储存布局等。

第六阶段：资料整理与报告撰写

—整理实训过程中的所有资料，包括操作记录、数据和问题解决方案等。

—归纳总结并撰写实训报告，内容至少包括实训目标、实训流程、实训中的关键操作、遇到的问题及解决方案、实训成果和个人反思。

第七阶段：制作 PPT 与分享

—每组提交一份实训报告并制作 PPT。

—各组派一名代表上台进行分享，展示实训成果和学习心得。

实训材料：

—智能仓库管理系统（WMS）软件。

—自动化设备操作手册。

—货物模拟和实际货物。

—条码扫描器和 RFID 设备。

—计算机和网络设备。

—PPT 制作软件。

实训时间安排：

—第一阶段：0.5 天。

—第二阶段：1 天。

—第三阶段：1 天。

—第四阶段：1 天。

—第五阶段：1 天。

—第六阶段：2 天。

—第七阶段：1 天。

能力评价

评价指标			满分	得分
技能评价	知识点掌握	认知货物的保管与养护	15	
		认知盘点	15	
		认知库存控制优化	10	
	汇报陈述	展示及讲解的专业程度与完整性	5	
		时间分配的合理性	5	
素质评价	学生自评	团队合作能力与配合程度	5	
		自主学习与创新能力	5	
		敬业、勤业、创业、立业的职业精神	5	
	组员互评	团队合作能力与配合程度	5	
		自主学习与创新能力	5	
		敬业、勤业、创业、立业的职业精神	5	
	教师评价	对学生的综合素质进行评价	20	
合计			100	

知识归纳

总结本项目的重点知识、难点知识及课堂要点等，并画出思维导图。

实践反思

在学习与实践的过程中，你学会了哪些分析与解决问题的方法？你认为自己在思想、行动及创新方面，还有哪些地方需要完善？

教师评语

06 项目六 智能出库作业

PROJ

学习目标

◎知识目标

- 熟悉订单有效性的基本内容。
- 了解客户优先权，并掌握客户分级管理的方法。
- 了解分拣的含义。
- 掌握“人到货”拣选和“货到人”拣选的基本概念。
- 理解拣选工作站和电子标签拣选系统的基本知识。
- 掌握货物出库的基本要求和业务流程。
- 了解绿色物流包装的基本知识。

※能力目标

- 能够对客户订单进行分析，判断订单的有效性。
- 能够按客户优先权对订单进行排序，快速、准确地建立客户档案。
- 能够根据仓库货物的特点，选择拣选方式。
- 能够熟练应用智能拣选系统完成货物拣选作业。
- 能够按照仓管员的要求完成出库作业。
- 能够解决货物出库过程中的问题。

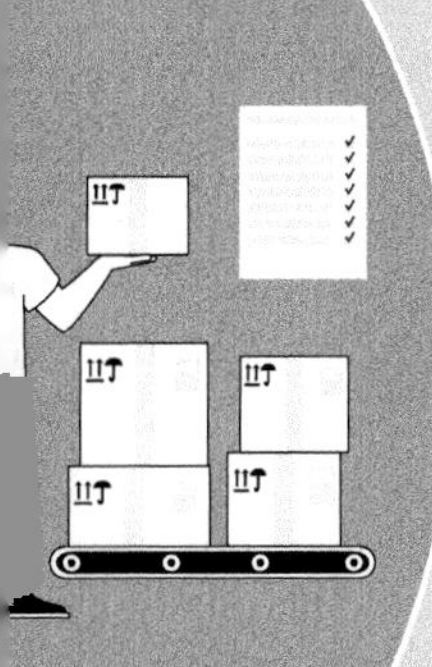

❖思政目标

- 培养学生恪尽职守的专业素养。
- 培养学生节约成本的管理理念及环保意识。
- 培养学生的契约精神及遵纪守法、守规守信的职业道德。
- 培养学生团队合作的精神和敬业、专注的品质。
- 培养学生精益求精的工匠精神与严谨求实的职业态度。
- 培养学生不负韶华、不负时代的爱国情怀，激发学生的奋斗精神，增强学生对“制造强国”的民族自豪感。

思维导图

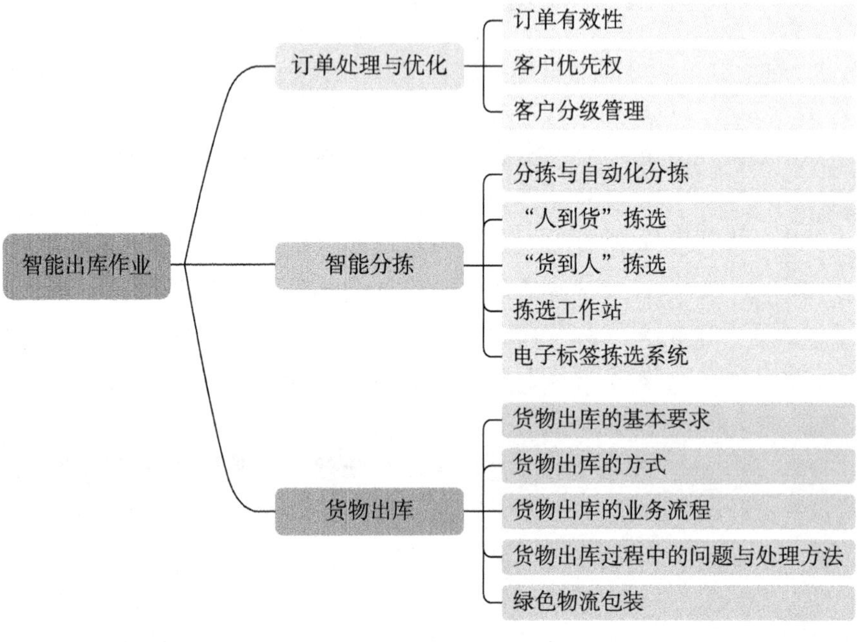

智能出库作业
订单处理与优化
订单有效性
客户优先权
客户分级管理
智能分拣
分拣与自动化分拣
“人到货”拣选
“货到人”拣选
拣选工作站
电子标签拣选系统
货物出库
货物出库的基本要求
货物出库的方式
货物出库的业务流程
货物出库过程中的问题与处理方法
绿色物流包装

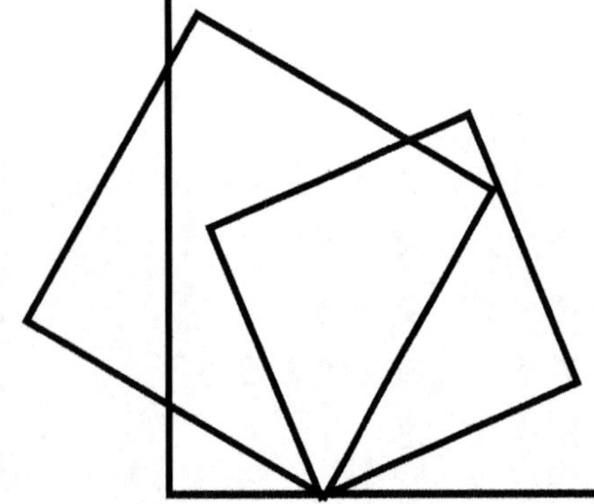

任务一　订单处理与优化

某跨国电商巨头通过优化订单管理，将订单处理时间缩短了45%，库存周转率提高了30%，不仅节约了大量运营成本，更是把客户体验提升到了一个全新的高度。某项来自IBM的研究表明，企业若能将订单交付周期缩短10%，其营收将有望提升7%，利润更是能飙升27%之多。由此可见，精益高效的订单管理已然成为撬动企业成功的关键支点。

一、当前订单管理中的主要痛点

1. 订单获取及处理效率低

在当今渠道的多元化时代，来自线上线下各个渠道的订单如同雪花般纷至沓来。然而，不少企业仍然停留在信息孤岛的汪洋大海中，各渠道的订单数据割裂独立、标准不一，导致订单录入、转换等前端处理效率低下。以某大型餐饮企业为例，由于缺乏统一的订单平台，门店和外卖等渠道的订单只能由专人手工录入，错漏频发不说，客户从下单到收货平均要等待30分钟之久，远不及竞争对手的水平。更有甚者，一家医疗器械企业，业务员竟然需要将订单用传真或电话通知总部，然后再层层转达工厂，环环相扣、步步为营，一个订单的处理竟需要长达3天！面对瞬息万变的市场，如此低效的订单获取流程无疑成为企业的致命短板。

2. 库存可见性差，履约风险高

“有单无货，有货无单”，是不少企业面临的窘境。表面上看，这似乎是库存管理的问题，但其根子却是订单与库存信息的脱节。以某电子元器件制造商为例，原本承诺客户3天交货，但由于缺乏实时的库存信息，经常出现货物早已售罄而订单仍在接收的尴尬局面。到了履约期限，却只能空手而归或者踩着点勉强发货，这导致企业不仅面临高额的违约金，更令客户的信任一落千丈。再看一家工程机械公司，看似库存充足、订单饱满，实则多头下单、呆滞严重，资金周转举步维艰。究其原因，正是订单管理流于表面功夫，未能及时感知需求变化，生产、采购管理混乱。

3. 缺乏端到端的流程贯通

订单的履行绝非单兵作战，而是需要从客户需求到售后服务的端到端协同。然而，不少企业仍然围绕职能部门设置业务流程，缺乏横向联动的视角。这就如同一场接力赛跑，销售、仓储、物流、客服等部门各自为战，面对市场的千变万化，难免错失先机。例如某服装品牌，营销部门为了冲业绩，经常在订单中承诺给予客户个性化服务，结果生产部门频频吃不消；仓储部门为了控制库存，动不动就把订单延期发货，客服部门却要为此背锅……种种内耗，不仅让客户苦不堪言，更使得订单履行的时间成本居高不下。端到端思维的缺失，已成为制约企业订单管理效率的瓶颈。

二、订单管理的改进路径

1. 构建端到端的订单管理流程

海尔就是端到端流程优化的典范。通过推行“人单合一”模式，海尔将订单执行主体从职能部门转移到自主经营的小微团队，打通了用户需求到设计生产、交付服务的全流程。当一个订单生成时，由交互中心将其直接派发给前端的“人单合一”小微团队。小微团队由跨部门的成员组成，既有设计、工艺人员，也有物流、服务人员，可根据用户需求快速协同生产与交付，将端到端流程执行与闭环在小微团队内部。这种扁平化的订单管理流程不仅将订单周期缩短了70%，更实现了真正以客户为中心。类似地，戴尔也通过“供需协同”流程再造，打通了从客户订单到供应商需求的全链条。当客户在网上下单时，系统自动将个性化需求分解为标准化的物料需求，并与供应商的生产计划实时同步。供应商据此安排生产与送货，使得物料的供给与订单需求实现了完美匹配。如此一来，不仅库存周转率提高了60%，而且缩短了交付周期，让客户享受到了“按需定制”的极致体验。

2. 引入智能自动化等创新技术

亚马逊就是智能化订单管理的先行者。通过引入RPA流程自动化技术，亚马逊在订单处理、物流配送等环节实现了软件机器人操作，机器人7×24小时不知疲倦地工作，订单处理效率较人工提升了10倍。同时，亚马逊还利用人工智能算法优化仓储拣选和配送路径，系统自动识别商品图像、规划动线，不仅提升了拣货和装车的准确率，更将配送时效缩短了20%。如今亚马逊85%的订单都由AI独立完成，既提升了订单管理的标准化水平，又释放了大量人力从事更有价值的工作。除此之外，阿里巴巴、顺丰等头部企业还纷纷利用大数据分析技术，挖掘订单数据中隐藏的商机。通过分析不同属性客户的历史订单，精准画像其偏好特征，再匹配适宜的营销措施与产品推荐，让订单管理从被动响应升级为智能触达，实现了从“卖产品”到“卖服务”的跨越。

面对海量订单与复杂多变的场景约束，传统的优化算法往往捉襟见肘。生成式AI能够从历史订单与调度决策中自主学习，掌握不同场景与决策的内在关联。面对新订单，它能瞬时生成针对性的调度决策，动态匹配最优的履约路径，既平衡了供需矛盾，又兼顾了时效与成本。例如，京东物流的智能调度系统，融合深度强化学习等生成式AI技术，在缩短配送时长30%的同时，降低物流成本15%。未来，这种自主决策模式将成为订单履约的“标配”，让分配与调度实现真正的一键化、智能化。

知识链接

一、订单有效性

不是所有的客户订单都能进行分拣和配送，这是因为仓配系统收到客户订单后。首先要对客户订单进行简单的分析，判断订单是否有效，是否可执行。常见的判断方法有以下几种。

1. 是否超出配送时间

客户订单一般都会注明配送时间。如果完成必要的订单处理、拣选、出库配送等作业所需的时间较长，无法在订单要求的配送时间前完成，甚至要求的配送时间早于订单接收时间，那么该订单无法执行。

2. 是否超过设定的客户信用额度

许多赊销模式，因为账期的关系，并不是货物发出去就能收回货款，所以公司一般都会对客户进行信用额度的授权来评估风险。在设定的信用额度内，没有风险或者风险很低，可以正常发货。如果超出了设定的信用额度，风险就比较高，这时公司可能会要求先收回部分货款再发货。各公司对于信用额度的设定一般都有差异，有的公司完全不允许超出，有的公司视情况允许超过一定的比例。

例如，A 公司被授予的信用额度是 20 万元，它的应收账款已达到 19 万元，如果这次订单上的货款合计超出 1 万元，仓库就不能发货，该客户订单在 WMS 中就已经被锁定，将被判定为无效。

若信用额度－应收账款－本次订单金额≥0，那么本次订单有效；反之，本次订单无效。

3. 库存是否充足

库存不足要视情况而定。如果客户订单中列明的货物全部缺货，那订单肯定是执行不了的，订单无效。如果客户订单中列明的货物只是部分缺货，经过和客户沟通，客户愿意等待补货或者能接受部分缺货，那么订单也是可以执行的，订单有效；反之，订单无效。

二、客户优先权

订单处理流程

客户优先权是指在出库过程中对于客户订单满足的一种先后顺序，排在前面的客户订单先满足，之后才依次满足后面的客户订单。它是利用企业内部确定的标准体现客户重要程度的一种方式。

如果企业仓库库存充足，那么客户优先权的确定并没有意义，所有的客户订单都能够满足；如果企业仓库库存存在缺货的情况，就需要根据企业内部认可的标准确定客户优先权，先满足重点客户，再满足一般客户。

1. 客户优先权的影响因素

客户优先权的确定需要考虑的因素很多，一般根据客户类型、客户级别、客户忠诚度、客户满意度、客户营业额占比、合作年限等综合考虑。

（1）客户类型。常见的客户类型有伙伴型客户、重点型客户、普通型客户等，伙伴型客户一般是企业的战略合作伙伴，地位最高，其次是重点型客户，最后是普通型客户。

（2）客户级别。有些企业会根据客户的潜力将其分级，一般可以分为 A 级客户、B 级客户和C级客户，A级客户潜力最大，其次是B级客户，最后是C级客户。

（3）客户忠诚度。客户忠诚是指客户在合作的过程中对企业或者产品产生的信任、承诺、情感维系，乃至情感依赖。客户忠诚度是指客户的忠诚程度。拥有大量忠诚度高的客户，意味着企业更能在激烈的市场竞争中立足。

（4）客户满意度。客户满意度是指客户在合作期间对企业整体的看法，满意度高意味着对产品的质量、价格和服务等方面的认可。

（5）客户营业额占比。客户营业额占比指的是一段时期内客户的累计订单金额占总营业额的比值。客户营业额占比越高，该客户对企业越重要。

（6）合作年限。合作年限体现的是企业与客户合作的时间长短，一般来讲，合作年限越长越好，老客户的回款风险低于新客户。

2. 客户优先权确定的步骤

客户优先权通过量化评分计算得出，具体步骤如下。

（1）确定影响因素，一般都是从客户档案中整理挑选得出。

（2）建立影响因素赋值量化标准，在赋值量化的过程中，应该做到科学合理。

（3）确定各影响因素的权重，权重的确定受主观因素影响较大，一般需要企业内部结合实际综合考虑，权重的数值变化将直接影响客户优先权。

（4）将权重与影响因素的量化值进行加权求和，按最终得分进行客户优先权排序。

三、客户分级管理

当企业想要满足销售商的所有订货需求时，其需求预测修正造成的信息差将进一步放大，由此导致库存需求差异变大。

在供应链运作过程中，客户的地位和作用并不等同，正如“二八法则”说明的那样，20%的关键客户贡献了80%的销量。因此，在解决牛鞭效应时，企业要对客户进行分类，如针对销售商具体可分为一般销售商、重要销售商、关键销售商等。在此基础上，企业可对客户的订货实行分级管理。

（1）对一般销售商的订货采取“满足”管理。

（2）对重要销售商的订货采取“充分”管理。

（3）对关键销售商的订货采取“完美”管理。

（4）当货物短缺时，优先满足关键销售商的需求。

（5）定期对销售商进行考察，在合适时机剔除不合格的销售商。

拓展阅读

在订单处理阶段，优先级的设定是关键策略之一。企业需要根据订单的紧急程度、客户重要性、产品供应情况等因素来确定处理的先后顺序。订单优先级设定如表6-1-1所示。

表 6-1-1　订单优先级设定

订单类型	优先级	判断标准
紧急订单	高	客户明确要求在短时间内交付，或涉及关键项目的订单
重要客户订单	中高	长期合作的大客户，对企业业务有重要影响
常规订单	中	按照正常流程处理的一般订单
特殊定制订单	视情况而定	根据定制难度、所需资源和交付时间综合判断

除订单分级外，也需要进行客户分级管理。通常，客户分级管理的目的是最大限度挖掘客户价值，为企业创造利润。B端（面向商业客户的市场）的销售额由几个因素决定：客户量、购买量、复购量。高价值的客户对服务商的权威性、专业性、可靠度的要求高，对产品性能及服务品质的要求较高。与高价值的客户合作，能够带来品牌价值，企业效益大幅提升，所以对于高价值客户，企业应该抽调最优质的人力与物力来进行服务维护。客户等级分类如图 6-1-1 所示。

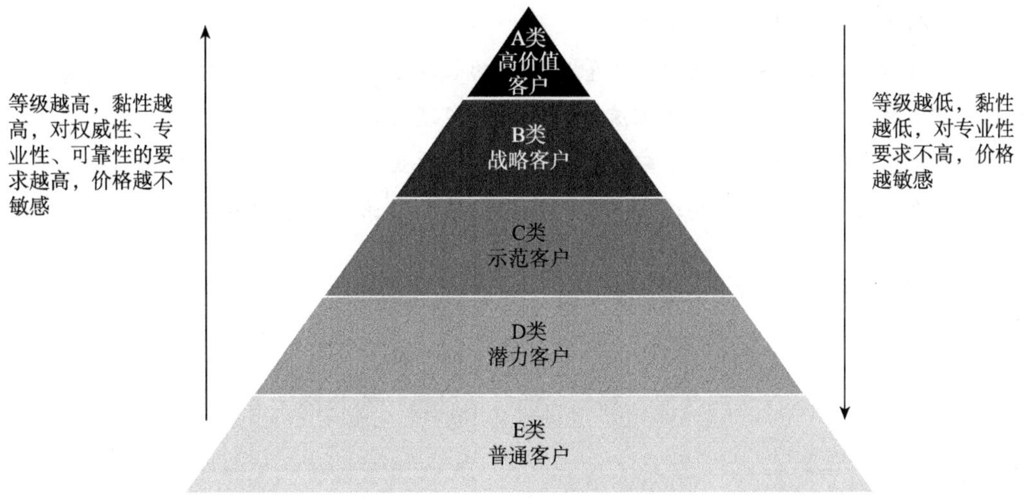

图 6-1-1　客户等级分类

对于普通用户，他们更关注价格是否比其他服务商更优惠，我们可以通过价格去吸引，通过设计灵活的销售激励手段来激励购买。

库存管理也是订单管理策略的重要组成部分。准确预测库存需求，在满足订单的基础上避免过度的库存积压，可以降低企业的资金占用和仓储成本。通过与供应商建立良好的合作关系，实现及时补货和灵活的供应调整，有助于应对订单的波动。

订单跟踪和反馈机制能够让企业及时了解订单的处理进度，及时发现潜在的问题并采取有效措施。这不仅能提高客户的满意度，还能为企业改进订单管理流程提供依据。

有效的订单管理策略还需要考虑成本控制。优化订单处理流程，减少不必要的环节和人力投入，可以降低运营成本。同时，合理规划运输和配送方式，降低物流成本。

从客户关系的角度看，良好的订单管理能够提升客户的体验，增强客户的忠诚度。及时、准确地满足客户的订单需求，能够树立企业的良好形象，促进长期合作。

我们可以总结出以下几点经验：

（1）引入智能订单管理系统是优化订单管理流程的关键。通过系统自动化处理，可以减少人工干预，提高订单处理的准确性和效率。

（2）库存管理和物流配送是订单管理流程中的重要环节。通过建立智能库存预警系统和与物流公司的深度合作，可以确保订单所需产品能够及时出库，并实现订单信息的实时共享和更新。

（3）订单信息的标准化和规范化对于提高订单处理效率至关重要。通过建立统一的订单信息模板和录入标准，可以确保订单信息的准确性和一致性，减少因信息不一致导致的错误和延误。

（4）加强与供应商和客户的沟通与协作是优化订单管理流程的重要手段。通过建立供应链协同平台，加强与客户的沟通反馈机制，可以实现订单信息的实时共享和协同处理，提高订单处理的灵活性和响应速度。

（5）持续改进和创新是优化订单管理流程的长期任务。企业应持续关注市场动态和技术发展，不断优化和完善订单管理流程，以适应不断变化的市场需求。

总之，订单管理策略是一个综合性的体系，需要企业从多个方面进行精心规划和有效执行。只有这样，才能在提高运营效率的同时，提升企业的竞争力和市场地位。

任务实施

阅读案例导入内容，结合所学知识，回答下列问题。

1. 分组讨论，结合实际情况，列举当前订单管理中存在的主要痛点。

____

____

____

2. 海尔是如何构建端到端的订单管理流程的？

____

____

____

3. 举例说明在当前市场环境下，企业应如何提升库存管理的可见性以降低履约风险。

____

____

____

4. 探讨生成式 AI 在订单管理中的应用前景。

____

____

____

知识检测

一、单选题

1. 以下哪项不属于判断客户订单有效性的标准？（　　）

A. 是否超出配送时间　　B. 是否超出设定的客户信用额度

C. 客户的营业额占比　　D. 库存是否充足

2. 客户优先权的确定不考虑以下哪个因素？（　　）

A. 客户忠诚度　　B. 客户的口碑　　C. 客户类型　　D. 客户满意度

二、填空题

1. 若信用额度－应收账款－本次订单金额≥0，那么本次订单________。

2. 客户优先权的确定步骤中，第一步是确定________。

三、判断题

1. 所有客户订单在库存充足的情况下都能满足。（　　）

2. 重要销售商的订单管理应采取“满足”策略。（　　）

四、简答题

请简要说明客户优先权确定的步骤。

任务二　智能分拣

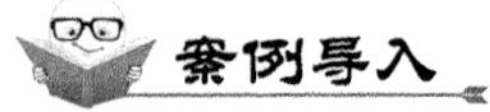

京东智能拣选

一、“地狼”货到人搬运系统

“地狼”是京东物流自主研发的一种典型的搬运式货到人拣选系统，该系统利用地狼AGV将货架搬运至固定的工作站以供作业人员拣选。“地狼”颠覆了传统“人找货”的拣选模式，变为“货找人”，工作人员只需要在工作台领取相应任务，等待地狼AGV搬运货架过来进行相应操作即可。地狼AGV最高承重500kg，依靠遍布地上的一个个二维码规划、引导路径，再依靠自带的传感器避免碰撞，保证了地狼AGV搬运货架来回穿梭时互不干扰、井然有序，大大提高了分拣效能和准确度，与人工相比，效率提升了2倍。

地狼系统采用‘货到人’的方式，通过二维码导航AGV，将被拣选货架搬运至拣货员身旁，作业过程包含小件仓储上架、拣选，解决了仓储人员作业时间长、作业路径长等问题，大大提高了生产效率，节省了人力成本，每小时可拣选400件至500件，在全国处于行业领先地位。

二、“天狼”货到人系统

“天狼”货到人系统是京东自研自产的产品，成长于京东物流智能仓储拣选的应用实践，开放应用于各行业仓储及拣选场景，成本优化与智能水平提升。作为国际领先的货到人智能仓储拣选系统，“天狼”货到人系统可以有效提升储存能力和拣货人效，也可以根据不同的仓储场景提供定制化解决方案，解决目前仓储物流行业储存能力不足及出入库效率不高等痛点，并缓解仓储占地及人力问题。

“天狼”货到人系统适用于小件商品，由WMS/3D SCADA、穿梭车、提升机、拣选工作站、立体货架、输送系统、供电系统、网络系统和安全系统等组成，如图6－2－1所示。单巷道出入库能力达到1000箱/小时，采取并行拣选模式以提高拣货效率，利用系统高密度、高流量的特点，实现货到人的存拣合一场景，全流程自动化，可大幅减少人员投入，拣货效率提升3～5倍。

三、自动分播墙

自动分播墙是一款由京东物流自研自产的，适用于多SKU、多流向场景下小件商品分播的自动化设备。入库环节，分类上架；出库环节，订单分播。1套系统支持多分播墙管理，可灵活增加设备、适配升级；支持格口标签设置，分区匹配；分播任务实时监控，任务即将超时预警；支持异形商品人工分播处理，自动分播与人工分播可同时进行。

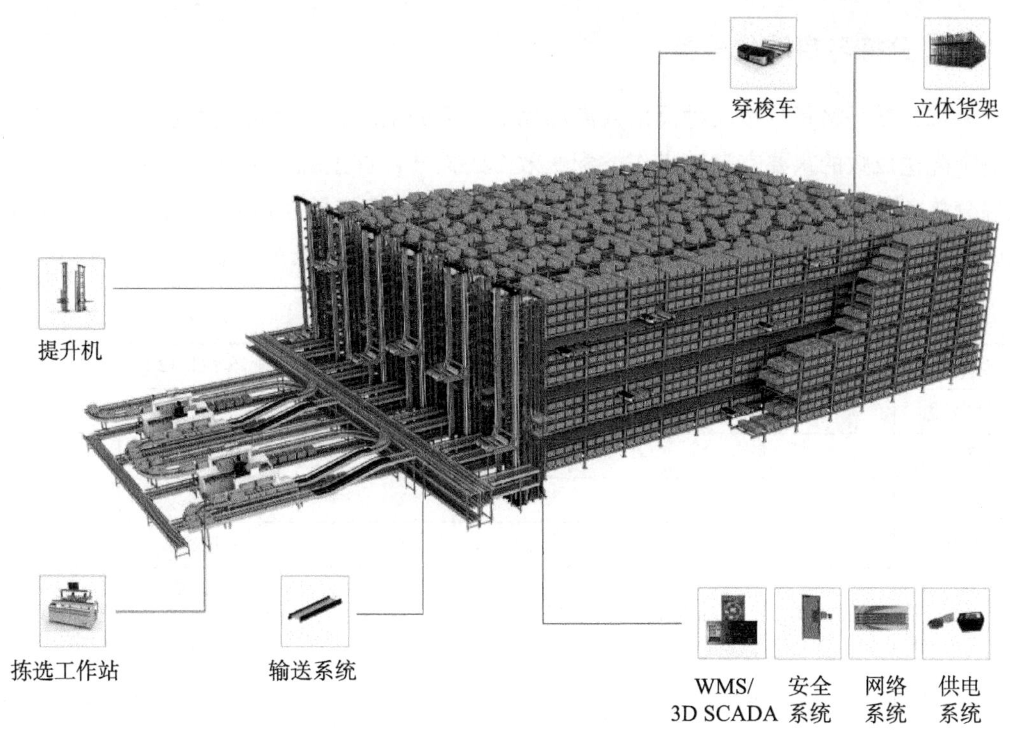

图 6-2-1　“天狼”货到人系统

自动分播墙产品由分播车、供包台和扫码模块等组成，具有立体、柔性和高性价比的特点，如图 6-2-2 所示。

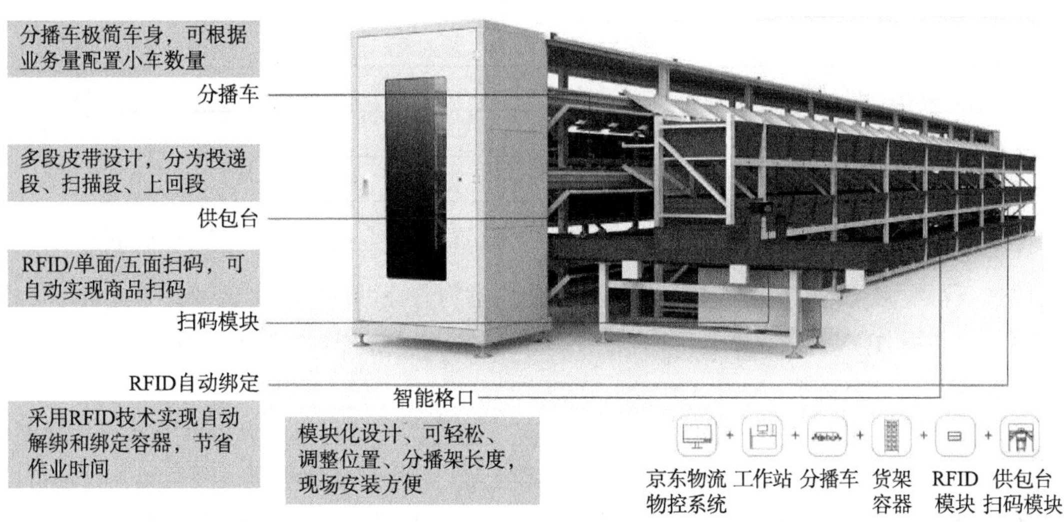

图 6-2-2　自动分播墙

知识链接

一、分拣与自动化分拣

分拣，就是将货物按品种及出入库顺序等要素分别堆放。分拣是配送的特殊环节，也是决定配送成败的重要支持性工作。配送效率的提升，首先就在于分拣效率的提升。只有做好分拣工作，后续的配货、送货才能高效进行。分拣记录表适用于记录拣货的各项信息，包括分拣时间、出库货位号及货品信息等内容，如表 6－2－1 所示。

表 6－2－1　分拣记录表

<table>
<tr><td>分拣单编号</td><td colspan="5"></td><td>客户订单号</td><td colspan="2"></td></tr>
<tr><td>客户名称</td><td colspan="8"></td></tr>
<tr><td>出货日期</td><td colspan="5"></td><td>出库货位号</td><td colspan="2"></td></tr>
<tr><td>分拣时间</td><td colspan="5"></td><td>分拣人</td><td colspan="2"></td></tr>
<tr><td>核查时间</td><td colspan="5"></td><td>核查人</td><td colspan="2"></td></tr>
<tr><td rowspan="2">序号</td><td rowspan="2">储位编码</td><td rowspan="2">商品名称</td><td rowspan="2">规格型号</td><td rowspan="2">商品编码</td><td colspan="3">数量</td><td rowspan="2">备注</td></tr>
<tr><td>盘</td><td>箱</td><td>单件</td></tr>
<tr><td></td><td></td><td></td><td></td><td></td><td></td><td></td><td></td><td></td></tr>
<tr><td></td><td></td><td></td><td></td><td></td><td></td><td></td><td></td><td></td></tr>
<tr><td></td><td></td><td></td><td></td><td></td><td></td><td></td><td></td><td></td></tr>
<tr><td></td><td></td><td></td><td></td><td></td><td></td><td></td><td></td><td></td></tr>
<tr><td></td><td></td><td></td><td></td><td></td><td></td><td></td><td></td><td></td></tr>
<tr><td></td><td></td><td></td><td></td><td></td><td></td><td></td><td></td><td></td></tr>
<tr><td></td><td></td><td></td><td></td><td></td><td></td><td></td><td></td><td></td></tr>
<tr><td></td><td></td><td></td><td></td><td></td><td></td><td></td><td></td><td></td></tr>
<tr><td></td><td></td><td></td><td></td><td></td><td></td><td></td><td></td><td></td></tr>
<tr><td></td><td></td><td></td><td></td><td></td><td></td><td></td><td></td><td></td></tr>
</table>

传统物流节点的操作方式为：仓库内人工分拣与搬运，后端人工派送，如果客户不方便收货要再次派送。引入最新技术后，仓库内的货物分拣可以使用交叉带式分拣机，货物运输可以使用 AGV，终点派送可以使用快递柜，物流运输效率有了质的提升。

1. 交叉带式分拣机

交叉带式分拣机是由小皮带机组成的一套分拣模块，可以形成环形的交叉分拣体系。在这套体系中，只有装卸货、供包和扎带等需要人工操作，货物搬运与分拣等工作都可以由机器完成，极大地减少了工人的工作量，提高了货物中转效率。随着国内电商快速发展，包裹量大幅增长，国内物流企业通过引入交叉带式分拣机，实现了半自动分拣。

交叉带式分拣机的体积较大，适合处理大中型货物或者大批量包裹，适合仓库面积大、包裹量大的快递企业、电商企业与制造企业使用，可以切实提高货物处理速度。据统计，企业引入交叉带式分拣机之后，原本人工分拣需要3小时才能完成的工作现只需1小时就能完成，不仅提高了分拣效率，而且减少了分拣误差。

目前，国内大多数快递企业都引入了交叉带式分拣机。

2. AGV

AGV主要是利用二维码、磁带、激光等导引技术分拣或搬运货物，其中利用二维码和磁带导引的AGV在国内得到了广泛应用。AGV可以对大批量货物进行连续分拣，再加上断点续传的特点，使得其在电商、快递、服装、医疗等企业的仓库中得以广泛应用，主要用来分拣一些体积较小的产品。

二、"人到货"拣选

拣选是一种劳动密集型工作，属于仓储物流中的核心环节，一些电商物流中心的拣选作业成本甚至能占到仓储总成本的一半以上。常见的拣选方式是"人到货"（PTG）拣选，这也是比较传统的拣选方式之一。电商物流中心的产品种类丰富，而"人到货"拣选是这种环境中重要的拣选作业组成部分，可以保障客户订单的正常履行。

近年来，人们不断创新拣选方式与技术，以便进一步提高拣选效率和降低仓储成本，这也使得拣选工作持续向着动态化、无纸化和自动化方向发展。无纸化拣选的方式及特点如表6-2-2所示。

表6-2-2　无纸化拣选的方式及特点

	手持扫描系统	语音拣选系统	电子标签拣选系统	增强视觉拣选系统
优点	系统柔性强； 设备投资低	系统柔性强； 便于双手取件作业； 适合大件物品拣选	显示直观可靠； 拣选效率高； 适合高频次拣选	系统柔性强； 适合高频次拣选； 便于双手取件作业
缺点	双手取货受限； 拣选效率较低	受地方口音影响； 不适合高频次拣选	投资较高； 布置难度高与灵活性差	有视觉疲劳问题； 有成熟度和供应商选择问题

1. 手持扫描系统

手持扫描系统在物流领域的应用比较广泛，不管在物品出入库还是拣选作业方面都有使用，它也是实现物流作业无纸化、信息实时化的关键技术之一。

2. 语音拣选系统

工作人员在拣选大件物品时需要利用双手拣选货物，无法正常使用手持扫描系统，这个时候，就需要利用语音拣选系统辅助拣选，从而解决双手作业的问题。仓库工作人员可以利用语音识别与合成技术直接和仓库管理系统对话交流，在这个过程中，工作人员不需要借助PDA的帮助，只需要按照语音指令提示，就能直接找到指定区域库位并进行货物拣选，同时能够通过语音对货物进行最终确认。另外，仓库管理系统还可以识别工作人员的语音，并对语音数据进行相应的分析和处理。

语音拣选系统可以大大提高拣选效率，这是因为它能将多个订单放在一起进行批量处理。例如，工作人员可以利用语音拣选系统在商品周转慢的仓库区域将多个订单批量拣选到小车内，这样做不仅能提高作业效率，还能降低仓库运营成本。

3. 电子标签拣选系统

电子标签拣选系统的应用也非常广泛。该系统利用电子数字显示牌和指示灯显示拣选信息，从而帮助工作人员顺利完成拣选作业。正常情况下，电子标签拣选系统会在订单驱动下点亮所需拣选商品货位上的电子标签，工作人员只需根据指示灯提示就能准确走到对应货位拣取准确数量的商品。与此同时，工作人员还会将拣选信息实时反馈给拣选系统。这种拣选方式不仅方便、高效，而且能够确保商品拣选得准确无误。

电子标签拣选系统通常可以装配在固定货架和拣选小车上，当然，有时也可以将这一系统装配在车载平板电脑和扫描枪上。在运行过程中，该系统可引导工作人员一次性拣选多个订单。每次拣选时，工作人员都能在系统提示下正确选择货架上的货物，然后放在拣选小车中的指定容器里。灯光拣选车还可以搭配扬声器系统共同辅助拣选工作，利用灯光和语音一起引导工作人员拣货。

4. 增强视觉拣选系统

增强视觉拣选系统能够与仓库管理系统进行实时无缝交互，其工作主要依赖系统配备的智能数据眼镜和相关控制软件。增强视觉拣选系统会提前制定好拣选列表和行走路径，并将整个拣选策略及信息实时传送到智能数据眼镜上，工作人员只需佩戴好智能数据眼镜就能根据其上的提示进行精准拣选作业。当工作人员根据订单完成一个拣选任务后，增强视觉拣选系统会对拣选信息进行确认，并自动更新拣选列表。

三、“货到人”拣选

仓储物流技术一直在发展，除了“人到货”拣选系统外，还出现了“货到人”（GTP）拣选系统，且获得了广泛的应用。“货到人”拣选是指在物流拣选过程中，系统通过自动搬运设备或自动输送设备将货物输送到工作人员面前，再通过人工完成拣选的作业方式。“货到人”拣选是现代物流配送中心的一种重要的拣选方式，采用这种方式，工作人员不用行走，拣选效率高，工作面积紧凑，补货简单，也可减小拣错率，降低人工作业强度。

“货到人”拣选系统原本是应用于生产线原材料供应的系统，主要任务是完成产业原材料的拣选作业，其最开始是与传统自动化立体仓库进行对接使用的。该系统的运作过程是堆垛机取出装有货物的托盘或周转箱，然后转移到连续输送机上，由连续传输机将货物传送至拣选站，由操作工人拣选货物，最后再将货物存入自动化立体仓库。

这种拣选方式可以达到“货动人不动”的效果，从而大幅减少工作人员的行走距离。不仅如此，配合符合人体工程学设计的拣选站，这种拣选方式还能大幅降低工作人员的劳动强度和拣选错误率，实现高于传统“人到货”拣选模式数倍的拣选效率。

(一)“货到人”拣选系统

“货到人”拣选系统主要在于快速存取技术和拣选工作站技术。“货到人”拣选技术是当前应用较广、较流行的技术，主要分为平面型和立体型两大类，要完成的工作主要是存取（储）、输送、拣选。

应用平面型技术的典型系统有 Kiva 拣选系统、半自动旋转货架系统等。平面型技术不需要完成垂直方向的提升动作，这是与立体型技术的最大差异。从适应性讲，平面型技术适用于高度比较低的场合，储存空间以人的高度为限。

应用立体型技术的典型系统有四向穿梭车拣选系统、Miniload 系统等。其出发点在于充分利用空间，作业高度最高可以达到 20m 左右。相比平面型技术，立体型技术需要解决水平和垂直两个方向的快速输送问题，快速提升机是关键技术之一。

目前，基于四向穿梭车的自动化立体仓库在市场上获得了广泛应用，这大大提升了“货到人”拣选系统的效率和灵活性，物流立体仓库也开始向智能化方向发展。四向穿梭车的速度可超过 4m/s，既能快速补给拣选站，又能迅速将周转箱运回系统。“货到人”拣选系统在四向穿梭车的助力下不仅适用于制造企业，还可广泛应用于电商物流中心、商超物流中心等。

典型的“货到人”拣选系统主要有以下几种。

1. Miniload 系统

Miniload 系统是堆垛机的一种，用于料箱立体仓库，适用于重量小的货物，速度极快，平均可以达到 300m/min 的水平速度。Miniload 系统可以做到三伸位，高度可以达到 60m 左右。Miniload 系统是高储存密度的料箱智能拣选解决方案，是目前应用较早而且广泛应用的“货到人”拣选解决方案之一。Miniload 系统如图 6-2-3 所示。

图 6-2-3 Miniload 系统

2. 多层穿梭车系统

多层穿梭车系统由穿梭车、行走机构、存取机构、轨道系统组成，适用于小尺寸、多规格物料的高速缓存，具有柔性化、集成化、网络化、高精度、高速高效、稳定可靠及节能环保等特点，非常适用于电商等拆零拣选需求巨大的行业。

多层穿梭车系统作业效率非常高，拣货效率是传统作业方式的 5～8 倍，一般可以达到 1000 次/h 以上，同时还可以节省大量人力成本，该系统最多为双伸位，高度大多为 6～18m。

3. Kiva 拣选系统

Kiva 拣选系统使用 AGV 完成拣选及搬运作业，AGV 根据系统指令，自动导航到商品位置停泊，通过车载显示终端告知拣选人员被拣选商品的位置和数量。也有企业使用类 Kiva 机器人拣货，机器人在接到拣货指令后，找到指定的货架，并将该货架运送到指定的拣选台，这是典型的“货到人”拣选方式。

此类拣选系统项目实施速度快，交付周期短；更重要的是灵活性非常强，易于扩展，非常适用于 SKU 量大、商品数量多、有多种商品规格订单的场景。Kiva 拣选系统如图 6－2－4 所示。

图 6－2－4　Kiva 拣选系统

4. 四向穿梭车拣选系统

所谓四向穿梭车，即可以完成前后左右运行的穿梭车，如图 6－2－5 所示。四向穿梭车具有四个方向的移动能力，其适应场地的灵活性大大增加，有些不规则的场地也可以得到充分利用，这是多层穿梭车所无法比拟的。一方面可以大幅度提升空间利用率；另一方面，在许多老旧仓库改造过程中，四向穿梭车具有更高的适应能力。

图 6-2-5　四向穿梭车

虽然四向穿梭车有很多优点，但也有一些缺点。比如说四向穿梭车对货架的要求，由于其对横向轨道有要求，因此其对货架的精度要求更高，对安装精度的要求也更高，由此将会导致安装工期和成本的增加。又如，四向穿梭车对调度系统的依赖，无疑增加了系统实施的难度，也提高了技术门槛，增加了成本。此外，从维护角度看，由于四向穿梭车在巷道中的位置不定，横向轨道阻挡了维护人员进入货架内部的道路，因此一旦出现问题，维修难度增加，反过来对总体设计提出限制要求，对系统的可靠性要求大大增加。

5. AS/RS 拣选系统

AS/RS 也就是通常所指的自动化立体仓库。

AS/RS 拣选系统借助 WMS、WCS，通过堆垛机、穿梭车，按照订单需求从高位拣选货架拣选出对应货物，以整拖为单位暂存拣货区，由人工或机械手臂，对货物进行扫描贴签的操作，然后投递于回流分拣线至场地集中分拣发货区，属于货到人的拣选方式。这种方式更加节省人力，且高效、精准，但初期的基建成本、设备成本投入大，建成后不易更改，且对货物的包装、品类有一定限制。

除此之外，目前还有不少拣选方式在制造业得到应用。如基于工位的“货到人”拣选，将货物自动运输到拣选工位上，能减少工作人员举升、弯腰和伸展之类的单调而又繁重的工作，同时可提升效率；在自动拣选区中，由自动拣选机或机器人承担订单处理任务，这种拣选方式在标准拣选流程中不需要人为干预，适用于要求质量和处理能力长期稳定不变的情况；还有利用传送带拣选、利用高架拣选等多种方式。

（二）“货到人”拣选的优势

“货到人”拣选具有十分明显的优势，随着人工成本的不断攀升，“货到人”拣选不仅可以有效节约人工成本，也可有效地降低作业难度，提高作业效率。“货到人”拣选主要有以下优势。

1. 拣选高效、准确

首先，“货到人”拣选作业的效率一般是人工拣选的8～15倍。其次，“货到人”拣选具有极高的准确性，系统通过配合电子标签、RFID、拣选站台、称重系统等辅助系统，有效降低拣选的出错率，使其准确率一般在99.5%～99.9%。

2. 提高空间利用率

“货到人”拣选系统通过移动货架等进行储存，其储存密度也大大提高。其中密集储存货架去掉了多余的巷道空间，提高了货架的密度；移动货架根据不同货物的包装规格设计了多种规格的货格，通过不同规格货格的组合，有效提高了货架空间的使用率。

3. 降低劳动强度

“货到人”拣选系统通过智能搬运设备或自动输送设备搬运货物，大幅度降低了作业人员的劳动强度。例如，在多层穿梭车系统中，一个巷道对应一个拣选站台，一个拣选站台分配一个工作人员，一整个仓库仅需少量工作人员即可实现全部的拣选作业。

小贴士

“货到机器人”拣选系统

“货到机器人”拣选系统采用机器人替代人，即通过机器人来识别、抓取商品并放在指定位置。但值得注意的是，由于“货到机器人”采用的是与“货到人”系统完全不同的设计逻辑——通过上位信息系统或者管理软件将物流系统的各个组成部分进行串联，因此前者并不能简单地视为后者的智能化升级，而是分属不同的拣选工艺。

与“货到人”拣选系统相比，“货到机器人”拣选系统下的机器人不仅能够长时间重复拣选动作，节省人力，还可以大幅度提高拣选效率，保证准确率。因此，在人力成本越来越高的趋势下，“货到机器人”拣选系统无疑具有独特优势。

可以说，随着以智能制造为代表的制造业物流的升级发展及智能物流的不断推进，无论是市场需求还是技术本身，都为“货到机器人”拣选系统的发展和应用奠定了一定基础，而无人仓的落地，更为“货到机器人”系统提供了良好的应用场景。

尽管“货到机器人”拣选系统已经开始在行业内逐步落地应用，但从全球范围来看，目前“货到机器人”拣选技术并不成熟，系统稳定性还有待提升，而且“货到机器人”相对“货到人”成本要高一些，另外“货到机器人”拣选系统还无法适应所有品类物品。按大多数电商物流企业发展的趋势来看，人机结合的拣选方式仍是智能化拣选发展进程中的主要方式。

四、拣选工作站

拣选工作站是指作业人员执行作业过程中辅助设备的组合，包含硬件系统和软件系统。拣选工作站的类型多样。一般情况下，如药品拆零拣选场景下，一个拣选工作站拣选速度最大可达到500～600件/小时，这是RF拣选的4～5倍，是电子标签拣选的3～4倍。拣选工作站一般分为两层（也有采用单层的），上层为储存箱，下层为订单箱，储存箱一般占用两个位置，交替拣选，订单箱数量一般要根据具体情况确定。一般要求配置电子标签和图像辅助系统以提升拣选工作站拣选的准确性。拣选工作站本质是为了提升拣选效率，往往与订单结构有很大关系。目前设计的拣选工作站采用电子标签、RFID、快速输送等一系列技术，已经完全可以满足实际需求。

1. 拣选工作站硬件系统

一般，拣选工作站硬件系统包括播种墙框架、电子标签、周转箱、激光云台、触摸屏、小键盘、手持扫描枪、标签打印机等，如图6－2－6所示。

图6－2－6 拣选工作站硬件系统

2. 拣选工作站软件系统

拣选工作站的软件系统一般包含三个模块：拣货站、补货站、盘点站。三个模块的功能如图6－2－7所示。

五、电子标签拣选系统

电子标签拣选系统以一连串装于货架格位上的电子显示装置（电子标签）取代拣货单，电子标签指示应拣取的物品及数量，辅助拣货人员的作业，减少目视寻找的时间，从而达到有效降低拣选错误率、加快拣选速度、提高工作效率、合理安排拣选人员行走路线的目的。电子标签拣选系统是一种计算机辅助的无纸化的拣选系统，主要由计算机、接线盒、控制器、电子标签等组成，如图 6－2－8 所示。

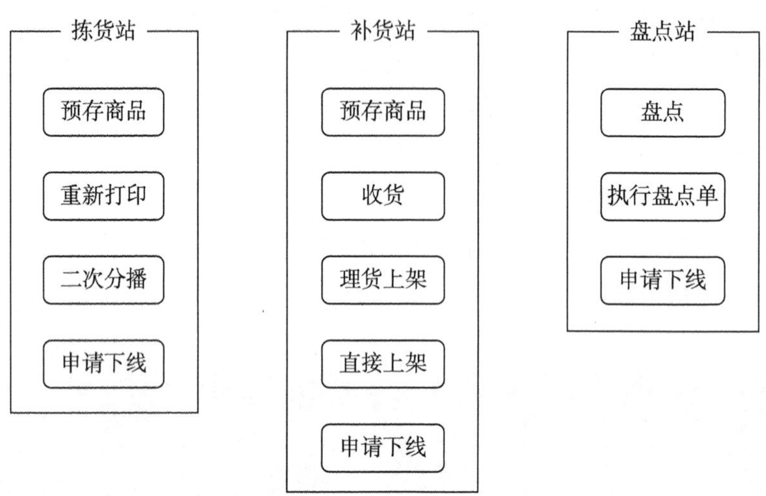

图 6－2－7　拣货站、补货站、盘点站的功能

图 6－2－8　电子标签拣选系统

（一）电子标签介绍

1. 普通型电子标签

普通型电子标签一般由数字显示屏、声发生器、光发生器、确认按钮组成，可根据实际需要选择电子标签的字符长度、显示频率、发光颜色和声音强度等，如图 6－2－9 所示。

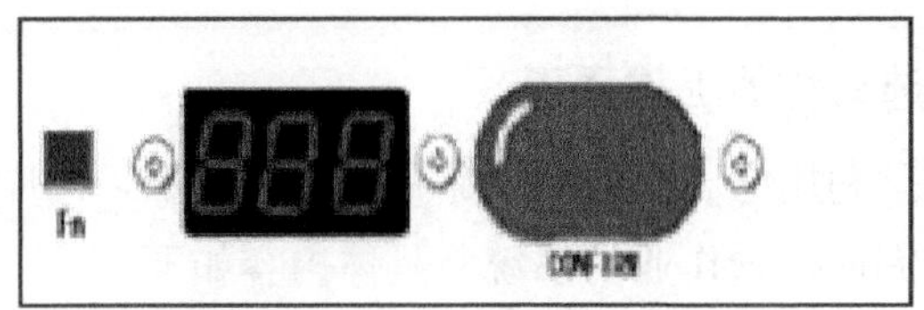

图 6－2－9　普通型电子标签

2. 特殊型电子标签

特殊型电子标签是满足特殊需要的电子标签。

（1）分段显示型电子标签。该类电子标签在需要显示多组数字信息的场合下使用，如图 6－2－10 所示。

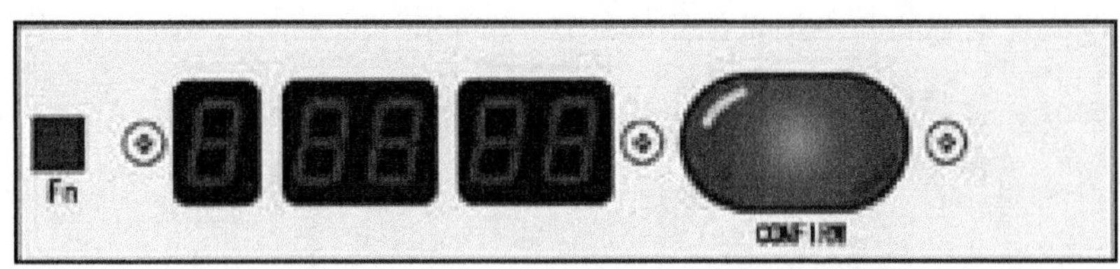

图 6－2－10　分段显示型电子标签

（2）带增加和减少按钮的电子标签。该类电子标签可用于盘点、提示补货等场合，如图 6－2－11 所示。

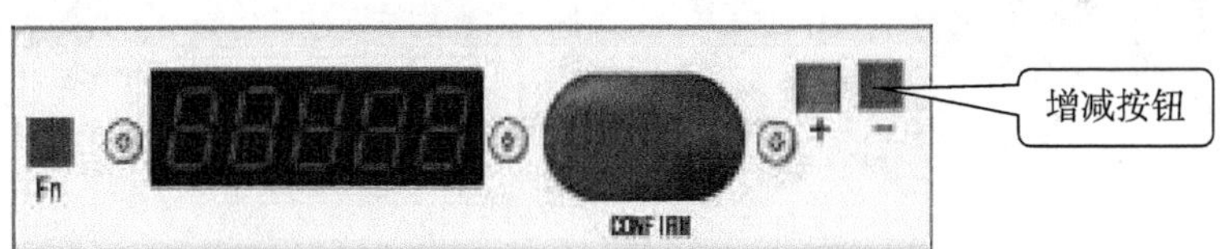

图 6－2－11　带增加和减少按钮的电子标签

（二）电子标签拣选系统的特点

与传统拣选模式相比，电子标签拣选系统的特点如表 6－2－3 所示。

表 6－2－3　传统拣选模式与电子标签拣选系统的比较

类型	特点
传统拣选模式	依据拣选表单指示，进行拣选作业； 需对储存环境与商品属性有认知； 人员所需要的训练时间长； 视觉的误差易导致拣选错误； 速度与效率低
电子标签拣选系统	提升作业速度与品质，降低拣选成本； 减少前置作业时间并大幅降低错误率； 实现无纸化、标准化作业； 缩短操作人员上线的培训过程

(三) 电子标签拣选系统的工作原理

电子标签拣选系统是利用电子标签实现品种、库位指示，出库数量显示，完成信息确认，最终帮助拣选人员完成拣选作业的系统，具体内容如下。

(1) 无须打印出库单，将出库信息下载到对应的电子标签。

(2) 电子标签发出光、声音信号，指导工作人员完成拣选。

(3) 工作人员完成作业后，按电子标签，取消光、声音信号，将完成信息传回控制系统。

(4) 拣货员按其他电子标签指示继续进行拣选。

电子标签使拣选成为一种简单的劳动，工作人员只需要完成三个动作：看或听、拣、按。电子标签拣选系统的工作场景如图 6-2-12 所示。

图 6-2-12 电子标签拣选系统的工作场景

(四) 电子标签拣选系统的工作方式

1. 摘果式 (Pick To Light) 拣选

摘果式拣选如图 6-2-13 所示，具有以下特点。

(1) 库内的每一种商品都要配置电子标签。

(2) 按客户订单拣货。

(3) 拣货时，每次面对一个客户。

(4) 按电子标签指示完成拣货后，该客户订单即完成。

(5) 要求用户已实现基本信息管理手段，库位管理到最小货位。

(6) 可设置多个拣货区，提高效率。

2. 播种式 (Put To Light) 拣选

播种式拣选如图 6-2-14 所示，主要包含两个作业环节。

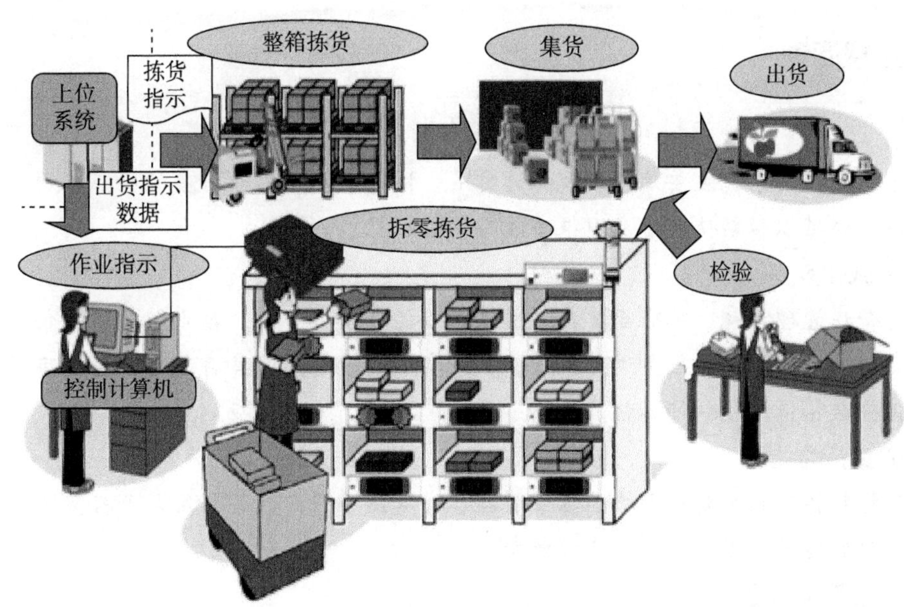

图 6-2-13　摘果式拣选

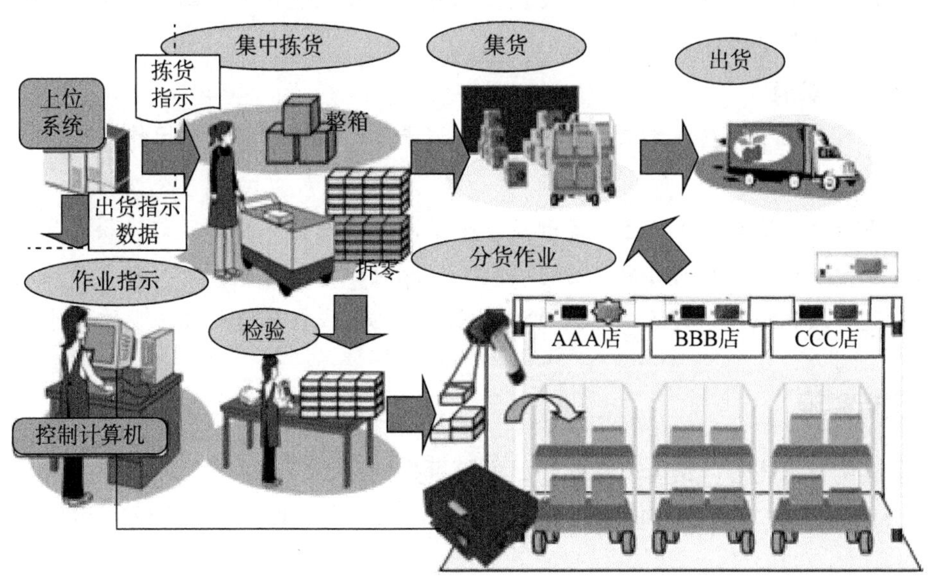

图 6-2-14　播种式拣选

(1) 按商品类别拣货。按商品类别拣货时，可不使用电子标签。

(2) 按客户订单拣货。按客户订单拣货时，为每个客户配备电子标签货位。电子标签为工作人员提供位置指示和数量显示，指导工作人员完成拣货。分拣时每次对应一个货物品种、多个客户。

采用此种工作方式可设置多个拣货区，提高效率。

拓展阅读

电子标签的特殊应用

电子标签拣选系统主要用来实现拣选作业。同时，利用电子标签的特点，通过相应软件的支持，还可以帮助使用者实现很多复杂的管理功能。

1. 无纸化盘点

通过仓库管理系统，将账面库存发送到对应的电子标签上。盘点人员对货物实际数量进行清点后，对账面库存数量进行确认。如果实际数量与账面库存数量不符，可通过增减按钮将差异数据传回控制计算机。

2. 入库库位指示

电子标签拣选系统要求严格的货位管理。在入库作业时，可利用电子标签进行货品正确入库库位的显示，提高入库作业的效率。

3. 补货及缺货通知

在拣选过程中，当拣选员发现拣选数量不足时，可通过增减按钮将信息传回控制计算机，提示补货人员进行补货。同时，拣选员还可将不足数量传回控制计算机，控制计算机可根据实际拣选数量打印正确的发票和收据。

4. 误操作取消

当拣选人员由于疏忽发生误操作时，可利用事先的设定取消该笔操作。

5. 箱满显示功能

除配备一个普通型电子标签，还配备一个不同颜色的特殊型标签作为箱满显示器。随着拣选作业的进行，客户的订单先后得到满足。此时，控制计算机会控制负责箱满显示的电子标签进行点亮操作，提示工作人员该客户订单已完成，可进行进一步的操作。

任务实施

阅读案例导入内容，结合所学知识，回答下列问题。

1. 分组讨论，“地狼”货到人搬运系统与传统“人找货”拣选模式相比，有哪些优势？

____

____

____

2. “天狼”货到人系统如何提升储存能力和拣货人效？

____

____

____

3. 自动分播墙在入库和出库环节分别承担哪些功能？

______

______

______

4. 请简述自动化分拣系统的主要组成部分。

______

______

______

5. 考虑到自动化设备的普及，你认为未来仓储物流行业在人员培训和技能要求上会有哪些变化？

______

______

______

知识检测

一、单选题

1. 自动化分拣系统通常使用哪种技术来识别货物？（　　）

A. 条码扫描　　B. RFID　　C. 视觉识别　　D. 以上皆是

2. 哪种类型的分拣系统适合处理大量订单？（　　）

A. 手动分拣系统　　B. 半自动化分拣系统

C. 全自动化分拣系统

3. 关于电子标签拣选系统的工作原理，以下描述正确的是（　　）。

A. 需通过打印纸质出库单引导拣货员操作

B. 利用电子标签显示客户编号、拣货量等信息，并人工输入数据到系统

C. 拣货完成后需手动录入信息至后台管理系统

D. 通过光、声信号提示拣货，完成后按键确认信息回传

二、判断题

1. 自动化分拣可以提高分拣效率和准确性。（　　）

2. 所有分拣系统都可以处理不同形状和尺寸的物品。（　　）

任务三　货物出库

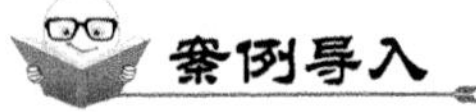

深圳某自动化立体仓库结合WMS进行出库流程设计，WMS向上对接EBS系统（企业商务管理系统），向下对接WCS。出库流程详细规划如图6-3-1所示。

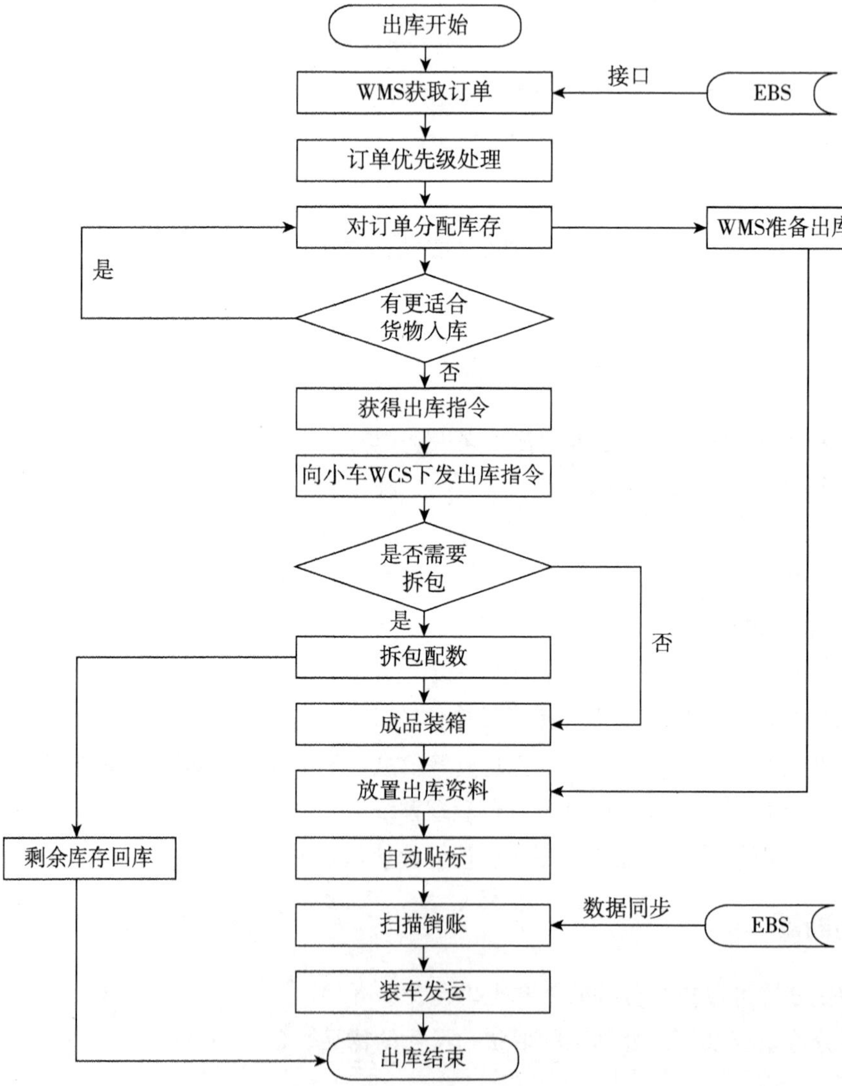

出库开始
WMS获取订单
接口
EBS
订单优先级处理
对订单分配库存
WMS准备出库资料
是
有更适合货物入库
否
获得出库指令
向小车WCS下发出库指令
是否需要拆包
是
否
拆包配数
成品装箱
放置出库资料
剩余库存回库
自动贴标
扫描销账
数据同步
EBS
装车发运
出库结束

图6-3-1　出库流程详细规划

（1）WMS从EBS获取订单信息：包含PO号、SO号、SO行号、客户代码等信息。

（2）订单优先级处理：WMS根据规则将发货当日的所有订单明细进行优先级排序，划分为多个波次，减少拣货操作。

（3）装箱后的产品需经过流水线称重校验，并保存记录实物重量。

（4）放置出库资料：放置上述对应出库资料。

（5）打印贴标：按照客户的要求进行标签打印，并替换原有标签。

（6）自动贴标：在成品装箱之后，系统判断其外箱标签和实际需要出库的PO标签是否一致，如果不一致，则传送到自动贴标机处，自动贴标机对箱子进行贴标。

（7）扫描销账：在装箱贴标后，人工进行扫描确认出库，同时EBS销账。

（8）装车发运：装车发运后，WMS将订单状态更改为已发运。

（9）剩余库存回库：WMS给小车的WCS下发指令，使其运至合理的库位上。

在这个解决方案中，出库策略管理包括多种出库规则，如先进先出、到期先出、ABC分类管理等。以下是出库流程的关键步骤。

（1）提示拣货：根据预设的出库规则，如先进先出、到期先出等，系统自动提示拣货库位信息。

（2）库存预配：按照批次进行库存锁定或按照不同包装级别进行库存预配。

（3）备货任务单自动推送至指定PDA：任务指令直接下达现场拣货员。

（4）指引性出库：根据预设的出库规则、拣货路线规则，系统自动提示拣货库位信息，拣货下架。

（5）立体仓智能出库：WMS对接立体仓控制系统，智能控制自动出库。

（6）叉车自动出库：叉车或通道门安装RFID读写器，出库时自动读取物料RFID标签，实现自动出库。

（7）物料配送：AGV自动送料。

（8）ERP接口：完成出库，自动触发ERP过账，自动扣减WMS和ERP的物料库存。

知识链接

货物出库是指仓库根据业务部门或存货单位开出的货物出库凭证（提货单、调拨单），按其所列货物编号、名称（品名）、规格、型号、数量等项目，进行拣货、分货、发货检查、包装，直到把货物交给存货单位或发运部门的一系列作业过程。

一、货物出库的基本要求

1. 出库凭证和手续必须符合要求

出库业务必须依据正式的出库凭证进行，任何非正式的凭证均视为无效凭证，不能作为出库的依据。出库业务程序是保证出库工作顺利进行的基本保证。为防止出现工作失误，在进行出库作业时，必须严格遵守规定的出库业务程序，使出库业务有序进行。

2. 严格遵守出库的各项规章制度

一般情况下，由于仓库储存的货物品种较多，发货时间比较集中，业务比较繁忙，为做到出库货物准确无误，必须加强复核工作，从审核出库凭证开始直到货物交接为止，每一环节都要进行复核。严格遵守出库的各项规章制度，按照货物出库凭证所列的货物编号、名称、规格、型号、数量等，做到准确无误地出库。

3. 严格贯彻“先进先出，后进后出”的原则

为避免货物长期在库存放而超过其储存期限或增加自然损耗，必须坚持“先进先出，后进后出”的原则。

4. 提高出库效率和服务品质

应在明确经济责任的前提下，办理出库手续，力求手续简便，提高发货效率。一方面，要求作业人员具有较高的业务素质，全面掌握货物的流向动态，合理地组织出库业务；另一方面，还要加强与业务单位的联系，提前做好出库准备，迅速、及时地完成出库业务。

5. 贯彻“三不”“三核”“五检查”的原则

“三不”是指未接单据不翻账，未经审单不备库，未经复核不出库；“三核”是指在发货时，核实凭证、核对账卡、核对实物；“五检查”是指对单据和实物要进行品名检查、规格检查、包装检查、件数检查、重量检查。在出库时，应严格贯彻“三不”“三核”“五检查”的原则。

二、货物出库的方式

货物出库的方式指仓库用什么样的方式将货物交付收货人。选用哪种方式出库，要根据具体情况，由供需双方事先商定。货物出库的方式有以下几种。

1. 送货

仓库根据委托运输部门的要求将货物运到车站、码头或机场，用户自行提取或仓库使用自有车辆直接将货物送达收货地点。这种发货形式就是通常所称的“送货制”。

2. 自提

收货人或其代理人自派车辆和人员，持货物调拨单直接到仓库提货，仓库凭单发货，这种发货形式就是通常所称的“提货制”。为划清交接责任，仓库发货人与提货人在仓库现场对出库货物当面交接清楚，并办理签收手续。

3. 过户

过户是一种就地划拨的形式。货物虽未出库，但是所有权已从原存货单位转移到新存货单位。仓库必须根据原存货单位开出的正式过户凭证办理过户手续，而仓库管理人员只需要进行单据交割更换户名即可，无须进行实物转移。

4. 转仓

存货单位为了方便业务开展或改变储存条件，需要将库存货物从甲库移到乙库，这就是转仓的发货形式。因为出库量大，货物是以整批的方式出库的，所以要求仓库必须根据存货单位开出的正式转仓单办理转仓手续。

5. 取样

存货单位出于对货物质量检验、样品陈列等的需要，到仓库提取样品（一般都要开箱拆包、分割，出库量小），这时仓库也必须根据正式取样凭证向其发放样品，并做好账务记载。

三、货物出库的业务流程

不同仓库在货物出库的操作程序上会有所不同，操作人员的分工也有粗有细，但就整个发货作业的过程而言，一般都是跟随着货物在库内的流向或出库单的流转构成各工种的衔接。这个业务流程包含出库前的准备、配货作业、拣选作业、复核、自动化包装、清点交接和发货后的处理。

1. 出库前的准备

（1）核对出库凭证。

发放货物必须有正式的出库凭证，严禁无单或白条发放货物。仓库接到出库凭证后，由业务部门审核出库凭证上的印鉴是否齐全相符，有无涂改，审核出库凭证的合法性和真实性。然后，按照出库凭证上所列的货物品名、规格、数量与仓库料账做全面核对，同时审核收货单位、到货站、开户行和账号等是否齐全和准确。审核无误后，在料账上填写预拨数后，将出库凭证移交给仓管员。仓管员复核料卡无误后，即可做货物出库的准备工作，包括准备随货出库的技术证件、合格证、使用说明书、质量检验证书等。

（2）出库信息处理。

出库凭证审核无误后，要对出库凭证信息进行处理。仓管员将出库凭证上的信息录入计算机后，由出库业务系统自动进行信息处理，并打印拣货单等凭证，生成相应的拣货信息，作为拣货作业的依据。

2. 配货作业

下游分销商订单到达仓库后，仓库服务器通过仓库管理系统自动分析订单，同时控制货位自动识别读写器读取货位货物信息，通过分析计算得出订单所需货物所在的货位并生成配货指令。配货指令生成后，仓库服务器会向叉车发送配货指令，叉车接收到配货指令后会前往相应货位搬运货物，确认无误后搬运货物出货位。

3. 拣选作业

出库环节的拣选作业主要是为了完成备货。此时，拣选作业的方法主要分为单一拣选和批量拣选。

（1）单一拣选。

单一拣选又称按订单拣选、摘果式拣选，即针对每一张订单，拣选人员巡回于储存场所，将客户所订购的每一种货物挑选出来集中在一起，将配齐的货物放置到发货场所指定的货位，即可开始处理下一张订单。

（2）批量拣选。

批量拣选又称播种式拣选，即将每批订单的同种货物累加起来，从储存仓位上取出，集中搬运到理货场，并按每张订单要求的数量投入对应的分拣箱，分拣完成后分放到待运区域，直至配货完毕。

4. 复核

为保证出库货物不出差错，备货后应立即进行复核。复核是防止发货出现差错的关键。发货前由复核员仔细复核出库货物的品名、规格、单位、数量等是否与出库单一致，货物（如机械设备等）的配件是否齐全，以及所附证件、单据是否齐备。复核无误后，由复核人员在出库凭证上签字，方可包装或交付装运。在包装、装运过程中要再次检查外观质量和包装是否完好等。

5. 自动化包装

出库进行的包装一般为了满足货运需求，通常称为运输包装。运输包装一般需要满足以下要求。

（1）根据货物的外形特点，选择适宜的包装材料，包装尺寸要便于货物的装卸和搬运。

（2）包装要符合货物运输的要求，应牢固，包装的外部要有明显标志，不同运输等级费率的货物应尽量不包装在一起。

（3）严禁性质抵触、互相影响的货物混合包装。

（4）包装的容器应与被包装货物体积相适应。

（5）要节约使用包装材料，注意节约代用、修旧利废。

目前，信息技术、高级自动化机械及智能型检测、控制、调节装置等已被引入物流包装当中，促进了自动包装流水线的发展。自动包装流水线集纸箱成型、自动装箱、自动封箱等功能于一体，可根据客户不同的包装要求进行个性化设计和制造，从而大大提升了包装作业的安全性、准确性，进一步解放了劳动力。实际上，自动包装流水线并非多个不同包装设备的简单组合，而是需要根据企业产品的不同进行适当搭配，从而简化路径和提升效率。

自动包装流水线是按照包装的工艺过程，将自动包装机和有关辅助设备用输送装置连接起来，再配以必要的自动检测、控制、调节装置及自动供送料装置，成为具有独立控制能力，同时能使被包装物品与包装材料、包装辅助材料、包装容器等按预定的包装要求、工艺要求与工艺顺序，完成物品包装全过程的工作系统。

采用自动包装流水线，产品的包装不再是以单机一道工序一道工序地完成单个包装工序，而是将各自独立的自动或半自动包装设备和辅助设备，按照包装工艺的先后顺序组合成一个连续的流水线。被包装物品从流水线一端进入，以一定的生产节拍，按照设定的包装工艺顺序，依次经过各个包装工位，各工位的包装设备使包装材料与被包装物品实现结合，完成一系列包装工序之后，形成包装成品从流水线的末端不断输出。

6. 清点交接

出库货物是无论客户自提，还是交付运输部门发运，发货人必须向收货人或运输人员当面按单逐件交接清楚，划清责任。在得到接货人的认可后，在出库凭证上加盖“货物收讫”印戳，同时给接货人填发出门证，门卫按出门证核验无误后方可放行。

7. 发货后的处理

货物交接后应及时进行发货后的处理工作，包括现场清理和数据更新。经过出库的一系列工作流程之后，有的货垛被拆开，有的货位被打乱，有的仓库内还留有垃圾和杂物等，所以应对现场进行清理。现场清理主要是对库存的货物进行并垛、挪位、整理，清扫发货场地、保持清洁卫生，检查相关设施设备和工具是否损坏、有无丢失等。同时，应及时将出库信息通过自动识别设备移动工作平台或手持电子标签读写设备录入仓库管理系统，系统自动更新数据。

货物出库时，可以采用叉车出库、输送机出库、AGV 机器人出库，也有些企业采用穿梭车出库。比如，某药品仓库采用穿梭车出库，货物在装车之前先进入穿梭车库进行暂存，这样不仅可以大大节省储存空间，而且可以实现自动排车，提高装车效率。

货物出库时，在出库口经过自动识别设备的读写区域，读写器会自动读取货物电子标签信息，同时将数据上传至仓库服务器，仓库服务器通过核对订单和数据信息，确认无误后放其出库。同时，仓库服务器会根据出库情况自动变更货物库存量。

货物出库后会进入电子标签的回收程序，这一程序由专人负责，包括电子标签的回收、登记、数量核对及初始化操作。自动识别技术的应用大大降低了仓库在人力、物力上的投入，在现代化的大型仓储建设中具有重要的作用。

四、货物出库过程中的问题与处理方法

1. 出库凭证问题

当出库凭证有假冒、复制、涂改、不清等情况时，应及时与仓库保卫部门和出具出库凭证的单位或部门联系，妥善处理。

出库凭证有效期超过提货期限，客户前来提取货物，必须先办理手续，按规定缴足逾期的仓储保管费用后，方可发货，决不能凭无效凭证发货。

提货时，若客户发现规格开错，保管员不得自行调换规格发货，必须通过制票员重新开票方可发货。

如果客户遗失出库凭证，必须由客户单位出具证明，到仓储部门制票员处挂失，由原制票员签字作为旁证，然后到仓库出库业务员处报案挂失。如果挂失时，货物已被提走，仓储部门不承担责任，但有义务协助调查；如果货物没有被提走，经业务员查实后，凭上述证明，做好挂失登记，将原凭证作废，缓期发货。

2. 串发货和错发货问题

串发货和错发货主要是指发货人员在对货物种类、规格不熟悉的情况下或者由于工作中的疏漏，把错误规格、数量的货物发出库的情况。仓库收到客户投诉，发现串发货或错发货后，应及时逐步排查，查明情况并予以解决。

3. 包装问题

包装问题一般是指在发货过程中，因货物包装破损，造成货物渗漏、裸露等问题。仓储部门在发货时，凡原包装经挤压、装卸搬运不慎造成破损、污损，都需重新整理或更换包装，才能出库。出现此类客户投诉，一般是因碰撞、挤压或装卸搬运造成的，发货人应与运输部门协商，由运输部门（物流公司）解决此问题。

4. 漏记账和错记账问题

漏记账是指在货物出库作业中，没有及时核销明细账，造成账面数量与实存数量不符的现象。错记账是指在货物出库后核销明细账时没有按实际出库的货物名称、数量等登记，从而造成账物不相符的情况。不论漏记账还是错记账，一经发现，除及时向有关领导如实汇报情况，还应根据原始出库凭证查找原因调整账目，使账货相符。

5. 退货问题

凡属货物内在质量问题，客户要求退货和换货时，应由质检部门出具质量检查证明、试验记录等书面文件，经主管部门同意后，方可退货或换货。

五、绿色物流包装

绿色物流包装是指在物流和供应链过程中，通过采用可持续、环保的包装材料和方法，减少资源浪费、降低碳排放，实现环境友好型物流运作。这一概念伴随着全球对环保和可持续发展的重视，成为现代物流行业中的重要趋势。绿色物流包装不仅可以减少对环境的影响，还能为企业节约更多的成本，提升品牌形象。

（一）绿色物流包装的核心理念

绿色物流包装的核心理念是通过采用可降解、可回收材料和智能化包装设计，在满足运输和保护产品需求的前提下，尽量减少对环境的负面影响。这通常包括以下内容。

（1）减少包装材料的使用：减少不必要的包装层数和材料，减少资源浪费。

（2）采用可再生和可回收材料：选择可循环利用的材料进行包装，如纸板、可降解塑料、生物材料等。

（3）优化包装设计：减少包装体积和重量，提高装载效率，降低运输过程中的能耗。

（4）循环使用包装：通过设计可重复使用的包装，减少一次性包装材料的使用。

（二）绿色物流包装的主要驱动力

（1）环境法规和政策压力。

全球范围内，许多国家和地区出台了严格的环境保护法规，要求企业在包装和物流过程中减少塑料废弃物和碳排放。例如，欧盟实施的《欧盟塑料战略》提倡减少一次性塑料的使用，并要求到 2030 年所有包装都能够被回收或再利用。这样的政策推动了企业在绿色包装上的创新。

（2）消费者环保意识的提高。

现在消费者对环保的关注度日益提升，许多人愿意为环境友好型产品支付更高的价格。企业在物流和包装上体现出环保理念，可以增强品牌形象，吸引关注环保的消费者。

（3）企业社会责任（CSR）。

越来越多的企业将可持续发展纳入其企业社会责任战略中，采用绿色物流包装可以帮助企业履行环保责任，提升公众形象，符合国际市场对绿色供应链的要求。

（三）绿色物流包装的主要策略

1. 采用可再生材料

绿色物流包装的关键策略之一是采用可再生材料替代传统的石油基塑料和泡沫包装材料。

（1）可降解塑料：如聚乳酸（PLA）和淀粉基材料，能够在特定环境下自然降解，减少对环境的长期污染。

（2）可回收纸板：纸板是一种常见且易回收的包装材料，企业可以使用经过认证的可回收纸板减少碳足迹。

（3）生物材料：利用玉米淀粉、甘蔗纤维、竹子等天然材料制造的包装，不仅可降解，还能减少对石化资源的依赖。

2. 优化包装设计

通过优化包装设计，企业可以减少包装材料的使用，提升物流效率，进而降低运输的能源消耗和环境影响。

（1）轻量化设计：通过减轻包装的重量，不仅可以降低运输过程中燃料的消耗，还能减少碳排放。

（2）模块化设计：采用标准化、模块化的包装设计，可以提高包装和运输效率，减少材料浪费。

（3）精简包装：减少过度包装，将包装材料和产品保护功能最小化，既节省了资源，也降低了包装成本。

3. 循环使用包装

循环使用包装是一种减少一次性包装废弃物的重要策略，尤其适用于 B2B 供应链中的大宗货物运输。

（1）可重复使用的托盘和包装箱：如塑料托盘、金属箱等，可以在多个运输环节中重复使用，减少一次性包装材料的使用。

（2）包装回收计划：一些企业与供应链合作伙伴建立了包装回收体系，将包装材料返回制造商或物流中心重新使用，形成闭环管理。

4. 智能包装

智能包装通过物联网技术和创新设计，能够减少资源浪费并提高包装的可追溯性和透明度。

(1) 智能标签：在包装上嵌入 RFID 标签或二维码，不仅可以追踪货物，还可以记录包装材料的生命周期数据，优化包装使用。

(2) 防伪包装：利用新技术减少因假冒伪劣产品导致的包装浪费，提高供应链的透明度和效率。

小贴士

绿色物流包装的案例分析

1. IKEA（宜家）

IKEA 致力于采用可持续材料来减少包装对环境的影响。该公司使用再生纸板和可再生材料包装，并优化包装设计，确保其产品在运输过程中占用更少的空间，减少碳排放。

2. 亚马逊（Amazon）

亚马逊推行了“环保包装计划”(Frustration Free Packaging)，该计划旨在减少过度包装并推广可回收材料，减少运输过程中的空间浪费。通过减少不必要的包装层数，亚马逊大幅降低了运输成本和资源消耗。

3. 戴尔（Dell）

戴尔通过采用蘑菇材料、生物塑料等可再生材料来制作包装，并通过全球回收计划回收旧设备包装，减少包装废弃物的产生，推动了企业供应链的可持续发展。

(四) 绿色物流包装的未来趋势

1. 智能化与可持续性融合

未来，绿色物流包装将在智能化技术的推动下进一步发展。物联网、区块链等技术可以帮助企业更好地追踪包装材料的生命周期，确保其在整个供应链中的可持续性。

2. 生物材料和纳米技术

随着生物材料和纳米技术的发展，包装材料将变得更加轻量化、更加耐用和好降解。这些新材料将进一步减少资源消耗并提升包装的环保性能。

3. 全生命周期管理

未来的绿色物流包装不仅关注包装材料本身，还将通过全生命周期管理的方式，从设计、生产、使用到回收，全面优化包装的环境影响。

拓展阅读

快递包装可循环，绿色配送更环保

2023 年以来，中国邮政快递业持续快速发展。国家邮政局数据显示，自 2023 年 3 月起，截至 2023 年 10 月，单月快递量超百亿件，月均业务收入超 900 亿元，创历史新高。在市场规模稳步扩大的同时，邮政快递业也在努力探索绿色发展路径。大力推广可循环快递包装，正是其中一项重要举措。

快递包装绿色化，让网购变得更加环保，赢得了电商平台、寄递企业及消费者的多方支持。

1. 绿色治理初现成效

在国家邮政局举行的 2023 年第四季度例行新闻发布会上，国家邮政局公布的数据显示，截至 2023 年 9 月底，全国电商快件不再二次包装比例超过 90%，使用可循环包装的邮件快件超 8 亿件，回收复用质量完好的瓦楞纸箱超 6 亿个。

这一成果，显示出快递包装绿色治理工作已取得初步成效。

2023 年以来，国家邮政局加快推进快递包装标准化、循环化、减量化、无害化，全面实施“9218”工程，统筹推进行业绿色低碳发展。“9218”工程是国家邮政局在 2023 年年初提出的建设目标。其明确到 2023 年年底前，实现电商快件不再二次包装比例达到 90%，深入推进过度包装和塑料污染两项治理，使用可循环快递包装的邮件快件达到 10 亿件，回收复用质量完好的瓦楞纸箱 8 亿个。

2023 年 3 月，国家邮政局印发《关于推动邮政快递业绿色低碳发展的实施意见》，其中针对快递包装绿色治理，提出多项具体举措。比如“推动电子运单、可循环集装袋、瘦身胶带使用全覆盖”“实施包装绿色产品认证，提升绿色包装供给水平，引导寄递企业优先选购使用获得绿色认证的包装产品”“在同城、生鲜、仓配等业务领域优先推广使用可循环、易回收的包装箱（盒）”等。

国家邮政局市场监管司副司长表示，下一步，国家邮政局将积极推进全链条治理，强化包装生产、电商平台、商品制造等企业链主引领作用，推动快递包装设计生产、销售使用、回收处置全链条治理；探索推进地方政府主导可循环快递包装试点和包装废弃物回收处置，加大政策资金支持力度，扩大循环包装应用规模；积极开展快递包装物回收复用。

2. 创新研发，数智助力

在政策的鼓励下，各寄递企业也积极行动，研发、推广可循环快递包装。

邮政 EMS 提出“数智寄递”概念，研发了数智化可循环文件袋、可循环快递箱等产品。与普通包装不同，这些可循环利用的数智化包装由环保材料做成，并且在密封处多了一个黑色的小方框，这就是包装的“智能身份锁”和“数字面单”。指定身份收件人收到快递后，可通过手机扫描智能身份锁上的二维码，开箱取货。之后会有专人上门回收快递箱，实现数智化包装的循环利用。截至 2023 年 6 月，邮政 EMS 系统内可循环包装箱使用量已达到 220 万个。

韵达快递也在 2023 年新推出了一款可循环智能文件袋。这款文件袋采用“智能 R 锁”，支持扫码开袋、身份加密，只有指定用户可开启。同时，文件袋还防水、防火、防脏污，无须使用胶带粘贴，可重复使用近千次。

顺丰速运研发的可循环包装箱名为“丰多宝 π—BOX”（见图 6－3－2）。这种外观白灰色、可折叠的塑料箱，采用环保 PP（聚丙烯）材质制成，在柔韧性、抗冲击性、耐用性等方面具备良好性能，易清理、抗戳穿，可循环使用几十次，并且箱体使用魔术贴粘合，不需要用到胶带，10 秒钟即可完成折叠、封箱，能够减少打包过程中的人力成本和包装浪费。截至 2023 年 10 月，“丰多宝 π—BOX”累计投放量已超过 129 万个。

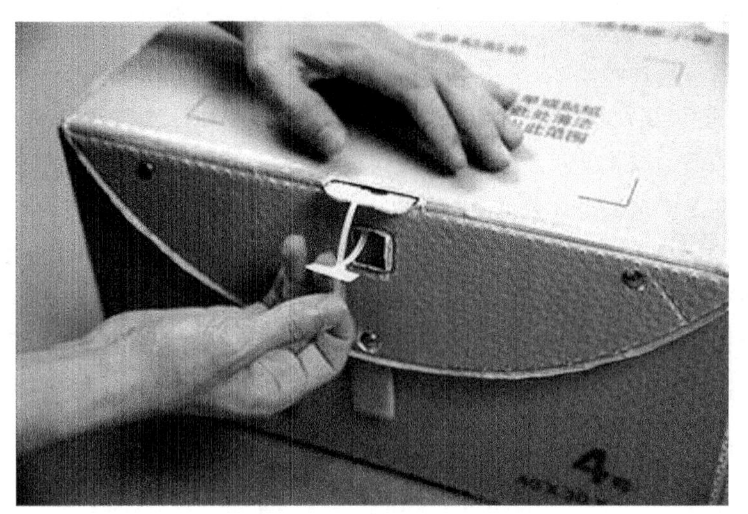

图 6-3-2 丰多宝 π—BOX

京东物流、菜鸟物流、圆通、中通等均已推出了各类可循环使用的包装产品。

虽然目前可循环快递包装步入规模化应用阶段，但面对不断增加的快递业务量，快递包装绿色治理仍存在不小的挑战。“目前社会普遍认知上的快递废弃包装其实是由商品包装、电商包装和寄递服务包装等混合构成的。从材质上看，分为纸类和塑料类两种，其中，封套和包装箱等纸质类包装废弃物，已通过社会化回收、网点回收、驿站回收方式，90%以上可实现资源化利用。”副司长表示，可循环包装使用目前还面临一些问题。他指出，一方面是包装成本高。以可循环包装箱为例，采购成本是同规格纸箱的 15 至 20 倍，再叠加回收、清洗、损耗、调拨等运营管理成本，相较普通纸箱，平均单次使用成本大为增加。另一方面，消费端回收难。部分消费者尚未建立循环快递包装的消费习惯，绿色理念意识不强，对于可循环包装回收不理解、不配合的情况较为普遍，难以形成规模化使用和回收。

京东物流绿色包装相关负责人表示，单独依靠企业进行可循环快递包装的回收工作，成本较高。在末端，部分消费者对回收快递箱的行为不理解、不支持，也将打击企业投放可循环快递箱的积极性。该负责人认为，需要建立社会化的回收机制，集中化、规模化回收，从而提高效率、降低成本，形成良性循环。比如由政府或第三方平台牵头建立较完善的社会化回收体系，实现社区回收和回收企业、电商物流企业相结合；推行循环包装押金制度，鼓励消费者主动参与，回收完成后自动返还押金，提升循环包装周转率，降低企业运营成本。

任务实施

阅读案例导入内容，结合所学知识，回答下列问题。

1. 在智能仓库管理系统解决方案中，出库规则包括哪些？

2. 描述智能仓库管理系统中立体仓智能出库的过程。

3. 如果出库凭证有疑点或情况不清楚，应如何处理？

4. 考虑到包装问题可能对客户满意度造成影响，如何改进包装流程以减少客户投诉？

知识检测

一、单选题

1. 货物出库时必须依据的是什么？（　　）

A. 非正式的出库凭证　　B. 正式的出库凭证

C. 任何形式的凭证　　D. 无须凭证

2. “先进先出，后进后出”的原则主要目的是什么？（　　）

A. 提高仓库的美观度　　B. 避免货物长期存放超过储存期限

C. 增加仓库的储存量　　D. 提高仓库的自动化水平

3. 货物出库的方式中，以下哪项不是出库方式？（　　）

A. 送货　　B. 自提　　C. 过户　　D. 退货

4. 货物出库的业务流程中不包括以下哪项？（　　）

A. 出库前的准备　B. 配货作业　C. 拣货作业　D. 货物采购

5. 绿色物流包装的核心理念不包括以下哪项？（　）

A. 减少包装材料的使用　B. 采用可再生和可回收材料

C. 优化包装设计　D. 增加包装材料的使用

6. 绿色物流包装的主要驱动因素不包括以下哪项？（　）

A. 环境法规和政策压力　B. 消费者环保意识的提高

C. 企业社会责任（CSR）　D. 降低成本

二、判断题

1. 出库凭证和手续必须符合要求，任何非正式的凭证均视为无效凭证，不能作为出库的依据。（　）

2. 为避免货物长期在库存放而超过其储存期限或增加自然损耗，必须坚持“先进先出，后进后出”的原则。（　）

3. 提高出库效率和服务品质与简化出库手续无关。（　）

4. 单一拣选又称按订单拣选、摘果式拣选，即针对每一张订单，拣货人员巡回于储存场所，将客户所订购的每一种商品挑选出来集中在一起。（　）

5. 绿色物流包装的核心理念是通过增加包装材料的使用，提高对环境的负面影响。（　）

综合实训

实训目标：

1. 培养学生对订单处理流程的理解和优化能力。

2. 提高学生对智能分拣系统的掌握和操作技能。

3. 加深学生对智能出库流程的认识，使学生学会使用自动化设备进行出库作业。

4. 帮助学生理解绿色包装的重要性，并学会实施绿色包装策略。

5. 培养学生的团队合作意识和项目管理能力。

实训流程：

第一阶段：团队组建与分工

—学生自由分组，每组5～6人。

—指定一名组长，组长负责协调小组内部工作和实训任务的分配。

—明确小组成员分工，设置订单处理员、分拣员、出库员、包装员、数据录入员等岗位，确保每个成员都了解自己的职责和实训目标。

第二阶段：订单处理与优化

—了解订单处理的基本流程，包括订单接收、审核、确认和分配。

—学习如何优化订单处理流程，提高效率和准确性。

—实践订单处理操作，包括订单的录入和处理。

第三阶段：智能分拣

—了解智能分拣系统的原理和操作流程。

—学习如何设置和调整分拣参数，以适应不同的分拣需求。

—实践智能分拣操作，包括货物的分拣和分类。

第四阶段：智能出库

—了解智能出库的基本流程，包括货物拣选、包装和出库。

—学习如何使用自动化设备进行出库作业，如 AGV、输送带等。

—实践智能出库操作，包括货物的拣选和出库。

第五阶段：绿色包装

—了解绿色包装的重要性和基本原则。

—学习如何选择合适的绿色包装材料和方法。

—实践绿色包装操作，包括货物的包装和标记。

第六阶段：资料整理与报告撰写

—整理实训过程中的所有资料，包括操作记录、数据和问题解决方案。

—归纳总结并撰写实训报告，内容至少包括实训目标、实训流程、实训中的关键操作、遇到的问题及解决方案、实训成果和个人反思。

第七阶段：制作 PPT 与分享

—每组提交一份实训报告并制作 PPT。

—各组派一名代表上台进行分享，展示实训成果和学习心得。

实训材料：

—智能仓库管理系统（WMS）软件。

—自动化设备操作手册。

—货物模拟和实际货物。

—条码扫描器和 RFID 设备。

—计算机和网络设备。

—PPT 制作软件。

—绿色包装材料。

实训时间安排：

—第一阶段：0.5 天。

—第二阶段：1 天。

—第三阶段：1 天。

—第四阶段：1 天。

—第五阶段：1 天。

—第六阶段：2 天。

—第七阶段：1 天。

能力评价

评价指标			满分	得分
技能评价	知识点掌握	认知订单处理与优化	10	
		认知智能分拣	15	
		认知货物出库	15	
	汇报陈述	展示及讲解的专业程度与完整性	5	
		时间分配的合理性	5	
素质评价	学生自评	团队合作能力与配合程度	5	
		自主学习与创新能力	5	
		敬业、勤业、创业、立业的职业精神	5	
	组员互评	团队合作能力与配合程度	5	
		自主学习与创新能力	5	
		敬业、勤业、创业、立业的职业精神	5	
	教师评价	对学生的综合素质进行评价	20	
合计			100	

知识归纳

总结本项目的重点知识、难点知识及课堂要点等，并画出思维导图。

实践反思

在学习与实践的过程中，你学会了哪些分析与解决问题的方法？你认为自己在思想、行动及创新方面，还有哪些地方需要完善？

教师评语

07 PROJ 项目七 智能配送作业

学习目标

◎知识目标

- 掌握配送路线确定的原则。
- 理解并运用节约里程法和最低成本法。
- 了解无人机在物流配送中应用的优劣势。
- 了解末端无人机配送的应用场景和应用模式。
- 了解无人配送车在物流配送中应用的优劣势。
- 了解无人配送车的工作流程和应用场景。
- 理解“最后一公里”配送的基本概念。
- 了解“最后一公里”配送场景。

※能力目标

- 能够运用节约里程法和最低成本法制定合理、有效的配送方案。
- 能够识别无人机和无人配送车在不同配送场景下的应用模式。
- 能够简要说明“最后一公里”配送系统的智能化设计。

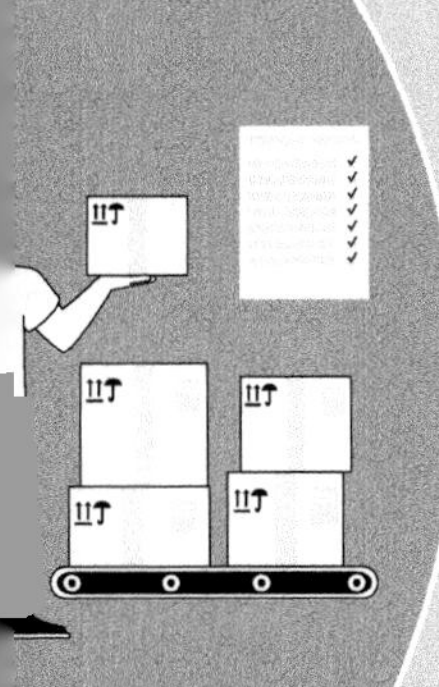

❖思政目标

- 培养学生具有优化仓储与配送作业的责任意识。
- 培养学生将前沿技术运用于仓储与配送作业中的创新意识。
- 培养学生的契约精神及遵纪守法、守规守信的职业道德。
- 培养学生独立思考的能力。
- 培养学生精益求精的工匠精神与严谨求实的职业态度。
- 培养学生不负韶华、不负时代的爱国情怀，激发学生的奋斗精神，增强学生对“制造强国”的民族自豪感。

思维导图

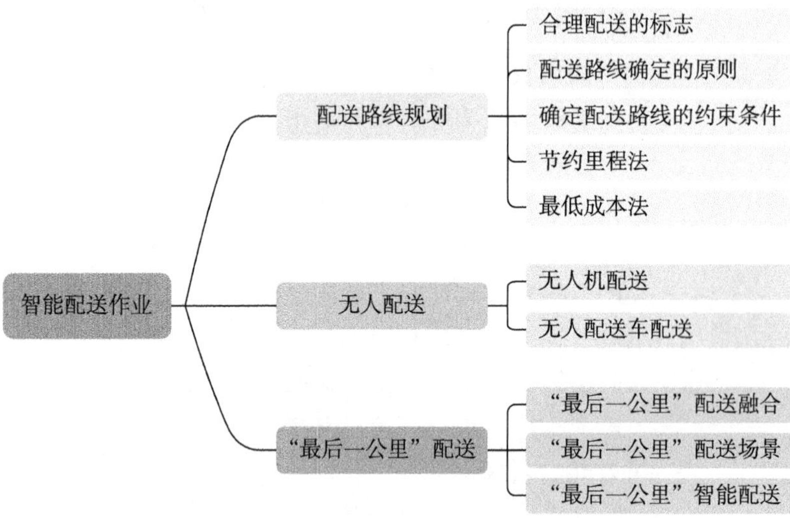

智能配送作业
配送路线规划
合理配送的标志
配送路线确定的原则
确定配送路线的约束条件
节约里程法
最低成本法
无人配送
无人机配送
无人配送车配送
“最后一公里”配送
“最后一公里”配送融合
“最后一公里”配送场景
“最后一公里”智能配送

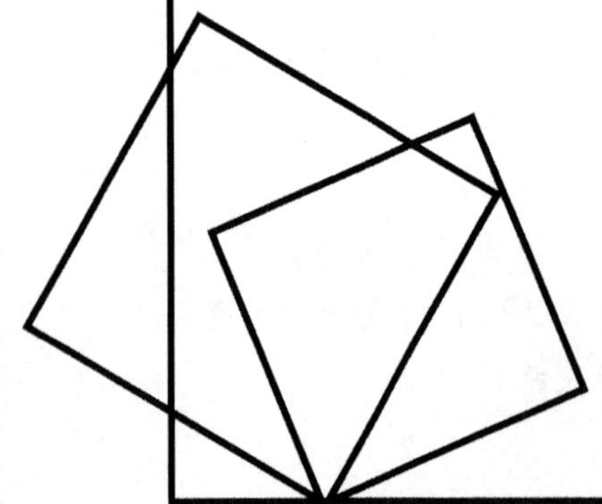

任务一　配送路线规划

A超市是河南某县城的连锁超市，有一配送中心主要往周边乡镇配送货物，分销商的地点为：段庄、吴官营、双塔、风正、小寨、浮图店、曹庄。现有某饮料要往各个分销商配送，配送中心的货车有4t和6t两种型号。

连锁超市的货物一般都是总部安排时间统一配送，对时间的要求限制相对较低，因此，可以暂不考虑时间因素，主要从里程数角度出发来降低物流成本，节约里程法就是通过减少运输里程数来降低运输成本，所以节约里程法可以更好地解决连锁超市配送路线优化问题。运用节约里程法优化连锁超市的配送路线，可以缩短运输里程数，进而提高配送中心的工作效率，该模型的约束条件和目标如下。

（1）运载货车从配送中心出发，发放货物后返回配送中心。

（2）同一分销商的货物装载到同一运载车上。

（3）每个分销商有且只有一个运载货车配送货物。

（4）每条配送路线上，各分销商的货物之和不超过运载货车的承载能力。

（5）运用节约里程法设计出最优的配送路线。

（6）在不超过运载的承载范围下，尽量多载。

（7）降低运输成本，提高经济效益，实现配送路径优化。

货车的运输成本主要由燃油费用构成，燃油费用和里程数成正比例关系，所以要降低运输成本，主要从里程数角度出发，优化每辆车的配送路线，合理安排客户的配送顺序，尽可能最大限度降低每辆车的运输里程数，最后达到总路线节约的里程数最大。

各分销商的需求量如表7-1-1所示，配送中心、分销商及距离如图7-1-1所示。

表7-1-1　各分销商的需求量　（单位：t）

分销商	浮图店	小寨	风正	双塔	吴官营	段庄	曹庄
需求量	0.7	1.6	2.6	1.4	1.6	2.5	1.5

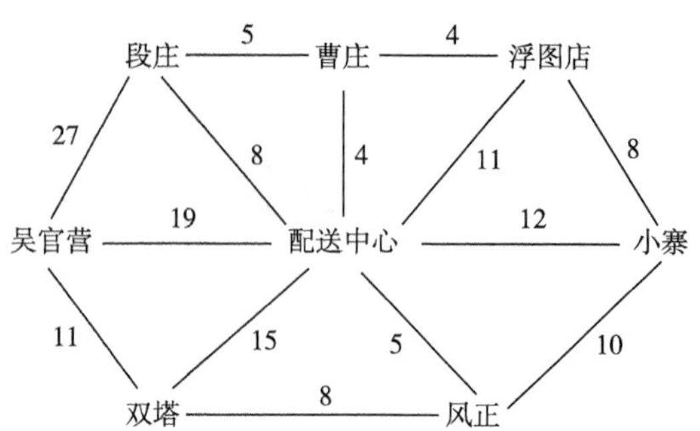

图 7-1-1　配送中心、分销商及距离（单位：km）

知识链接

配送路线规划

一、合理配送的标志

1. 配送成本低

配送成本受许多因素的影响，但是有些情况是明显不合理的，如大车拉少货、不必要的空驶等，这些情况产生的配送成本在一定程度上是可以控制的。因此，合理的配送必然不能有不必要的成本浪费。

2. 配送时间满足客户要求

配送的形式有许多种，在满足控制成本的基础上，也要满足客户对于配送时间的要求，不能一味追求成本最低，也不能一味追求速度最快，需要综合考虑成本和配送时间的平衡。合理的配送应该是在满足客户要求的基础上控制配送成本。

3. 配装合理

配送应集中货物进行配装，小批量配送应规划路线，一车送几家，这与一家一户自提相比，可大大节省运力和运费。如果即时配送货物过多，造成配送车辆实载率过低，就属于不合理配装。

二、配送路线确定的原则

配送路线是指各送货车辆向各个客户送货时所需要经过的路线。配送路线合理与否对配送速度、成本、效益影响较大，采用科学、合理的方法优化配送路线，是配送活动中非常重要的工作。确定配送路线一般采取各种数学方法，以及在数学方法基础上发展和演变出来的经验方法，进行定量分析与定性分析。

但无论采用何种方法，必须明确配送活动拟达到的目标的各种限制因素（约束条件），才能找出合理的配送路线。配送目标的选择是根据配送的具体要求、配送企业的实力及约束条件确定的。配送路线确定的原则如下。

（1）以效益最高为目标：指计算时以利润的数值最大化为目标值。在选择以效益最高为目标时，一般是以企业当前效益为主要考虑因素，同时兼顾长远的效益。由于效益是综合的反映，在建立数学模型时，很难与配送路线之间建立函数关系，一般很少采用这一目标。

（2）以成本最低为目标：成本和配送路线之间有着比较密切的关系，尽管计算各配送路线的运输成本仍比较复杂，但相对效益目标而言却有所简化，比较实用。由于成本对最终效益起决定作用，所以选择以成本最低为目标实际上还是选择了以效益最高为目标。

（3）以路程最短为目标：当成本和路程相关性较强，而和其他因素是微相关时，可以采取以路程最短为目标，这样可以大大简化计算过程，而且也可以避免加入许多不易量化的影响因素。需要注意的是，有时候路程最短并不意味着成本最低，如果道路条件、道路收费影响了成本，仅以最短路程为最优方案则不适宜。

（4）以吨公里数最低为目标：吨公里数最低是长途运输时的主要目标，在多个发货站和多个收货站的条件下，而且又是整车发到的情况下，以吨公里数最低为目标是可以取得满意结果的。在配送路线选择中，一般情况下该目标是不适用的，但在采取共同配送方式时，可以吨公里数最低为目标。节约里程法所确定的配送目标即以吨公里数最低为目标。

（5）以准确性最高为目标：准确性是配送中重要的服务指标，以准确性为目标确定配送路线就是要将各用户的时间要求和路线先后到达的顺序安排协调起来，这样有时难以顾及成本问题，甚至需要牺牲成本来满足准确性要求。当然，在这种情况下成本也不能失控，应有一定限制。

（6）以运力利用最合理为目标：在运力非常紧张，运力与成本或效益又有一定关系时，以运力合理化利用为目标，确定配送路线，可以节约运力，充分运用现有运力，无须外租车辆或新购车辆。

（7）以劳动消耗最低为目标：以油耗最低、司机人数最少、司机工作时间最短等劳动消耗为目标确定配送路线也有所应用，这主要是在特殊情况下（如供油异常紧张、油价非常高、人员减员、某些因素限制配送司机人数等）所要选择的目标。

三、确定配送路线的约束条件

目标在实现时受到许多条件的约束，所以应在满足这些约束条件的前提下明确目标，优化配送路线。一般的配送约束条件有以下几项：①满足所有收货人对货物品种、规格、数量的要求；②满足收货人对货物发到时间范围的要求；③在允许通行的时间内进行配送；④各配送路线的货物量不得超过车辆容积和载重量的限制；⑤在配送中心现有运力允许的范围内。

配送路线优化主要是基于自有车辆运输的路线选择，优化调度系统以 GIS（地理信息系统）为辅助平台，集成车辆路径优化算法，是一个先进的图形、图像处理技术及数据技术可视化技术系统。基于 GIS 的车辆优化调度系统以区域电子地图为基础地理信息系统来源，同时与车辆的动态数据库、运输任务的动态数据库相连，根据科学化的最优路径算法，提出车辆运输路线的最优方案。

四、节约里程法

节约里程法也被称为节约算法或节约法，是一种启发式算法，主要用于解决运输车辆数目不确定的问题，并优化行车距离。这种方法可以通过并行方式和串行方式实施。

节约里程法的基本原理是通过计算不同配送路线方案下总运输里程的减少量确定最优配送路线。在这个过程中，算法会比较不同配送路线的总运输里程，选择总运输里程最短的路线作为最优配送路线。这种方法可以帮助企业最大限度地减少车辆的行驶距离，从而降低配送成本和提高运输效率。

节约里程法的核心思想是依次将运输问题中的两个回路合并为一个回路，每次使合并后的总运输距离减小的幅度最大，直到达到一辆车的装载限制时，再进行下一辆车的优化。假设 O 点为配送中心，它分别向地点 A 和地点 B 送货，O 点到地点 A 和地点 B 的距离分别为 a 和 b。地点 A 和地点 B 之间的距离为 c，现有两种运输方案，分别如图 7-1-2 和图 7-1-3 所示。

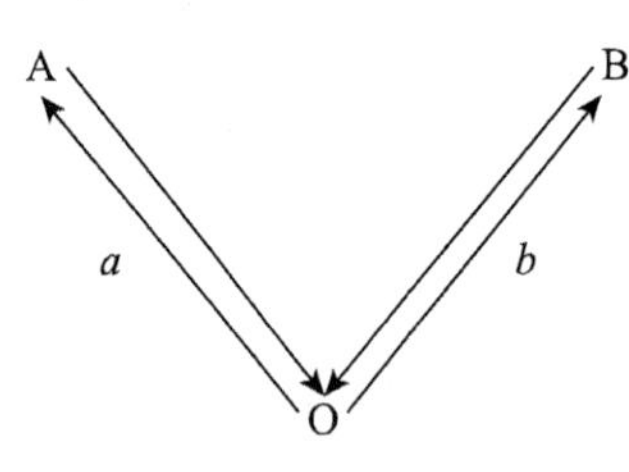

图 7-1-2　两个地点单独运输

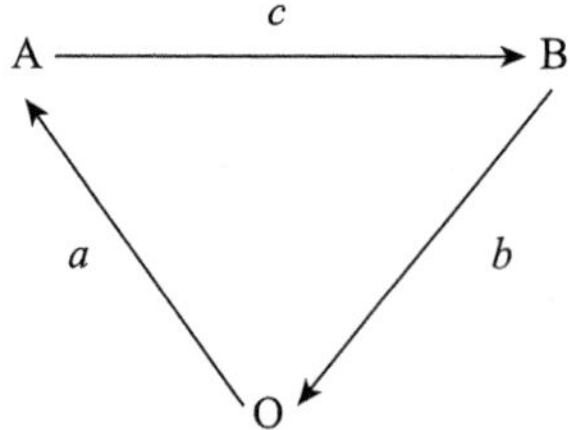

图 7-1-3　两个地点合并成一个回路进行运输

根据图 7-1-2 可得运输距离为 $2(a+b)$，根据图 7—1—3 可得运输距离为 $a+b+c$，合并后的总运输距离之差为 $2(a+b)-(a+b+c)=(2a+2b)-a-b-c=a+b-c$。即节约里程法的计算公式是两个地点到配送中心的距离之和减去两个地点间的距离。

进而，在满足载重约束的情况下，节约里程法可以求解最少的车辆数和最短的总路径长度。这个方法在很多情况下会和其他启发式算法结合使用，以快速计算得到的可行解作为启发式算法的初始解。

在 1+X 物流管理职业技能等级考试中，关于线路优化的题目经常会涉及如何设计最有效的物流路线，以实现成本最小化、效率最大化。

（1）路线规划题：给定一系列起点和终点，以及相关的距离或时间成本，要求规划出最优的配送路线。

示例：某物流公司需要在 5 个城市之间规划货物配送路线，已知某物流公司到 5 个城市的运输距离和成本、每两个城市之间的运输距离和成本，请规划出总成本最低的配送路线。

（2）多目标优化题：除了成本，还需要考虑时间、可靠性、服务质量等其他因素，进行多目标优化。

示例：一个物流公司需要为某大型企业提供物流服务，除了配送成本，还需要考虑运输时间、货物损坏率和客户满意度等因素。请设计一个综合优化方案，以实现整体服务质量最优和效率最大化。

（3）网络设计题：涉及物流网络的整体设计和优化，包括仓库位置、配送路线、配送策略等。

示例：一个跨国公司需要为其在全球范围内的供应链业务设计一个物流网络，需要考虑仓库选址、库存管理、配送策略等因素，以确保在全球范围内实现高效的物流配送。

运用节约里程法确定配送线路的主要原则是：根据配送中心的运输能力和配送中心到各个用户及各个用户之间的距离，制定使总的车辆运输的吨公里数最小的配送线路。有以下几个基本假定需要满足。

（1）不使任何一辆配送车辆超载。

（2）每辆车每天的总运行时间或行驶里程不超过规定的上限。

（3）配送到货时间都是充足的。

（4）货物体积影响忽略不计。

小贴士

【例题】

已知配送中心 P_0 向客户 P_1、P_2、P_3、P_4、P_5 运送货物，其配送路线网络、配送中心与客户的距离及客户之间的距离（单位：千米）如图 7－1－4 所示。配送中心有 3 台 2t 卡车和 2 台 4t 卡车可供使用。利用节约里程法制定最优运输方案。

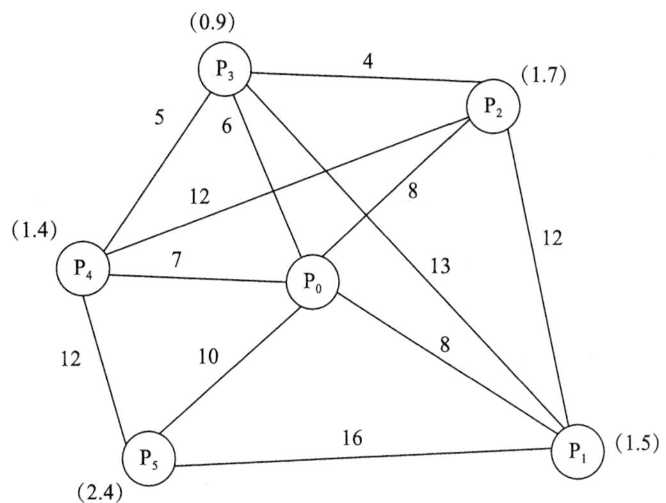

图 7－1－4　运输基本情况

第一步，列出配送中心到客户及客户间的最短距离，如表 7－1－2 所示。

表 7-1-2　运输里程　　（单位：km）

	需求量（t）	P_0					
P_1	1.5	8	P_1				
P_2	1.7	8	12	P_2			
P_3	0.9	6	13	4	P_3		
P_4	1.4	7	15	9	5	P_4	
P_5	2.4	10	16	18	16	12	P_5

第二步，按节约里程公式求得相应的节约里程数，如表 7-1-3 所示。

表 7-1-3　节约里程　　（单位：km）

	需求量（t）	P_0					
P_1	1.5	8	P_1				
P_2	1.7	8	12	P_2			
			4				
P_3	0.9	6	13	4	P_3		
			1	**10**			
P_4	1.4	7	15	9	5	P_4	
			0	**6**	**8**		
P_5	2.4	10	16	18	16	12	P_5
			2	**0**	**0**	**5**	

第三步，将节约里程按从大到小依次排列，如表 7-1-4 所示。

表 7-1-4　节约里程排序　　（单位：km）

序号	路线	节约里程
1	P_2P_3	10
2	P_3P_4	8
3	P_2P_4	6
4	P_4P_5	5
5	P_1P_2	4
6	P_1P_5	2
7	P_1P_3	1
8	P_2P_5	0
9	P_3P_5	0
10	P_1P_4	0

注：节约里程为 0 时，按路线里程从大到小排序。

第四步，根据载重量约束与节约里程数，依次连接各客户节点（见图 7-1-5），形成两条配送路线，如图 7-1-6 所示。

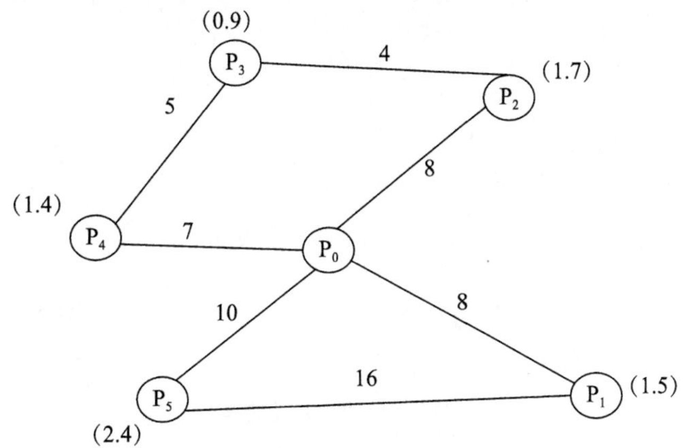

图 7-1-5　依次连接各客户节点

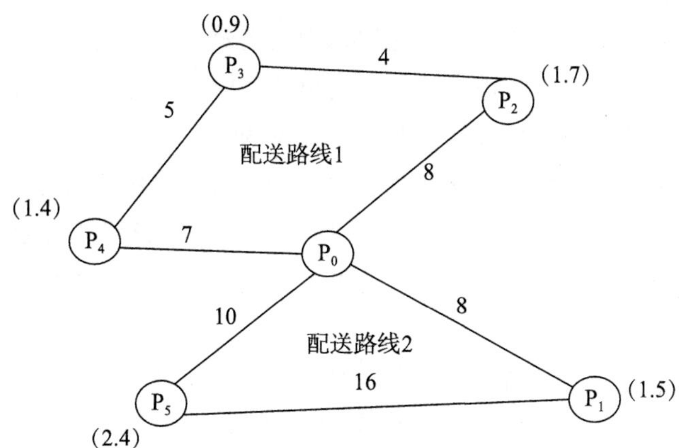

图 7-1-6　两条配送路线

配送路线 1：

运量＝1.7＋0.9＋1.4＝4t；

运输距离＝8＋4＋5＋7＝24km；

用一辆 4t 车运送，节约距离为 18km。

配送路线 2：

运量＝2.4＋1.5＝3.9t<4t；

运输距离＝8＋10＋16＝34km；

用一辆 4t 车运送，节约距离为 2km。

初始方案（见图 7-1-7）：5 条配送路线，需要 5 辆车，配送距离＝2×（8＋8＋6＋7＋10）＝78km。

优化后的方案：2 条配送路线，需要 2 辆 4t 车，配送距离＝24＋34＝58km。

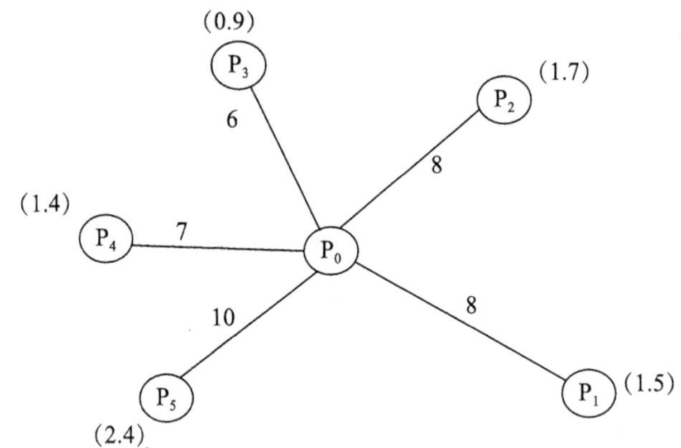

图 7-1-7　初始方案

五、最低成本法

最低成本法是一种绩效评价方法，它以取得既定效益所需成本的高低为标准进行绩效评价。这种方法的特点是不以货币单位计量支出活动所取得的效益，而专注于计算支出的各种有形成本，并以成本总额的高低作为绩效评价的标准。

在计算成本总额时，最低成本法要求找出并计量与效益相关的各个成本因素，同时还需要考虑成本对本单位的收入、资产、负债及公众利益的影响。这意味着，在评价过程中，不仅要看到直接的、有形的成本，还要考虑到间接的、无形的成本，以及对各方利益相关者的影响。

这种方法在公共部门、政府部门及非营利组织等主体的应用尤为广泛，因为这些主体的项目或活动往往难以直接用货币单位衡量其效益。通过使用最低成本法，决策者可以更加清晰地了解各个方案或项目的成本情况，从而做出更加明智的决策。

在使用最低成本法选择配送路线时，需要考虑以下几个因素。

（1）运输距离。通常情况下，运输距离越长，配送成本就越高。因此，在选择配送路线时，应优先考虑距离较短的路线。

（2）运输时间。如果运输时间过长，可能会导致货物滞留、延误交货等问题，从而增加配送成本。因此，在选择配送路线时，也需要考虑运输时间的长短。

（3）运输成本。在选择配送路线时，需要综合考虑各种运输方式的总成本，包括运输工具的使用费用、燃油费用、人工费用等，选择总成本最低的路线。

需要注意的是，在实际应用中，需要根据具体情况选择合适的方法确定配送路线，如最短时间法、最少转运次数法等。同时，在选择配送路线也需要考虑其他因素，如货物的性质、运输工具的类型、运输市场的供求情况等，以制定更加合理、有效的配送方案。

拓展阅读

节约里程法在实际操作中会遇到的挑战主要包括如下几个方面。

(1) 动态变化的客户需求。客户需求可能会随时变化，这要求配送路线规划能够适应这种变化，及时调整以满足客户需求。

(2) 交通状况的影响。交通拥堵、道路限制等情况会影响配送路线的优化。实时交通信息的获取和处理对于保持路线优化至关重要。

(3) 算法的实时性要求。配送路线规划需要快速响应，以适应实时变化的物流环境，这对算法的实时性提出了较高要求。

(4) 数据采集和处理难度。优化路径规划需要准确、全面的数据支持，数据采集和处理的难度较大，对软件和人员素质要求较高。

(5) 车辆装载率问题。货物的种类、大小和重量等因素的差异，可能导致车辆的实际装载量并不一致，这也会影响配送路线的优化效果。

(6) 计算资源需求。节约里程法的计算可能会非常耗时，特别是在处理大量数据时。因此，需要确保有足够的计算资源来支持这一过程。

(7) 人员培训。使用节约里程法通常需要一定的专业知识，因此，对相关人员进行适当的培训是非常重要的。

(8) 持续监控和评估。在实施节约里程法后，需要持续监控和评估其效果。如果发现任何问题，应及时进行调整和改进。

(9) 遵守法律法规。在规划路线时，必须遵守相关的交通法规和运输规定，否则可能会引发法律问题。

(10) 考虑环保因素。在某些情况下，可能需要考虑环保因素，如减少碳排放、降低噪声污染等。这可能需要调整路线规划策略以适应这些要求。

(11) 技术支持和更新。随着技术的发展，节约里程法可能需要新的算法和技术支持，因此，保持对新技术的关注并及时更新相关知识是非常重要的。

(12) 数据准确性对结果的影响。在应用节约里程法进行交通流量分析时，数据的准确性是至关重要的。如果输入的数据存在错误或不准确，那么计算出的结果也将是不准确的。

这些挑战需要从技术、流程、人员和策略等多个方面进行综合考虑和优化，以确保节约里程法在实际配送路线规划中的应用效果和适应性。

任务实施

阅读案例导入内容，结合所学知识，回答下列问题。

1. 分组讨论，运用节约里程法对该客户的配送路线进行优化设计。计算配送中心到每个分销商的最短距离，以及各个分销商之间的最短距离，填写运输里程表（见表 7-1-5）。

表 7-1-5　运输里程表　　（单位：km）

2. 计算节约里程数，填写节约里程表（见表 7-1-6）。

表 7-1-6　节约里程表　　（单位：km）

3. 根据节约里程表，按照节约里程从大到小依次排序，填写节约里程排序表（见表 7-1-7）。

表 7-1-7　节约里程表排序表　　（单位：km）

编号	路线	节约里程	编号	路线	节约里程
1			7		
2			8		
3			9		
4			10		
5			11		
6			12		

4. 画出优化后的配送路线图，并对优化后的效果进行分析，填写表 7-1-8。

优化后的配送路线图：

表 7-1-8　优化效果分析

指标	优化前	优化后
配送路线数量		
具体配送路线		
使用货车数量及相应载重		
配送总里程数		

知识检测

一、单选题

1. 合理配送的标志中，以下哪项不属于配送成本控制的要求？（　　）

A. 大车拉少货　　B. 减少不必要的空驶

C. 满足客户时间要求　　D. 节省运力和运费

2. 在确定配送路线时，以下哪个目标最可能导致运输成本增加？（　　）

A. 以效益最高为目标　　B. 以成本最低为目标

C. 以准确性最高为目标　　D. 以吨公里数最低为目标

二、填空题

1. 配送路线的合理性对________、成本和效益影响较大。

2. 节约里程法通过计算不同配送路线方案下总运输里程的________来确定最优配送路线。

三、判断题

1. 合理的配送应只考虑降低成本，而不需要满足客户的时间要求。（　　）

2. 节约里程法是一种启发式算法，可以用于优化行车距离。（　　）

四、简答题

请简述确定配送路线的主要约束条件。

任务二　无人配送

案例一

2024 年 8 月 16 日，八达岭长城与美团无人机联合开通北京首条无人机配送航线，运行一以来，这条“空中走廊”已多次为长城上的游客提供防暑降温、应急药物等的配送服务。

“在长城上快晕倒的时候，无人机救了急，让我惊喜又感动。”回忆当天情景，游客朱雅记忆犹新。朱雅和家人到八达岭长城南城延长线游玩，在爬长城 1 个多小时后，她出现了低血糖的症状，头晕、乏力。上午 10 点左右，症状愈发明显，得知八达岭长城开通了无人机配送服务，朱雅的家人立即到南九楼无人机降落点，向美团工作人员表示需要购买一些药品或含糖饮料缓解症状。随后，采购、打包、无人机起飞，不到 5 分钟，两瓶功能饮料顺利送到了朱雅手中，“这是我第一次体验无人机配送服务，并且还是在长城这样的特殊环境中，高效、便捷，真是解了我的燃眉之急!”

“为了最大程度保持长城原始风貌，这里不设任何商业设施。到访此处的游客在补给饮用水等物资时，至少需要步行近半个小时。”美团无人机公共事务负责人说，“无人机航线的开通，将步行 30 分钟的爬升路缩短成 5 分钟的坦途，在保护长城风貌的同时，及时满足游客需求，也极大提升了紧急情况下的救援效率。”

除了为游客增加多样化的消费供给和应急保障，无人机也进一步提升了景区日常运维的数字化水平。起飞点增设了应急小药箱，为有需要的游客“空投”消毒液、淡盐水、止晕药等。除了为游客提供配送服务外，无人机在每天营运结束后，还化身“绿色卫士”，利用送餐后返程的机会，使用专用清洁箱，将降落点附近的垃圾与废弃物及时运输到山下，节约了不少清洁人力，有效减轻了景区运输压力。

案例二

在桐庐城市快递集运中心，工作人员将分拣好的快递装进车厢，送货车就在无人驾驶的状态下，向着目的地进发。

作为“中国民营快递之乡”，桐庐在智能网联车与快递物流行业的商业化结合方面，有着天然的先发优势。2023 年，桐庐城区 133 平方千米被认定为杭州市智能网联车辆道路测试与应用先行试点区域，开启了以快递物流为特色场景的试点应用。桐庐县首批建设的智能网联车五大应用场景正式发布，其中就包括了“快递物流无人配送场景”。

为进一步解决快递无人配送标准化、规范化、高效化难题，桐庐县搭建了通达智驾平台，通过重点打造“业务操控平台”“运营监管平台”“路权分配平台”和“地理信息数据中心”，构建起“3+1”行业应用管理体系，能够为智能网联车辆的运营和监管工作提供全方位解决方案。

“每辆无人配送车有3立方米空间，单次可装载两三百件快递，能够24小时不间断穿梭于快递集运中心和各驿站间，解决了运力短缺问题，推动快递物流行业降本增效提质。”快递无人配送车生产商负责人介绍道。此次亮相的快递无人配送车，配备有2个激光雷达和12个摄像头，120米范围内的人、物、车都能进行感知，具备L4级别自动驾驶功能，将严格按照事先测试的路线运行。

“目前，桐庐7家主流快递企业都开展了无人车配送测试，走在全省前列。除了快递物流行业外，我们在公交服务、工业自动驾驶运输等多个应用场景，都将陆续开展相应测试。”桐庐县经信局相关负责人表示，下一步，桐庐将以快递物流无人配送场景为特色，全力探索智能物流配送商业模式，积极推动更多场景开放应用，并加大产业关联企业招商力度，全力培育智能网联新能源汽车产业。

知识链接

一、无人机配送

（一）无人机在物流配送中应用的优劣势

1. 优势

（1）方便高效、超越时空。

相比于地面运输，无人机具有方便高效、节约土地资源和基础设施的优点。在一些交通瘫痪路段、城市的拥堵区域及一些偏远地区，地面交通无法畅行，导致物品或包裹的投递比正常情况下耗时更长或成本更高。在这些环境和条件下，只有无人机配送才能实现“可达性”，这主要是因为无人机采取直线运输，不受地面交通状况影响。无人机配送具有独特的空间优势，这是其他方式所无法替代的，适合在传统物流运作不方便的区域作业，例如，在地震灾区配送急救物资，在偏远山区、湖区等区域进行物流配送作业。并且无人机通过合理利用闲置的低空资源，可有效减轻地面交通的负担，节约资源和建设成本。

（2）成本低、调度灵活。

相比于一般的航空运输和直升机运输，无人机运输具有成本低、调度灵活等优势，并能弥补传统的航空运力空白。随着航空货运需求量逐年攀升，持证飞行员的数量和配套资源，以及飞行员和机组成员的人工成本等成为发展的制约因素。而无人机配送的成本相对低廉，且无人驾驶的特点能使机场在建设和运营管理方面实现全要素的集约化发展。

（3）节约人力。

物流人力短缺问题一直存在，特别是每逢节假日和物流高峰期，人工短缺和服务水平降低的问题往往更为突出。无人机号称“会飞的机器人”，在盘点、运输和配送等物流环节加以合理的开发利用，并辅以周密部署和科学管理，能衔接配合好其他作业方式，节约人工，通过协助人力发挥“人机协同”效应，能产生最佳效益。

（4）产能协同和运力优化。

在科学规划的基础上，综合利用互联网+无人机等技术和方式，能实现产能协同和运力优化。为了处理一些快速交货和连续补货的订单，亚马逊、沃尔玛等企业在建设先进的信息系统、智能仓储系统及优化业务流程的基础上，还规划了智能、高效的无人机城市配送中心（如亚马逊的无人机塔）及“无人机航母”（空中配送基地）等。

作为新技术的应用，无人机配送是对传统配送方式的有益补充，传统的运输方式加上无人机的末端配送和支线运输，必将使现代物流的服务能力再上新台阶，其整体的效率、成本和运力也将得到优化和重构。

2. 劣势

（1）无人机的政策环境并不明朗，行业标准也一直空缺，考虑到无人机飞行对居民、民航等方面的影响，各国对无人机飞行的限制很大，难以完全放开，这也是制约无人机发展的主要因素。

（2）无人机的发展属于初级阶段，诸多技术尚未成熟。工业级无人机大多仍为轻小型无人机，在物流行业中仍未产生颠覆性的创新。

（3）无人机的使用需要大量资金投入，这既包括了无人机的研发成本，也包括无人机自身的生产成本。

（二）末端无人机配送应用场景

无人机的空中直线距离一般在 10 千米以内（对应地面路程可能达到 20～30 千米，受具体地形地貌的影响），载重在 5～20 千克，单程飞行时间在 15～20 分钟，易受天气等因素影响。应用场景主要包括派送果蔬、医疗用品和急救物资等业务。

无人机物流体系由干、支、末三类航线构成，无人机及基础设施的要求各有不同。①城市末端物流：城市内 10 千米以内短距物流服务，主要使用小型多旋翼无人机执行快递投递等任务，城市内需新建空管、无人机起降点等基础设施。末端无人机配送应用场景如图 7－2－1 所示。②支线物流：100～1000 千米的中长距离物流服务，使用固定翼、复合翼等中大型无人机，航线时长为数小时，可大量复用现有民航机场、空管等基础设施。③干线物流：1000 千米以上的长距离物流服务，主要使用大载重、长航时的大型固定翼无人机，动力系统由电机升级为涡扇、涡桨发动机，干线物流无人机可完全复用现有民航基础设施。

现阶段无人机定位于支线及末端物流，2030 年将实现无人物流网络高效运营。①现阶段无人机主要定位于支线及末端物流，干线物流主要依赖有人驾驶的大型货机或地面物流网络实现。大型无人机负责区域枢纽与城市枢纽间的支线物流配送，城市内部的运输通过小型多旋翼无人机完成。②2024 年 4 月，工信部等四部门联合印发《通用航空装备创新应用实施方案（2024—2030)》，提出 2027 年城市空运、物流配送实现商业应用，2030 年支撑和保障“干—支—末”无人机配送网络安全高效运行。

图 7－2－1　末端无人机配送应用场景

目前，在物流领域，无人机主要用于快速运送小件货物，提高快件投递效率，尤其是对城市相对偏远的地区，无人机可以飞跃过围栏和建筑物一类的障碍物。同时，我国部分省市的交通欠发达地区仍存在派送困难、配送成本较高的问题。因此选择无人机配送能进一步扩大配送网络覆盖面，降低成本，提升服务时效。无人机在配送中的应用如图 7－2－2 所示。

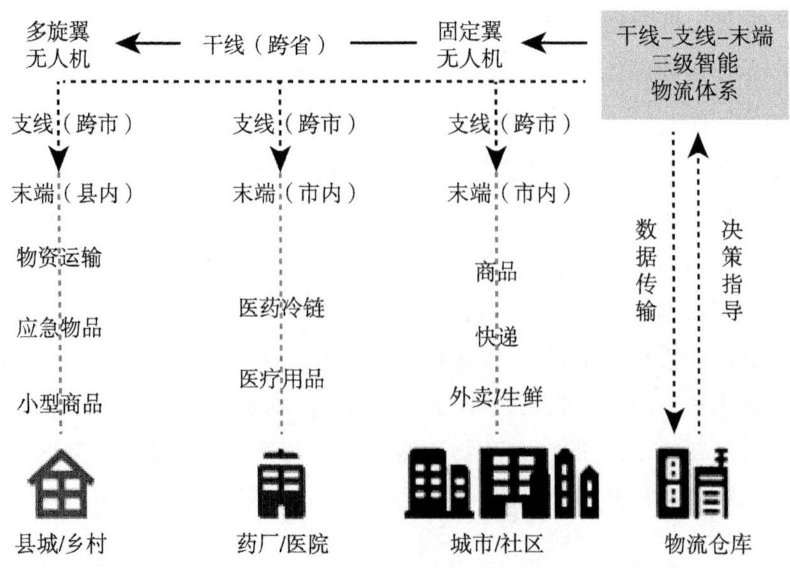

图 7－2－2　无人机在配送中的应用

无人机在配送中的应用模式如下。

1. 配送车＋无人机

配送车在离开仓库之后，只需行走在主干道上即可，然后在每个小路口停车，并派出无人机进行配送，完成配送之后无人机会自动返回配送车再执行下一个任务。

2. 配送站（快递柜）＋无人机

终端自助快递柜在收到用户放入的快件后向调度中心发送收件请求，调度系统自动派出合适的无人机，并向无人机发送相关任务指令及目的地坐标，无人机收到任务指令后飞往目的快递柜，终端自助快递柜将实时引导无人机着陆并进行自动装卸快件，快件在送达目的快递柜之后，终端自助快递柜智能系统将向用户发送取件信息。

3. 无人机＋配送员

无人机将货物集中送达指定地点，再由配送员把货物配送至客户。

4. 无人机＋无人车

距离较远时，无人机将货物送达客户区域，由该区域的无人车驳接，配送至客户手中。

5. 子母型无人机

将多旋翼式无人机作为子机，直接运载货物，而将固定翼无人机作为母机，母机能够装载和释放多架子机，以此实现无人机物流中多点对单点和单点对多点的结合。

二、无人配送车配送

当前，菜鸟、京东、顺丰、美团等企业，积极布局无人配送，其末端配送的无人配送车开始在高校、园区内进行测试运营。一些机器人和无人驾驶研发公司也在末端配送做着诸多努力，如新石器在测试园区的无人配送，赛格威、优地、云迹等机器人公司在测试楼内的无人配送。2020 年，无人配送车在部分试点进行医疗物资和生活物资的运送，发挥了重要作用。

（一）无人配送车的优劣势

1. 优势

无人配送车的优势主要体现在以下几个方面。

（1）提高配送效率。

无人配送车可以实现全天候、全时段运行投递，应对快递员不足的情况，提高配送效率。特别是针对零星小批量订单，更具效率，能够把快递员解放出来，让其更多地去订单量大的区域配送。

（2）实现无接触配送。

无人配送车可实现无人化配送，减少人与人的接触，特别适用于特殊危险环境下的货物配送。

（3）提升用户体验。

无人配送车与用户的沟通交流具有智能化的特点，能够很好地满足用户的需求；同时在一定程度上也能满足部分用户“求鲜”的心理，提升了用户体验。

2. 劣势

（1）无人配送车无法做到投递入户。虽然对于部分装有蓝牙设备的电梯，无人配送车也可以通过蓝牙控制电梯，到达想去的楼层，实现投递上门，但对于没有装有蓝牙设备的电梯或者没有电梯的小区，无人车则无法实现投递入户，在便利性上不如人工投递。

（2）对于大件和异形件，无人配送车无法运输投递，依然需要依赖人工投递。

（3）人机交互总是不如人与人之间的沟通顺畅而有温度，无人配送车也会存在所有AI智能设备存在的缺陷，需要时间不断进行学习、迭代升级，提升服务水平。

（4）对于突发情况和意外事件，无人配送车依然需要人力进行外部干预，并不能独自面对所有的情况，有一定的局限性。

（5）无人配送车投递存在一定的数字鸿沟，对于对数字设备使用存在障碍的老年群体并不那么友好，并非受所有人欢迎。

（二）无人配送车的工作流程

无人配送车从接单到送货完成大体可以分为以下工作流程。

1. 接单

配送站接收来自附近消费者的订单，配送系统会自动跟消费者沟通，确认交货时间及交货地点，形成配送单信息，工作人员会迅速根据配送单信息完成取货，并将货物交给无人配送车。

2. 送货

无人配送车通过物联网技术同步更新配送信息，包括地址与配送路线。装好货物的无人配送车出发送货，它会通过顶部安装的摄像头和激光制导雷达避让障碍物，识别场景信息，构建三维地图。

3. 自主定位

基于三维地图，结合GPS导航的信息，无人配送车可以利用搭载人工智能芯片的“大脑”自主分析出目前所在的位置及目的地方位。

4. 自主规划路径及避障

无人配送车借助激光雷达和视觉实时识别技术，规避周围的行人、车辆和障碍物，从而规划出最优运行路径。同时，它会发出语音提醒过往的行人和车辆，并自行避让、加速或减速。如果发生故障可在第一时间联系工作人员处理。

5. 货物送达

抵达消费者地点后，无人配送车会通过短信将含有商品取件码的链接发送给消费者，消费者通过取件码即可打开无人配送车的车身取出货物。

（三）无人配送车的应用场景

现在国内外众多的公司大多处在小规模试运营或者早期研发的阶段，还需要在无人驾驶、人机交互等多种技术上不断完善，才能满足多种多样的、复杂的运行场景的需求。当前，无人配送车主要用于快递配送、生鲜配送、外卖送餐、医院物流、酒店服务等场景。

1. 快递配送

随着电商行业的发展日趋成熟，网络购物成为很多用户消费的首要选择，随之而来的是购物交易的激增。如此大的业务量的背后，是众多快递小哥超长时间的工作，以及用户对快递速度的抱怨。面对城市内快递的短途运送，无人配送车的加入，可以降低人力成本，分担快递小哥的部分工作，也可以完全依照用户的空闲时间送货，提高配送效率。

现有的快递无人配送车，主要专注于解决“最后一公里”的配送。例如，菜鸟小G依托识别定位和内置算法等技术，具备规划路线、避让行人、识别红绿灯、感知电梯拥挤程度及自行乘坐电梯等配送机器人的基本功能，一次装载10个包裹，在到达目的地时，会向收件人发送取件信息，同时在屏幕上显示一个二维码，取件人通过软件扫描二维码，即可开启抽屉拿到快件，取件人继续用手机操作即可关闭抽屉。在菜鸟小G的基础上，菜鸟网络又推出小G Plus配送机器人，能够搭载多至200件包裹。

京东旗下的无人配送车，同样拥有配送所需的基本功能，其搭载量为30件。该产品能依据物品尺寸调整柜子大小并做到车体与箱柜分离，便于整体更换箱柜。无人配送车到达配送点后，用户即可收到它发送的取货信息，并可以通过面部识别、取货码、链接等方式取货，取完关上舱门即可，便捷又高效。目前该配送车已经正式上路。无人配送车快递配送场景如图7-2-3所示。

图7-2-3　无人配送车快递配送场景

2. 生鲜配送

生鲜配送日常需求大、时间要求紧，是配送领域的一项重要内容。无人配送车的加入能够大大提高生鲜配送效率，已得到良好应用。

苏宁推出的“卧龙一号”无人配送车（见图7-2-4），主要承担苏宁小店周边社区3km范围内的订单，配送线上1小时生活圈的即时服务，保证生鲜果蔬和食物均能及时送到家。该无人配送车能够突破天气和时间限制，实现各种恶劣天气和夜晚时间的配送，真正做到 24 小时的准时配送服务。“卧龙一号”可承重 30 千克，爬坡度为 35°，续航可达 8 小时，定位精度 1～3 厘米。在智能感应方面主要采用“多线激光雷达＋GPS＋惯导”等多传感器融合定位方式，融合激光雷达拥有灵敏的避障反应能力。在人机交互方面，“卧龙一号”有着高效的地形适应能力，可以智能提示路过的行人、车辆和其他障碍物，为规划出最优绕行路径提供依据。

图 7-2-4　苏宁“卧龙一号”无人配送车

硅谷机器人技术公司研发的 Nuro R1，具备 L4 级自动驾驶能力，可以在市政道路行驶。车体尺寸为普通轿车的 1/3～1/2，车身两侧均是可以打开的货仓，最多可承载约 113 千克的货物。车辆顶部架设有一台 16 线或 32 线激光雷达，而围绕车顶和车身一周，布置了 8 个或 8 个以上的摄像头，可以完成红绿灯识别、行人识别、自动变道及自主通过四向停车路口等操作。

3. 外卖送餐

外卖经济的发展凸显了配送中的几点问题：其一，外卖属于即时送达的业务，随着业务量的增加，现有人力难以完全保证配送的准时性，从而给消费者带来较差的体验；其二，阴雨等恶劣天气降低了送餐员的送餐效率，且由于其收入与业绩挂钩，易因着急而发生交通事故，危及生命安全；其三，因取餐人个人原因造成的等待时间，会直接影响配送效率和后续其他消费者的取餐时间等。因此，智能送餐机器人（无人配送车）的出现可以分担短距离的送餐任务或与送餐员接力运送，节省送餐员等待取餐的时间成本，使送餐员按时安全地完成配送任务，提升服务质量。

我国第一款外卖送餐机器人，是“饿了么”平台于 2017 年 10 月推出的，名为“万小饿”（见图 7-2-5），其主要功能是代替外卖小哥完成楼宇内“最后一公里”的送餐服务。该机器人具备自主设置路线、应对多种路面情况、自主上下电梯的能力。针对餐品的特殊性，它设计了 3 层超大恒温箱，餐品可冷热分离放置以保证其送达温度。在送餐和取餐的过程中，用户先在客户端点餐，机器人接到订单后启动配送，到达所在楼层后告知用户并进入等待取餐状态，用户根据触屏上的提示打开舱门完成取餐，整个过程高效便捷。

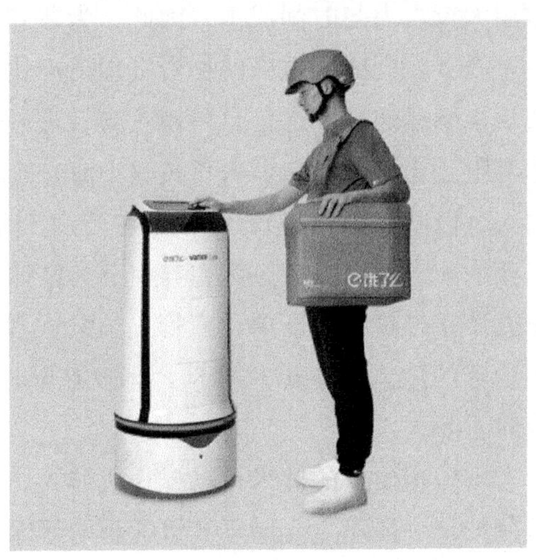

图 7－2－5　“万小饿”外卖送餐机器人

美团送餐机器人“小袋”（见图 7－2－6），目标场景是园区门口到用户手中的末端配送。“小袋”同样具备路线规划和避障等配送的基础功能。其工作模式是用户在美团 App 上下单，机器人接到信息等待外卖小哥投递餐品，之后开启配送旅程。在抵达前它会发送短信，用户点击短信连接，“小袋”自动打开车盖，用户即可拿到自己的外卖。未来，“小袋”与楼宇内电梯系统打通后，可以向电梯发送信息指令，在楼宇内进行餐品配送。

图 7－2－6　美团送餐机器人“小袋”

4. 医院物流

除了快递和外卖这种日常生活品的配送，相对特殊的医药品、医疗耗材、医院被服等物资的大量流转，需要占用大批人力与时间成本。因此，为节省人力与时间成本，让医护人员将更多精力放在医治患者上，同时推进医院物资管理精准化，在医院中应用无人配送车（配送机器人）即可实现准确运送、配送信息可视化与管理可追踪。

上海木木机器人技术有限公司［诺亚机器人科技（上海）有限公司的前身］自主设计生产的诺亚医院物流机器人（以下简称诺亚），主要聚焦药品、标本、手术室配送等方向。因配送物资存在不同，诺亚的配送箱体具有一定差异，分为整体封闭式和全开放式两种形式。使用过程中，由医护人员在终端系统下单，库管人员配货，以密码锁和医护人员工作卡登记的形式，进行医用物资的放入和取出。而且，诺亚在配送过程中会发出语音信号，提示和提醒周围人群，及时避障。

上海钛米机器人股份有限公司研发的钛米自动配送机器人，在产品设计上拥有多种形式，可应用于不同场景。例如，一体箱主要用于高级耗材的运输；抽屉式药柜用于配送普通耗材和药品等；冷链式药柜用于运输需要冷藏的药品、检验样本或者医疗器械等；而推车式药柜主要用于配送手术前的被服、器械包等。该类配送机器人运送分类详细，管理精细。统一由医护人员在终端系统申领耗材，再经库管人员扫码配货，最后由医护人员扫码或者指纹识别取货。由此可见，医院物流配送机器人实现了医疗物资智能管理与医护人员减负减压的双赢。

5. 酒店服务

酒店为用户提供全天服务，在人力分配和协调上，都需要花费一定的精力和成本。无人配送车（配送服务机器人）的进驻，能够降低酒店的运营成本，辅助服务人员完成引路、送物等基础服务，为客人带去新奇体验的同时提供个性化的贴心服务，有助于智慧酒店的建设及酒店服务质量和用户体验的提升。基于对安全性、供应链开放性、技术成熟性、生产成本和用户接受程度等方面的考量，现有酒店配送服务机器人主要服务于主流星级酒店。

拓展阅读

政策积极支持无人机物流发展

无人机物流是智慧物流体系的重要组成，在低空政策催化下有望加速发展。智慧物流是物联网、大数据、云计算、区块链等信息技术与现代物流业深度融合的新兴领域，无人机物流是智慧物流的重要组成部分和典型代表。

早在 2017 年 12 月，工信部就发布了《关于促进和规范民用无人机制造业发展的指导意见》，推进民用无人机产业持续快速发展。2018 年，中国民用航空局（以下简称民航局）发布《民航局关于促进航空物流业发展的指导意见》（民航发〔2018〕48 号），支持物流企业利用通用航空器、无人机等提供航空物流解决方案，加快制定和完善有关运行规章制度和标准体系，规范市场秩序，制定货运无人机设计要求，创新开展无人机适航审定工作，推动新兴商业模式健康发展。2019 年 9 月，中共中央、国务院印发《交通强国建设纲要》提出积极发展无人机（车）物流。2021 年，国务院印发《“十四五”数字经济发展规划》提出“培育智慧销售、无人配送、智能制造、反向定制等新增长点”。近年来出台的无人机物流领域的政策如表 7-2-1 所示。

表 7-2-1 近年来出台的无人机物流领域的政策

时间	政策名称	发布主体	部分文件内容
2021 年 12 月	《“十四五”民用航空发展规划》	民航局、国家发展改革委、交通运输部	支持无人机在邮政快递物流、城市公共服务、应急救援、公共卫生等领域服务，推动无人机在城市乡村和边远地区推广应用，融入县乡村三级物流网络体系，服务农业农村现代化；研究制定适应无人机物流等新兴业态发展的规章标准体系
2022 年 2 月	《“十四五”航空物流发展专项规划》	民航局	充分发挥无人机物流成本、效率优势，扩大交通不便地区无人机干一支一通配送网络；联合国家邮政局，将无人机物流纳入“快递进村、村村通邮”服务；要求航空物流加速数字化、网络化、智能化转型赋能，打造科技含量高、创新能力强的智慧物流体系；推动无人机与无人车、无人仓、智慧物流平台标准协同
2022 年 1 月	《交通领域科技创新中长期发展规划纲要（2021—2035 年）》	交通运输部、科技部	壮大供应链服务、冷链快递、高铁快运、双层集装箱运输、即时直递、无人机（车）物流递送等新业态新模式
2022 年 6 月	《“十四五”通用航空发展专项规划》	民航局	大力支持无人机物流配送发展，打通航空物流“干支末”网络，推动无人机有机融入县乡村三级物流网络体系和农业农村现代化；深化粤港澳大湾区低空无人机物流配送体系试点，探索构建无人机低空物流配送航线网络
2023 年 10 月	《绿色航空制造业发展纲要（2023—2035 年）》	工业和信息化部、科技部、财政部、民航局	面向城市空运、应急救援、物流运输等应用场景，加快 eVTOL（电动垂直起降飞行器）、轻小型固定翼电动飞机、新能源无人机等创新产品应用
2024 年 3 月	《通用航空装备创新应用实施方案（2024—2030 年）》	工业和信息化部、科技部、财政部、民航局	聚焦“干一支一末”物流配送需求，在长三角、粤港澳、川渝、内蒙古、陕西、新疆等重点地区，鼓励开展无人机城际运输及末端配送应用示范，形成量大面广的航空物流配送装备体系；支持研究低空物流解决方案，探索智慧物流新模式，推动大型无人机支线物流连线组网，以及城市、乡村、山区、海岛等新兴场景无人机配送大规模应用落地；到 2027 年，新型通用航空装备在城市空运、物流配送、应急救援等领域实现商业应用

2022年1月，国务院发布《"十四五"现代综合交通运输体系发展规划》，提出要推广无人车、无人机运输投递，稳步发展无接触递送服务。2022年6月，民航局发布《"十四五"通用航空发展专项规划》，提出"大力支持无人机物流配送发展"，同年10月交通运输部等发布了《交通运输智慧物流标准体系建设指南》以满足快递无人机等的标准化需求。2024年3月四部门联合发文，聚焦无人机"干-支-末"物流网络下的城市、乡村和边远地区的推广应用，并提出深化粤港澳大湾区低空无人机物流配送体系试点。随着政策催化，无人机物流商业运营有望在全国逐步落地。

随着规范性标准陆续出台，全国无人机物流新增航线逐步开启，广东、安徽、湖北等地的无人机物流配送航线陆续落地，2023年内深圳市开通无人物流航线77条，全年载货无人机飞行61万架次，无人机物流配送业务延伸到城市商圈与社区。随着监管标准不断完备、物流航线批量落地，无人机物流商业化拓展脚步有望加速。

任务实施

阅读案例导入内容，结合所学知识，回答下列问题。

1. 分组讨论，八达岭长城无人机配送服务的主要目的是什么？无人机配送服务在八达岭长城上为游客提供了哪些具体的帮助？

____

____

____

2. 桐庐城市快递集运中心的无人配送车有哪些特点？

____

____

____

3. 桐庐县的智能网联车和快递物流行业的商业化结合，可能给当地经济发展带来哪些积极影响？

____

____

____

4. 考虑到无人机和无人配送车在物流领域的应用，你认为未来的物流行业将面临哪些挑战和机遇？

____

____

____

知识检测

一、单选题

1. 无人机配送的主要优势是（　　）。

A. 操作简单　　B. 方便高效、超越时空

C. 可随时随地飞行　　D. 适合大规模运输

2. 在无人配送车的工作流程中，第一步是（　　）

A. 自主定位　　B. 接单　　C. 送货　　D. 货物送达

二、填空题

1. 无人机主要用于派送________、医疗用品和急救物资等。

2. 无人配送车在送货时，通常会使用________技术进行路径规划和避障。

三、判断题

1. 无人机在所有天气条件下都能有效工作。（　　）

2. 无人配送车可以实现无接触配送，有助于减少人与人之间的接触。（　　）

四、简答题

请列举无人机在物流配送中的两个应用场景，并说明其优势。

任务三 “最后一公里”配送

案例导入

案例一

想把餐品送进高校，在一些城市，只能由学生来干这件事。校门拦住了大型外卖平台，餐食进入宿舍的“最后一公里”，呈现出不同于精密化系统的另一种生态。

软件无法实时监控配送，秩序也不能实现最高效率，中间的缝隙，年轻人用人情、道义弥合。这个生态是新生的，又显露出些许算法更迭中已被遗落的特质——没有惩罚骑手的机制，仰仗学生普遍的同情心化解冲突。一个大学城可能同时存在七八家校园外卖平台，展开野生混战。

美团、饿了么在某学校东区，一天一千多单，只送到校门口。而一家强势的校园外卖平台，一天有三千多单，能送进宿舍。创始人多是毕业不久的年轻人，买一个小程序，几辆电动车，招骑手、谈商家，慢慢就拉起了自己的团队。配送群约 400 人，分三个时段上班，每天最多需要 24 人。校园外卖比外界要多出三四个环节。收餐骑手从商家处拿餐、转运骑手接餐后转运到站点、分餐员把餐分成不同校区、不同楼栋，最后由学生骑手配送到宿舍。学生可以参与后面两个环节。这种“人治”秩序里的自由空间，学生骑手是整个送餐流程里最关键的资源。学生骑手送餐流程如图 7-3-1 所示。

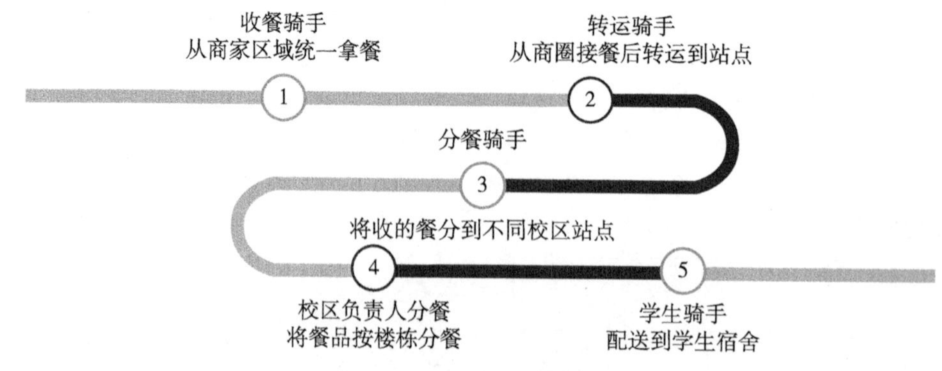

图 7-3-1 学生骑手送餐流程

案例二

无锡市顺丰速运有限公司发布了高校智能配送方案，并向江南大学递交产教融合意向书，助力无锡抢抓低空产业赛道，加速布局“天空之城”，通过布局无人机快递配送高校航线，丰富高校快递智能服务场景，打造全国首个“无人配送”示范高校。

此次开通的无人机快递配送航线为江南大学校内图书馆至校内快递驿站之间的往返航线，飞行单程里程 2 千米，飞行往返时长约 6 分钟，飞行高度 120 米，最大载重 10 千克，无人机降落后由地勤进行手动卸货，并将物品交付给指定接收人。基于多维度业务需要，企业将计划性地布设航线，未来考虑跨校区飞行。

后续规划投放的无人车，将承接配送、寄件、短驳中转运输工作，实现两点之间的自动驾驶配送服务，提高配送效率，精准将快递配送至楼栋。师生遇到特殊情况，不方便至驿站取件时，可通过手机端，预约无人车送货上门，实时查询货物状态和位置信息。

天上无人机联运，地上无人车协作，“上天入地”解决“校区跨度大、师生取件远”的问题，让校园快递末端服务从“最后一公里”缩短至“最后 100 米”，江南大学快递服务中心同步升级“更贴心、更智慧”的一站式快递服务、“更潮流”的校企共创空间、“更紧密”的校企合作融通，焕新成为属于师生们自己的专业、便捷、智能、安全、绿色的快递驿站。

此次，江南大学和顺丰速运强强联合、深度合作，以无人机寄递为代表的快递行业新质生产力在江南大学正式落地，江南大学将成为名副其实的低空经济策源地、应用场景试验田、全国高校快递智能配送新标杆。

知识链接

相关数据显示，从山东寿光运输到北京的蔬菜，其物流成本中，干线运输费用平均为 0.12 元/千克；而在北京市内“最后一公里”的运输费用却高达 0.2 元/千克，约是干线运输费用的 1.7 倍！

中国智能物流市场的发展提高了“最后一公里”配送的效率和执行力。事实上，中国物流市场的总体实力、整体发展水平，特别是数字技术的应用，也在全球范围内产生了标杆效应。近年来，“最后一公里”配送物流增长强劲，电子商务的发展成为“最后一公里”物流市场增长的重要驱动力。话虽如此，但“最后一公里”的重要性并没有得到充分的认识。随着人们购物习惯的改变，“最后一公里”配送成为电子商务行业的核心。中国“最后一公里”配送重要性的提升和增长对该地区的整个行业来说无疑是巨大的积极因素，但成本仍然不可避免。在全球范围内，物流行业仍然是最大的领域之一，在中国，成本可以进一步降低的是“最后一公里”的配送，据估计，大约 40％的一般供应链成本可以直接归因于“最后一公里”的配送。

长期以来，“最后一公里”都是物流行业的一大痛点。近年来，相关企业对“最后一公里”的布局也越来越频繁，无论是快递企业、便利店、快递柜，还是提供“跑腿”服务的城市配送平台，以及众包物流、外卖配送等，虽然各自的发展特点、发展模式不同，但其最终目的都是解决“最后一公里”的难题。

一、“最后一公里”配送融合

“最后一公里”之所以如此重要，是因为其配送的货物主要以消费者日常生活必需品为主，如生鲜食品、药品等。与此同时，“最后一公里”也是直面消费者的关键环节，其效率高低、服务好坏，直接影响企业品牌形象。

在多态共生的当下，为了更好地解决“最后一公里”问题，各类配送业务模式也在进行不同程度的融合。

在“最后一公里”的配送融合中，配送中心纷纷开始与社区店开展合作。如天猫与全家便利店、社区服务站合作，亚马逊与全家便利店合作等。这种模式下，商品被配送到各类社区店，再由店员送货上门或客户到店自提。图 7－3－2 展示了“最后一公里”配送融合的初级模式，该模式能够实现客户、实体店、服务站和配送中心的多方共赢。

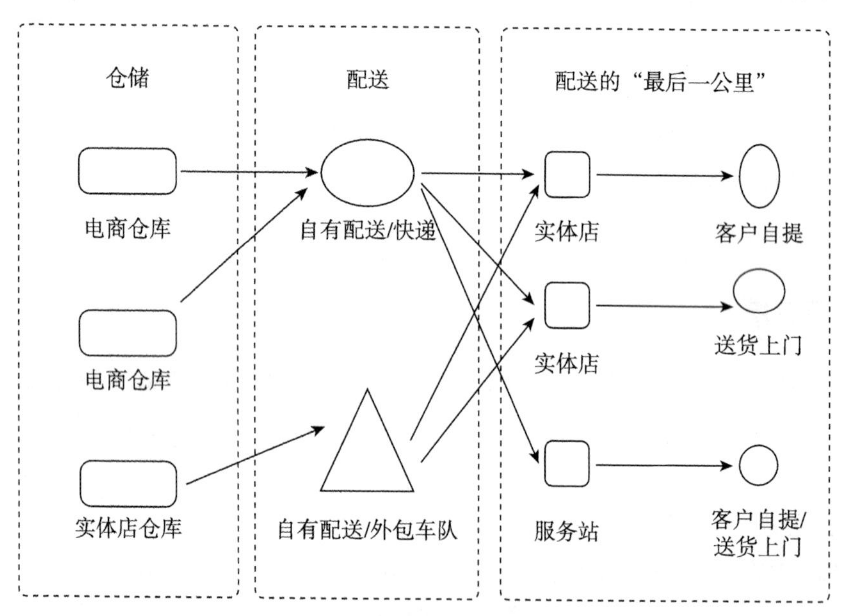

图 7－3－2　“最后一公里”配送融合的初级模式

（1）客户便利与信息安全。

大多数客户工作日的白天都在工作，休息日也有可能外出游玩，这就导致其接收快递的时间十分有限，形成代收需求。

《快递最后 100 米服务趋势报告》中的数据显示，约有 64％的消费者可以接受代收，约 43％的客户担心信息安全，代收渗透率已经超过七成。

代收模式已经被大部分客户认可，而该模式最大的痛点是传统的代收点很少与配送中心正式合作，存在客户信息泄露的风险。

因此，配送中心与社区店建立合作的模式，能够让客户收件更便利，降低信息泄露的风险。

（2）店面盈利与客户引流。

对便利店或社区服务站而言，客户的工作时间是店面的空闲时间。增加代收服务，一方面，可以充分利用店员的空闲时间，进行代收、整理或配送，为店面增加新的盈利手段。另一方面，客户到店自提包裹也是一种引流手段，将客户带到店面，能够推动店面的销售额增加。

（3）配送路线及成本优化。

对配送中心而言，将包裹直接送至社区店，配送人员则无须将每一单配送到户，也不用等到发现客户不在家时，又回收包裹重新配送。

基于这种融合模式，配送人员可以直接将包裹送至社区店，再由社区店的配送人员电话询问客户选择送货上门还是到店自提，从而优化配送路线及降低成本。

二、“最后一公里”配送场景

为了更好地解决“最后一公里”问题，也为了从全流程提升物流效率、降低物流成本，物流配送产业的融合程度也逐渐加深，出现配送、仓储等环节的融合，乃至全渠道融合。

对“最后一公里”的解决方案而言，其内容主要包括出货方、配送方、门店三个方面。

聚焦这三个方面，企业可以根据出货节点，对“最后一公里”的配送场景进行细分。

1. 仓库出货

在仓库出货的配送场景下，商品的配送方可能是快递或车队，门店也可能分为社区门店或一级门店。因此，仓库出货的配送场景主要分为七类。

（1）由快递直接送货上门。

（2）由快递送至社区门店，再由社区门店送货上门。

（3）由快递送至社区门店，再由客户到店自提。

（4）由车队送至一级门店，再由一级门店送货上门。

（5）由车队送至一级门店，再由客户到店自提。

（6）由车队送至一级门店，一级门店再将订单分拨至社区门店，由社区门店送货上门。

（7）由车队送至一级门店，一级门店再将订单分拨至社区门店，由客户到店自提。

2. 门店出货

门店出货的配送场景更加简单。当企业收到客户订单时，企业直接将订单需求发往距离客户最近的门店，核对门店库存情况后，即可进行配送。

门店出货的配送场景只有两类。

（1）门店出货，直接送货上门。

（2）门店出货，客户到店自提。

仓储、物流配送行业的不断融合，为"最后一公里"配送提供了新的解决方案。在这一过程中，随着参与者的增多，谁能找到最优的配送路线、建立最强的合作关系，谁就能真正成为末端竞争的赢家。

与全球其他市场相比，中国的"最后一公里"配送系统独具特点。如今，在中国的城市里有许多小型配送中心、许多小型车辆。无论是小型送货车还是送货电瓶车，每天都会往返于企业、住宅社区、指定的智能上下车点（PUDO）和智能自助储物柜等。

三、"最后一公里"智能配送

最后一公里配送融合

智能配送不仅能自动识别配送信息，对配送信息做出自动预警，还能对配送路线的优化进行智能管理。它开创了一种全新的物流智能配送模式，使物流配送效率得以有效提升，物流配送成本大幅下降。

在传统的物流配送作业中，货物分拣效率不高、物流配送成本较高、补货滞后等问题比较突出。随着物流业的转型发展，人们要求物流配送能实现物流配送路线的优化、智能补货提醒、准时收发货、高效分拣、准确验货等。

在此情况下，智能配送项目的推行与实施，使配送路线实现智能化决策，提货送货环节实现快速验货，配送货物库区实现快速分拣，最终完成提升物流配送作业效率、降低物流配送成本的目标。

智能配送指以配送管理业务流程再造为基础，在 RFID、GIS、网络通信等先进技术与管理方法的支持下，在提货、送货、退货、回收管理等环节实现一系列智能管理功能，包括双向通信、补货提醒、配送路线优化等，以降低物流配送成本、提升物流配送效率及其智能管理能力。

具体来看，"最后一公里"智能配送模式的设计内容及要点包括功能设计、GIS 设计、配送管理信息系统、RFID 分拣系统和读写器设置。

1. 功能设计

"最后一公里"智能配送必须能自动识别配送信息。"最后一公里"智能配送能够自动识别需要分拣的货物，并从多个层面对其进行检验，比如库位、货架、货物信息是否对应，分拣货物信息与便携式读写器提示的信息是否一致等。同时，在提货、送货环节要对货物进行自动检验。

"最后一公里"智能配送必须能对配送信息进行自动预警。如果在货物分拣、提货、送货环节发现问题，比如货物分拣错误、货物数量与订单要求不符等，智能配送系统要做出自动预警。

"最后一公里"智能配送必须能对配送路线优化进行智能管理。如果提货、送货地点发生变化，智能配送必须及时调整物流配送路线，并以配送评价为依据对配送班线、配送站点、配送成本、配送路线进行智能优化，使其实现实时更新。

2. GIS 设计

以 GIS 为基础增加一些与配送作业联系紧密的功能，或以配送企业的作业需求为依据对 GIS 专业版本进行设计、开发。具体来看，“最后一公里”智能配送的 GIS 设计必须满足五项功能，分别是信息查询功能、数据维护功能、辅助决策功能、配送路线设计与调整功能、配送评价功能。

3. 配送管理信息系统

配送管理信息系统的功能是向各站点发送配送信息，根据订单查询各站点的配送能力，向其发送配送指令，汇总并反馈配送信息。该系统由七个模块组成，分别是货物信息管理模块、订单管理模块、配送路线信息模块、配送事故管理模块、货物交接管理模块、配送业务结算管理模块、客户评价反馈管理模块。

4. RFID 分拣系统

该系统借 RFID 对货物的出库品种与数量进行指示，让货物分拣达到快速、准确的目的。

在 RFID 分拣系统中，为货物贴 RFID 标签的目的是提升货物分拣效率，对提货、送货环节进行检验，对 RFID 分拣配送班线专车进行检查。所以，以 DPS 和 DAS 两种分拣系统的特点为依据，RFID 标签贴放有两种方式：一是在库位、货架、货物上贴放 RFID 标签；二是在客户储存位及货物上贴放 RFID 标签。其中，第二种方法能更好地为货物集中的大客户服务，有效提升客户存放货物位置的查询效率。在库区内，该标签是客户信息的唯一标识，在货物分拣、查询的过程中，通过将客户储存标签与货物标签一一对应，能对货物分拣的准确性做出有效判断。

另外，为了能更好地对配送班车进行检查，可以在配送班车上贴放 RFID 标签。配送班车检查的主要内容是检查班车是否符合市区内车辆通行要求等。现如今，随着智能物流项目不断开展，配送班车逐渐成为各个配送企业的共有资源，所以，为配送班车贴放 RFID 标签不仅能满足配送班车的检查要求，还能实现班车资源的优化配置。

5. 读写器设置

读写器有两种，一种是固定式读写器，一种是便携式读写器。固定式读写器一般设置在班车停靠点，读取车辆信息、班车时间、运行时间等班车信息。同时，固定式读写器还能将班车实际运行情况与运行计划进行比较，将班车的出入信息展示出来，发现其中的错误，进行改进。

便携式读写器设置有几种情况，比如在叉车、手推车等库存管理设备上安放读写器，在配送车辆内安放车载读写器，为操作人员配备手持读写器等。

拓展阅读

即时配送

一、外卖出现，催生大量即时配送需求

即时配送是应O2O（线上线下电子商务）而生的物流产物，是用户通过网上平台下单，平台安排线下配送的一种新兴的物流形式。即时配送的货物不经过仓储和中转，即时配送是端到端的送达服务。即时配送的服务优势就是短距离即时投递，强调一定空间范围内的时效性，是深挖现代人生活需求后提供的人性化的升级服务。即时配送对货物配送的时效要求高于快递，大多数要求发货后货物能在几个小时内或当日内送达，当然价格也高于快递。传统快递与即时配送模式对比如图7-3-3所示。

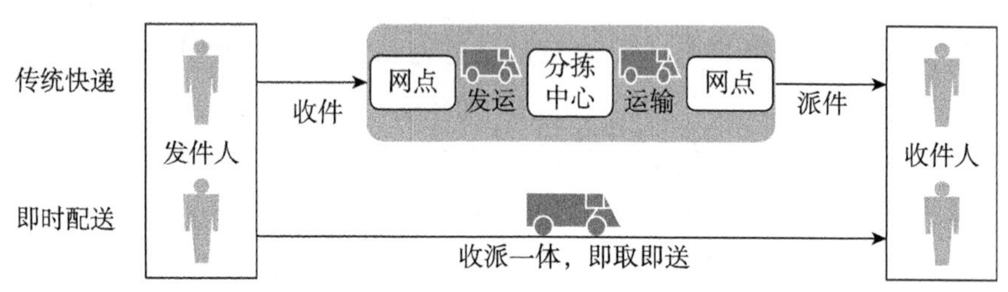

图7-3-3　传统快递与即时配送模式对比

伴随外卖而来的，是一个规模极大的即时配送市场。如今，饿了么、美团等外卖平台已不仅仅只开展餐饮外卖配送业务，还拓展自身业务线，开发了药品配送、生鲜配送、跑腿业务等多种服务，同时与零售便利店进行合作，开展生活日用品的配送服务，发展成综合性的即时配送平台。它们有的是以同城跑腿业务为主的即时配送平台（如闪送、达达），有的是专门配送药品的平台（如叮当快药）、有的是生鲜产品的即时配送平台，这些外卖平台的出现使得即时配送领域分工更加细化，开拓出更多的2B（面向企业）、2C（面向个人用户）的业务，进一步挖掘了即时配送的市场潜力。随着此类平台的上线，相应市场逐渐被打开。

二、外卖之后，新零售助力即时配送的发展

1. 传统零售商及电商求破局，新零售应运而生

传统线下零售有很多缺陷，如存在管理落后、流量有限、体验差的问题。线下零售对商铺地理位置的选择要求很高，租金成本高；线下零售业渠道分流，业内竞争激烈；从商品源头到消费者之间的环节过多，造成了很多人力、物力和财力上的浪费，增加了交易成本；多元化业态的铺设，消耗大量企业资金，若不能快速成为利润增长点，反而容易被业绩拖累；营销方式单一老套，缺乏对消费者的心理研究、关系维护及需求反馈机制。

传统零售商和电商巨头都有动力寻找新的零售模式，其迫切需要进行零售行业的变革，寻求新的增长点。由此，新零售应运而生。新零售概念的提出，将实现消费模式的深

刻变革，其中物流的价值和重要性日益凸显。新零售模式如图7-3-4所示。

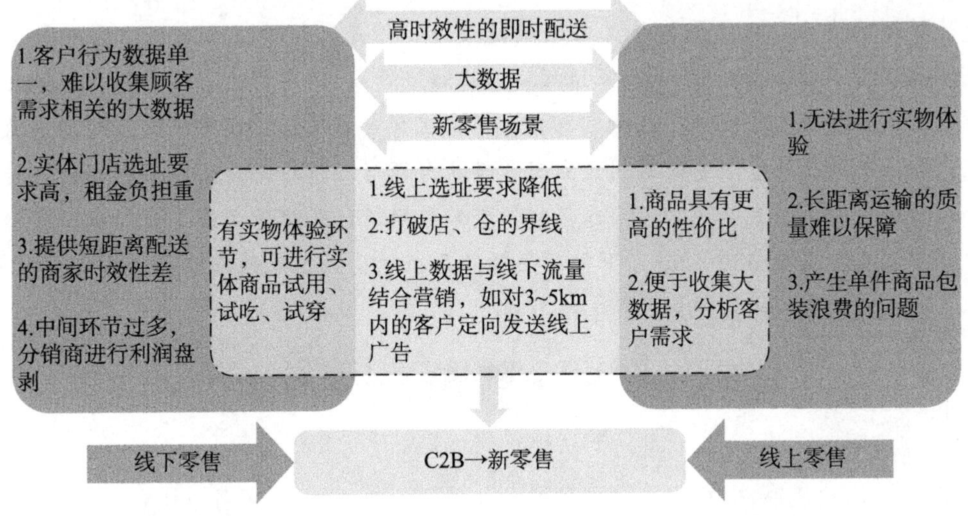

图7-3-4 新零售模式

2. 新零售带动即时物流发展

新零售的核心就是线上线下的融合，结合线上购物和线下购物的优点，增强用户的购物体验，挖掘零售行业新的增长动力。如今，传统的大卖场、社区便利店、电商平台都是零售行业的参与者，也都是新零售的积极布局者。对于新零售的发展而言，很重要的一个概念就是前置仓。所谓前置仓，就是在企业仓储的物流系统中距离门店最近、最前置的仓储物流基地，是在中心仓、城市仓之下的第三级仓储物流，也是实施仓配一体化的关键环节，其后就涉及2B、2C的“最后一公里”配送。前置仓的存在，使得即时配送与新零售密不可分，传统的物流配送格局由“电商平台→快递企业→消费者”转变为“电商平台→前置仓→即时物流平台→消费者”。

三、生鲜商店、社区超市两种新零售运作模式

下面我们对生鲜商店、社区超市两种新零售运作模式进行具体说明，阐述它们是如何与即时配送结合并推动即时物流的发展的。

1. 生鲜商店

传统的生鲜连锁店不提供生鲜商品配送的服务，对于日益依赖电商平台的消费者来说其吸引力越来越低，亟待转型。而传统的生鲜电商虽有配送，但一般仅限两种模式：一种是产地（或供应商）通过冷链运输将生鲜商品运送到城市仓，城市仓再直接通过冷链运输运送给消费者；另一种是直接由产地（或供应商）通过冷链运输运给消费者。这两种模式的缺陷也很明显，在这两种模式下生鲜商品多数为次日达或隔日达，仅少数可以做到当日达，另外早期用户密度较小，配送时效较长，造成每单物流配送成本居高不下。

新型生鲜零售平台，采用了建立前置仓的模式，在城市仓和终端消费者之间增设社区

三千米范围内的前置仓，通过冷链运输将生鲜商品从城市仓运往前置仓，通过即时配送将生鲜商品从前置仓运送给消费者。这样极大地缩短了从消费者下单到收货的时间，在订单密度足够大的情况下可以覆盖前置仓的构建成本。但是，由于线上生鲜平台参与者众多（如盒马鲜生、超级物种、多点、家乐福、永辉超市等），现在还没有某家可以做到足够大的订单量，竞争激烈。此外，在新零售模式下，生鲜电商结合了线下线上生鲜零售模式的优点，在城市中心仓和消费者之间设立新零售生鲜商店，商店既是生鲜便利店，又是前置仓，消费者可以自己来店选购，商店也增设新零售场景，给消费者提供食材加工等增值服务，又可以直接从对应的 App 上下单，生鲜产品在 0.5 至 1 小时内即可送达终端消费者。新零售模式下的生鲜物流链如图 7-3-5 所示。

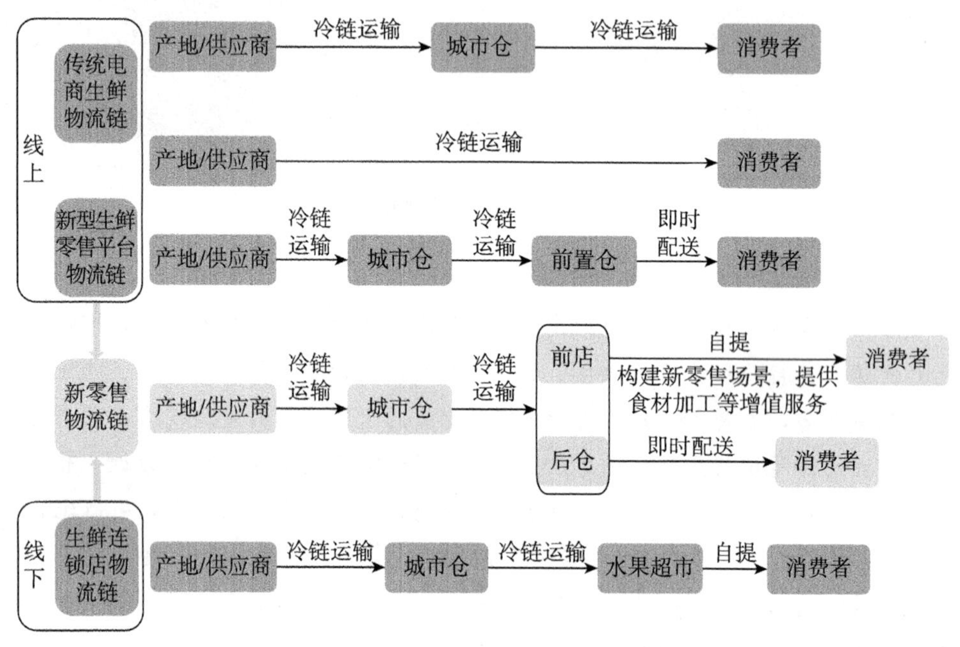

图 7-3-5　新零售模式下的生鲜物流链

2. 社区超市

新零售的概念最初是由阿里巴巴提出的，我们借用阿里巴巴零售通的模式说明新零售的社区超市运营模式。

零售通是阿里新零售的重要试验田，是阿里巴巴 B2B 事业群针对线下零售小店推出的一个为城市社区零售店提供订货、物流、营销、增值服务的互联网一站式进货平台，通过与上游品牌商合作，利用互联网技术改造线下零售业态。

原本社区商店的仓储物流是以城市仓为核心的，即从城市仓向社区商店发货，这样一来，配送半径太大，物流成本居高不下。采用前置仓可以覆盖半径为 30 千米的区域，使商品流的周转效率大大提升。前置仓可以与中心仓、城市仓的仓储物流种类做差异化处理，前置仓主要放置流通性更高的快消品、生鲜食品等，中心仓、城市仓主要放置长尾商品，通过分仓设计，实现了快消品与长尾商品的有机结合，从而保证社区商店在有限的空间内实现更高的效率。社区商店前置仓的设立实现了即时性消费品快速周转的需求，使得面积很小的店也能实现商品的快速周转。

除此之外，前置仓的设立有利于满足终端消费者的即时性需求。消费者从线上渠道购买长尾商品从中心仓发货后，最终交到消费者手中，而对于一些日常用品，智能化仓储系统，会根据消费者的地理信息自动寻找最近有货的仓配中心，实现“城市仓＋前置仓”“门店＋前置仓”，以及“城市仓＋门店”等不同的发货组合方式，打通线上、线下的商品流，为消费者提供更精准化的配送服务。新零售模式下的社区商店如图 7－3－6 所示。

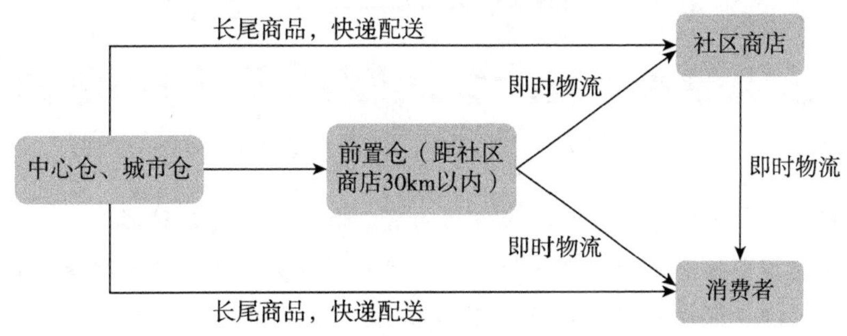

图 7－3－6　新零售模式下的社区商店

四、即时配送模式

（1）从参与主体上划分，即时配送分为 B2B、B2C、C2C 三种模式。

B2B 模式主要是指将货物从仓库运到各中小经销商的店内，可以看作打造服务夫妻店“前置仓”体系的一种末端物流模式。例如，京东新通路的联合仓配模式定位服务于当地 3～5 千米半径内京东掌柜宝客户（夫妻店）的末端物流，京东通过这一模式将快消品 B2B 市场的中小经销商、批发商纳入自己的体系。

B2C 模式主要是连接商家和消费者的一种即时配送模式，B2C 模式下的平台主要有外卖平台（如美团、饿了么）、生鲜平台（如盒马鲜生）、医药平台（如叮当快药）及商超平台（如天猫超市），配送的主要物品有餐品、果蔬、鲜花、常用药品、各类生活用品等。外卖是典型的 B2C 模式的即时配送服务，具有服务订单相对集中和固定的特点。新零售的即时快递服务与外卖基本相同，也是以 B2C 模式为主。

C2C 模式主要是为满足人们的紧急互送需求而产生的，C2C 模式下的即时配送平台主要有闪送、达达、UU 跑腿等，配送的主要物品有紧急文件、证件、各类生活用品、各类电子产品等。C2C 模式的即时配送服务随机性更强，附加值更高，依赖于中高端市场，是完全数字时代形成的新业态，与电商配送和快递都不一样。

B2B、B2C、C2C 模式如图 7－3－7 所示。

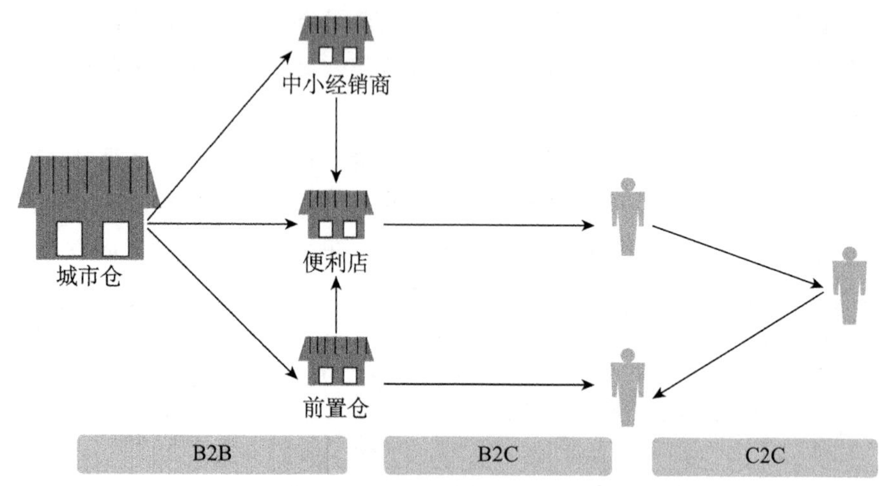

图 7-3-7　B2B、B2C、C2C 模式

（2）从配送模式上划分，即时配送分为自营、加盟、众包三种形式。

自营形式是指即时配送的各个环节由平台自身筹建并组织管理的配送形式。

加盟形式可以在低成本的情况下迅速拓展服务种类，但是对加盟店的管理也会增加成本。

众包形式是依据共享经济的逻辑独立发展起来的即时配送服务，简单来说这种形式就是搭建一个平台，让闲散的劳动力自由支配时间，兼职从事配送工作取得报酬，平台从其中获得抽成。这种形式是利用社会的物流资源进行配送，商家用人但不用养人，模式较为轻便，便于快速扩张和降低成本。如人人快递、闪送、达达等就是采用这种形式。众包形式主要适用于C2C类型的即时配送市场，这类市场需求不是高频次的需求，这使得众包物流平台业务难以持续稳定增长。

任务实施

阅读案例导入内容，结合所学知识，回答下列问题。

1. 案例一中，校园外卖配送服务如何通过增加额外的配送环节来满足学生需求？

____

____

____

2. 案例二中，顺丰速运是如何利用无人机和无人车来解决高校快递配送问题的？

____

____

____

3. 案例二提到的“最后 100 米”配送服务具体指的是什么？

4. 考虑到校园环境的特殊性，“最后一公里”配送服务在校园内实施时需要考虑哪些因素？

知识检测

一、单选题

1. 在“最后一公里”配送融合中，商品被配送到各类社区店后，以下哪项不是由店员完成的工作？（　　）

A. 送货上门　　B. 客户到店自提　　C. 整理商品　　D. 生产商品

2. 在“最后一公里”的配送融合中，社区店与配送中心合作的主要优势是（　　）。

A. 提高配送速度　　B. 降低成本

C. 增加代收便利性　　D. 增加配送车辆

3. 在“最后一公里”配送场景中，以下哪项不是仓库出货的配送路线？（　　）

A. 由快递直接送货上门

B. 门店出货，客户到店自提

C. 由快递送至社区门店，再由社区门店送货上门

D. 由车队送至一级门店，一级门店再将订单分拨至社区门店，由客户到店自提

二、填空题

1. “最后一公里”配送的重要驱动力是________的发展。

2. 根据《快递最后 100 米服务趋势报告》，约有________的消费者可以接受代收。

三、判断题

1. “最后一公里”的配送成本占整个供应链成本的比例可以高达 40%。（　　）

2. 智能配送不需要实时更新配送路线。（　　）

四、简答题

请简述智能配送的两个主要优势，并说明其对物流行业的影响。

综合实训

实训目标：

1. 培养学生对配送路线规划的理解和实操能力。
2. 提高学生对无人配送技术如无人机和无人车配送的掌握程度。
3. 加深学生对“最后一公里”配送挑战和策略的认识。
4. 帮助学生理解绿色包装的重要性，并学会实施绿色包装策略。
5. 培养学生的团队合作能力和项目管理能力。

实训流程：

第一阶段：团队组建与分工

—学生自由分组，每组5～6人。

—指定一名组长，组长负责协调小组内部工作和实训任务的分配。

—明确小组成员分工，包括路线规划师、无人配送操作员、数据分析师等岗位，确保每个成员都了解自己的职责和实训目标。

第二阶段：配送路线规划

—了解配送路线规划的基本流程和优化方法。

—学习如何使用智能配送模拟软件进行路线规划。

—实践配送路线规划操作，包括订单处理和路线优化。

第三阶段：学习无人配送技术

—了解无人机和无人车配送的技术原理和操作流程。

—学习如何设置和调整无人配送设备的参数，以适应不同的配送需求。

—实践无人配送操作，包括货物的装载、配送和卸载。

第四阶段：学习“最后一公里”配送策略

—了解“最后一公里”配送的挑战和优化策略。

—学习如何结合无人配送技术提高“最后一公里”配送效率。

—实践“最后一公里”配送操作，包括货物的最后配送和客户交接。

第五阶段：资料整理与报告撰写

—整理实训过程中的所有资料，包括操作记录、数据和问题解决方案。

—归纳总结并撰写实训报告，内容至少包括实训目标、实训流程、实训中的关键操作、遇到的问题及解决方案、实训成果和个人反思。

第六阶段：制作 PPT 与分享

—每组提交一份实训报告并制作 PPT。

—各组派一名代表上台进行分享，展示实训成果和学习心得。

实训材料：

—智能配送模拟软件。

—无人机和无人车模型或模拟器。

—货物模拟和实际货物。

—计算机和网络设备。

—PPT 制作软件。

—绿色包装材料。

实训时间安排：

—第一阶段：0.5 天。

—第二阶段：1 天。

—第三阶段：1 天。

—第四阶段：1 天。

—第五阶段：1 天。

—第六阶段：2 天。

能力评价

评价指标			满分	得分
技能评价	知识点掌握	认知配送路线规划	10	
		认知无人配送	15	
		认知“最后一公里”配送	15	
	汇报陈述	展示及讲解的专业程度与完整性	5	
		时间分配的合理性	5	
素质评价	学生自评	团队合作能力与配合程度	5	
		自主学习与创新能力	5	
		敬业、勤业、创业、立业的职业精神	5	
	组员互评	团队合作能力与配合程度	5	
		自主学习与创新能力	5	
		敬业、勤业、创业、立业的职业精神	5	
	教师评价	对学生的综合素质进行评价	20	
合计			100	

知识归纳

总结本项目的重点知识、难点知识及课堂要点等，并画出思维导图。

实践反思

在学习与实践的过程中，你学会了哪些分析与解决问题的方法？你认为自己在思想、行动及创新方面，还有哪些地方需要完善？

教师评语

参考文献

[1] 覃波，黄成菊．智慧仓配运营［M］. 北京：机械工业出版社，2024.
[2] 龚光富，李家映．智慧物流：数字经济驱动物流行业转型升级［M］. 北京：中国友谊出版公司，2022.
[3] 朱传波，陈威如．数智物流：柔性供应链激活新商机［M］. 北京：中信出版社，2022.
[4] 刘贵生，赵丽．智能仓储与配送［M］. 北京：机械工业出版社，2023.
[5] 林露华，赵加环．智能仓储管理实务［M］. 北京：北京理工大学出版社，2023.
[6] 郭妍，杨高英，李墨溪．智慧仓储运营管理［M］. 北京：化学工业出版社，2023.
[7] 李建颖，王鹏，曹萍．物流设施与设备［M］. 西安：西北工业大学出版社，2023.
[8] 杨双幸．智慧物流设施设备［M］. 北京：中国财富出版社有限公司，2024.
[9] 殷延海．智慧物流管理［M］. 上海：复旦大学出版社，2023.
[10] 操露．智慧仓储实务：规划、建设与运营［M］. 北京：机械工业出版社，2023.
[11] 柳荣．智能仓储物流、配送精细化管理实务［M］. 北京：人民邮电出版社，2020.
[12] 周亦鹏．智慧物流：仓储与配送中的智能算法［M］. 北京：北京邮电大学出版社，2023.
[13] 马俊生，王晓阔．配送管理［M］. 2 版．北京：机械工业出版社，2020.
[14] 党争奇．智能仓储管理实战手册［M］. 北京：化学工业出版社，2020.
[15] 余名宪．智能物流设备与应用［M］. 北京：北京理工大学出版社，2022.
[16] 缪兴锋，别文群，林钢，等．智能物流技术［M］. 北京：中国人民大学出版社，2021.
[17] 宋歌．智能物流设施与设备［M］. 北京：中国财富出版社有限公司，2024.
[18] 王化晶．仓储可视化管理：管人、管事、管货、管账日用细则［M］. 北京：中国经济出版社，2022.
[19] 杨双幸，陈芳．智慧物流信息技术与应用［M］. 北京：中国财富出版社有限公司，2024.
[20] 姜萍，袁森．配送作业实务［M］. 2 版．北京：中国财富出版社有限公司，2023.
[21] 赵振亚，赵海珊．配送管理［M］. 青岛：中国海洋大学出版社，2023.
[22] 张妍，杨宇清．智能仓储设备认知与操作［M］. 北京：中国财富出版社有限公司，2023.
[23] 之江实验室．探路智慧物流［M］. 北京：中国科学技术出版社，2022.
[24] 王艳．仓储与配送管理［M］. 北京：清华大学出版社，2023.